每天
学一点

———
PEDAGOGY
———

教育史

PEDAGOGY

每天学一点
教育史

屈博 著

江西教育出版社
·南昌·

图书在版编目(CIP)数据

每天学一点教育史 / 屈博著. -- 南昌：江西教育出版社, 2023.1

("每天学一点教育理论"系列)

ISBN 978-7-5705-3302-2

Ⅰ.①每… Ⅱ.①屈… Ⅲ.①教育史–世界 Ⅳ.① G519

中国版本图书馆 CIP 数据核字 (2022) 第 166642 号

每天学一点教育史

MEITIAN XUE YIDIAN JIAOYU SHI

屈　博　著

江西教育出版社出版

(南昌市学府大道 299 号　　邮编：330038)

各地新华书店经销

南昌市红黄蓝印刷有限公司印刷

720 毫米 × 1000 毫米　　16 开本　　16 印张　　字数 214 千字

2023 年 1 月第 1 版　　2023 年 1 月第 1 次印刷

ISBN 978-7-5705-3302-2

定价：48.00 元

赣教版图书如有印装质量问题，请向我社调换 电话：0791-86710427

投稿邮箱：JXJYCBS@163.com　　电话：0791-86705643

网址：http://www.jxeph.com

赣版权登字 -02-2022-454

版权所有　侵权必究

目　录

上编　中国教育史

第一章　传统教育的奠基 ▶ 003

六艺教育 / 004

学在官府 / 008

私学 / 011

孔子与"因材施教" / 015

稷下学宫 / 018

《学记》/ 021

第二章　传统教育的规范 ▶ 025

经学教育 / 026

太学 / 029

鸿都门学 / 032

颜之推与家庭教育 / 035

官学教育体系 / 038

学校教育管理 / 041

科举制度 / 045

韩愈与《师说》/ 048

第三章　传统教育的成熟 ▶ 051

三次兴学 / 052

苏湖教法 / 055

书院教育 / 058

蒙学教材 / 061

朱子读书法 / 065

八股取士 / 069

王阳明与儿童教育 / 072

颜元与实学教育 / 076

第四章　新式教育的萌生 ▶ 079

京师同文馆 / 080

"中体西用"的教育观 / 083

康有为的教育理想 / 086

梁启超的教育见解 / 089

严复的教育主张 / 092

清末学制 / 095

留学教育 / 098

第五章　现代教育的探索 ▶ 101

新式教学法 / 102

新学制 / 106

蔡元培与北大改革 / 109

杨贤江的"全人生指导" / 113

黄炎培与职业教育 / 116

晏阳初与乡村教育 / 119

梁漱溟与乡村建设 / 122

陈鹤琴的"活教育" / 125

陶行知的"生活教育" / 128

下编　外国教育史

第六章　古典时代的教育 ───▶ **133**

斯巴达的军事教育 / 134

雅典的和谐教育 / 137

苏格拉底问答法 / 140

柏拉图与"哲学王"的教育 / 143

亚里士多德与自由教育 / 146

雄辩教育 / 149

第七章　神性时代的教育 ───▶ **153**

七艺教育 / 154

修道院学校 / 157

宫廷学校 / 160

骑士教育 / 163

中世纪大学 / 166

第八章　启蒙时代的教育 ───▶ **169**

维多里诺的"快乐之家" / 170

《巨人传》中的人文教育 / 173

夸美纽斯与《大教学论》/ 176

洛克与绅士教育 / 179

卢梭与"自然教育" / 182

第九章　近现代教育改革与实践　——▶ 185

公学 / 186

导生制 / 189

福斯特法案 / 192

泛爱学校 / 195

费里法案 / 198

统一学校运动 / 201

公立学校运动 / 203

莫雷尔法案 / 206

新教育运动 / 209

进步主义教育运动 / 212

"八年研究"计划 / 215

《国防教育法》/ 218

第十章　近现代教育思想与理念　——▶ 221

裴斯泰洛齐与"要素教育" / 222

赫尔巴特的"四段教学法" / 225

福禄培尔的"恩物" / 228

斯宾塞的"最有价值的知识" / 231

福泽谕吉与"文明开化" / 234

蒙台梭利的"儿童之家" / 237

杜威的"从做中学" / 240

苏霍姆林斯基的"个性全面和谐发展" / 243

现代欧美教育思潮 / 246

后记　——▶ 250

每天学一点教育史

上编　中国教育史

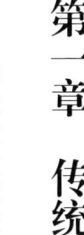

第一章 传统教育的奠基

> 君子如欲化民成俗,其必由学乎!玉不琢,不成器;人不学,不知道。是故古之王者建国君民,教学为先。
> ——《礼记·学记》

先秦时期的教育思想与实践活动,奠定了中国古代教育发展的根基。这得益于较为完整的制度体系的形成以及空前活跃的各种思想理论的出现。六艺教育浓缩了这一时期教育发展的诸多成果。因此,本章以六艺教育为起点,之后选择官学与私学的发展路径、一位受人尊崇的老师(孔子)的教育智慧、一所引人注目的高等学府(稷下学宫)、一篇专门论述教育教学问题的论著(《学记》)等内容,以展现先秦时期的教育在理论与实践上取得的成就。

六艺教育

西周时期，不论小学或大学，都以六艺（礼、乐、射、御、书、数）为基本学科和教学内容。六艺教育内容丰富、科目确定、设置规范，可用来透视先秦时期的教育活动。

> 燕国贵族子弟习六艺[①]

北京古代的学校教育最早出现在何时？这个问题现在还难以回答。根据史籍记载，至少在西周时期的燕国，就已经开办了学校。那时的学校都是官办的，史称"学在官府"，私人办学尚未出现。燕国的官学分为"国学"与"乡学"。国学设在都城内，又分为"大学"和"小学"。大学设于都城南郊，称为"泮宫"，小学设在宫廷中。国学是为燕国公卿子弟设立的贵族学校，入学年龄为小学8岁，大学15岁。国学的学生们以六艺（礼、乐、射、御、书、数）为学习内容。书、数为小艺，内容为读、写、算的知识，主要在"小学"中学习；礼、乐、射、御为大艺，主要内容为礼仪、音乐、射箭、驾御，在"大学"阶段学习。乡学是按行政区划设立的地方官学，州设序，党设庠，乡里设校或塾。乡学是为统治阶级下层子弟设立的学校，学习内容类似于国学，乡学的优秀生也可升入国学。

1."礼"与"乐"

"礼"与"乐"的相辅相成是六艺教育的一大特色。在西周时期的教育尤其是贵族教育中，"礼"和"乐"是每个王室贵族的必修课。"礼"的作用在于约束人们的外部行为，具有一定的强制性；而"乐"可以陶冶人们的情操，使本来具有一定强制性的"礼"变为能使人获得自我满

[①] 何力：《北京的教育与科举》，北京出版社，2000，第3页。

足的精神需要。《晏子春秋》就记载了晏子与齐景公探讨"礼"与国家治理之间关系的故事。

"礼"是一门政治伦理课,它包括了整个宗法社会的世袭制度、道德规范和仪节。只有学会了"礼",奴隶主贵族及其子弟在一系列正式场合中,行为举止才会合乎规范。学校中所教的"礼",主要指"五礼":吉礼、凶礼、宾礼、军礼、嘉礼。吉礼就是祭祀时的礼节,凶礼讲丧葬凶荒,宾礼指天子款待来朝觐的四方诸侯和诸侯派遣使臣向天子问安的礼节仪式,军礼指军队一年四季的操练以及出兵征讨他国所要遵循的礼仪,嘉礼指宴饮婚冠等喜庆活动。"五礼"共三十六目,所涉及的都是西周时期一些重大的仪式活动,贵族子弟要从政就必须熟知这些礼仪。

"乐"不同于今天的音乐课,乃是一门综合艺术课。西周大学由大司乐主持乐教,以乐德、乐语、乐舞教育贵族子弟。所谓乐德,指的是音乐陶冶情操、培养审美趣味的功能,其作用类似于我们今天所讲的德育,音乐不仅能培养人的审美情趣,也能承载一定的时代精神。所谓乐语,即乐曲所配的诗歌,唱诗是古代日常庆典和祭祀中的一个重要的环节。所谓乐舞,包括云门大卷(黄帝乐)、大咸(尧乐)、大磬(舜乐)、大夏(禹乐)、大濩(汤乐)、大武(武王乐)等六代乐舞。后来在此基础上舞蹈根据不同的需要发展出不同的形式,如将一些历史故事编入舞蹈,又如军旅主题的舞蹈。

2. "射"与"御"

"射"在学校教育中是一门重要的科目。西周贵族生下男孩,门左要挂弓,第三天就要背着婴孩举行射的仪式,表示男子的责任是御四方、捍卫国家。到了入小学的年龄,就要接受正规的训练,不能射的人,就不称男子之职。《诗经·猗嗟》就有赞美射技高超男子的诗句,其大意是:这人长得真漂亮,身材高大又颀长。前额方正容颜好,双目有神多明亮。进退奔走动作巧,射技实在太精良。这人长得真精神,眼睛美丽又清明。一切仪式已完成,终日射靶不曾停。箭无虚发中靶心,真是我的好丈夫。这人长得真英俊，眉清目秀闪柔光。舞姿端正节奏强，箭出穿靶不空放。四箭同中靶中央，抵御外患有力量！

"御"就是驾驭马车。驾车要沉着、熟练、敏捷，能随时配合射手和长兵，创造有利的射击机会，所以说学习驾车要经过严格的训练，才能达到鸣和鸾、逐水曲、过君表、舞交衢、逐禽左这五项标准要求。《礼记·曲礼下》记载，贵族子弟达到一定年龄就要进行驾驭战车的训练，并以能御、未能御来区别长幼。西周时期的射御教育具有双重意义，一是能培养国家所需的军备人才，二是起到了类似今天体育的作用，锻炼了学生的身体。今天如果我们再讲射御教育显然已经脱离了实际生活的需要，但是不可忽视的是，射御教育对于国民国防观念的塑造，以及养成勇敢、正直的民族精神起到的重要作用。

3."书"与"数"

"书"与"数"是基础文化课，作为"小艺"，多安排在小学。

西周时期书写工具多为刀笔、竹木，字体为大篆。西周已有习字的字书，《史籀篇》是中国教育史上记载最早的儿童识字课本，但已失传。儿童教育从识字、书写开始。今天在中小学开展书法教学，帮助学生体会汉字的表意内涵、笔画美感，有助于陶冶学生的审美情操，加深他们对中华优秀传统文化的理解和热爱。教师在实际教学中，要注意教学的"质"和"量"，一方面可以用生动形象的方式向学生讲明字的构成、来源；另一方面要注意基础、循序渐进，教好握笔、笔画等基础知识，帮助学生养成正确的书写技能和行为习惯。

商周时期，"数"是学校教育活动的内容。西周时6岁儿童开始学从1至10的"数数"；9岁儿童学"数日"，学习纪日法，先学甲子纪日，然后逐渐加深；10岁儿童开始学"计"，培养计算能力，包括学习十进制的文字记数方法和"筹算""九数"的计算方法。总体来讲，周朝关于"数"的教学内容相当丰富，其要求也颇高。

总之，六艺教育是西周教育的内容和标志，这些教育内容都是由

"修己治人"的人才培养目标所决定的，它包含多方面的教育因素。六艺教育既重视思想道德，也重视文化知识；既注重武备，也重视文事；既要符合礼仪规范，也要求内心情感修养。因此，有学者将六艺教育称为中国最早的"素质教育"或"和谐教育"[①]。六艺教育有符合教育规律的历史经验，对整个封建社会的教育影响至深，也对后世教育家们的教育思想与实践活动产生了重要影响。

---

① 周洪宇主编《中国教育活动通史》第1卷，山东教育出版社，2017，第181页。

学在官府

西周时期，教育由奴隶主贵族掌握，主要表现为学校设在官府中、官师不分、教育机构与行政机构不分、官府垄断教育资源等，民间则没有学术，想要学习专门的知识，只能到官府中的学校去学习。这种现象被称为"学在官府"。

那是什么造成了"学在官府"这种历史现象呢？首先，西周时期仍用刀作笔，用竹简、木简作纸，进行书写。教学所用之"书"称之谓"典""籍""策""简""牍"等，都十分笨重且昂贵，所以，只有官方有能力制作、保有书籍，而民间无书。如典、谟、训、诰、礼制、乐章之类都是朝廷制作的，并非用来教民，士人要想看书，只有到官府那里才能读到，而秘府之书，不会公开，一般人也无从阅览。其次，礼、乐、舞、射等内容的教学，需要一定的教具和设备，并非普通百姓所能拥有。以乐器为例，钟、鼓、管、籥、鼗、柷、敔、埙、箫、琴、瑟、笙、盘、竽、笛等，这些乐器都是专门供国家祭祀用的，平常百姓是没有机会接触到的。由此可见，除官府外，民间是不可能有书籍和教学用具这些最基本的办学条件的。

那么在官府中又是由谁来担任老师呢？答案是官员。官员和老师的身份合二为一，体现出官师不分或官师合一的特点。老师必为官员或者是致仕官员，一部分官员（主要是掌管文化的官员）既有官职又兼任教职。西周学校教育中的官师不分，首先表现为国之重臣太师、太保、太傅，同时也是帝王之师（即"三公"）。太师负责教习太子文化课程，太傅负责教授武术课程，太保则负责保卫太子安全。"少"又代表副的意思，少师、少傅、少保则是三公的副职，协助三公共同辅佐天子、教谕太子。后来西周官制逐渐分化，"师傅"便成为太子导师的专称，执政的辅宰之臣则别以"卿士"名之。

"如果说原始社会的学校带有萌芽性质,兼做养老、储藏之所,教育者主要是具有丰富生活经验的老人。那么到奴隶社会,教育工作已成为国家的重要事务,担负着培养贵族子弟、造就统治人才和传递社会文明的职能。因此,教育工作在社会生活的地位得到了进一步的提升,教育者也从老人逐渐变成掌管教化的政府官员。"[1]西周国学由大司乐主持,他同时是国家礼官。大司乐兼授课,国学的其他教师也都是在职官员。各级乡学统由朝廷中分管民政的大司徒负责,由各级地方行政长官乡大夫、州长、党正等分别管理。乡学教师则由退休回乡的大夫或士充任。而西周的乡、州、党、闾及诸侯国的行政和政治建置与学校系统相对应,以地域分为国学和乡学,国学是中央官学,乡学为地方官学,以学习阶段则分为小学和大学。

是不是所有的人都可以进入官府中学习呢?官师不分、政教合一的特点决定了西周学校学生的主要来源是国君、诸侯、贵族官僚之子,还有少数从地方上选送的贵胄子弟。一般的平民与奴隶没有受教育的权利,能够入官学的都是王公贵族子弟。《大戴礼记·保傅》记载,上古时的贵族子弟8岁入小学,15岁即束发"成童"后入大学。《礼记·内则》则把贵族子弟的教育分为3个阶段:6至9岁在家中学习简单的数字、方名及干支纪日等;10岁外出就学,即入小学,学习写字、音乐等;13岁学射、御;20岁举行成人仪式——冠礼,之后开始学习礼。这些记述具体数目虽有出入,但基本是幼年入小学,"成童"入大学。

小学建在都城的宫内,而大学建在都城郊外,辟雍和泮宫分别是天子和诸侯所读的大学场所。

辟雍和泮宫[2]

西周数百年间,辟雍和泮宫的建筑也有一个发展演变的过程。西周初期大学的面貌,乃是兵营式的军事学校。房屋像厅堂,以茅盖顶,四

---

[1] 蒋纯焦:《中国传统教师文化趣探》,上海人民出版社,2012,第3页。

[2] 张熊飞、刘新科:《长安学丛书·教育卷》,三秦出版社,2012,第35页。

面敞开，没有围垣，这主要是室内习武的地方，又叫做射宫。周围有水池环绕，所谓水池，即是广阔的水泽，所以又有泽宫之称。附近有大片的园林或者森林，这是室外习射练武的地方。贵族子弟即在水泽中乘船射游鱼和飞鸟，在园林中驱车围攻野兽。这种射猎不是生产性的，主要是一种实战训练。射猎的作用是在于练习攻战的技能，所以辟雍和泮宫的总体形象就像是一个大猎场。

在"学在官府"的体制下，学校教育以培养治术人才为目的，以学习做官必需的品德、技能为基本内容，这些内容一定是为奴隶主贵族阶层所需要的。可以说，西周教育是官师合一的行政体制，管理活动即由此展开。教育机构与行政机关合为一，教育人员与行政官员一身二任，是"学在官府"的重要表现。至春秋时期，"天子失官，学在四夷"，"学在官府"走向衰落，私学开始兴起，推动了学术、教育下移，不断向纵深发展，也预示着思想文化繁荣时期的到来。

私学

私学是相对于官学而言的，尤其是相对于西周时期"学在官府"而言的。官学对教育的垄断使得民间无教育、无学术。

到了春秋中叶，随着政治、经济、文化、教育的变革与转型，开始出现"学术下移"，这使得"学在官府"的教育垄断现象被逐渐打破，新的教育形式——私学，开始登上历史舞台。

"学术下移"的根本原因与重要前提是"王室衰微"与"礼崩乐坏"。春秋时期，铁制工具和牛耕犁在农业生产中得到普遍应用，极大地提高了劳动生产率，诸多奴隶主贵族和自由民想尽办法在井田之外另辟私田。之后，井田制被废除，允许土地自由买卖，官府征收实物地租。这种经济关系的变化打破了奴隶制的生产关系，也加速了封建生产关系的孕育形成。经济权利的下移促使新的阶层——"士"阶层崛起。他们积极参与社会政治生活，进行社会政治改革，提高自己的政治地位和经济实力，养士之风开始形成。培养士的场所不是没落的官学，而是私学，因此，私学成为主要的教育形式。学术下移与士阶层的崛起为私学的产生与发展做了知识和人才准备，"中国第一代知识分子和教师群出现"[①]，它们是私学产生最直接的条件。

至于最早的私学是由哪一个人或哪一个学派创立的，依据现有的史料，我们很难考证。不过，私学的兴起必然是一个逐步发展的过程，人们所熟知的孔子创办的私学，已经是私学发展到较为成熟阶段的产物。孔子创办的私学，有理论、有方法，依此可以看出前人经验积累的诸多痕迹，所以孔子不能被称为中国历史上创办私学的第一人，至少在同一时期，还有鲁国的少正卯、郑国的邓析也在兴办私学。

---

① 郭齐家:《文明薪火赖传承：儒家文化与中国古代教育》，山东教育出版社，2020，第1页。

孔子办私学

孔子30岁时，开始在民间创办私学，"始教于阙里"，并以小型学术团体的形式，开始了儒家学派早期的学术活动。这时的孔子已是一位鲁国人所周知的品德高尚、学问精深的人物，求教于他的学生自远方接踵而至。从他30岁起，一直到他仕鲁之前，在将近20年的时间里，他的主要精力就放在了创立私学和从事传授"六艺"的教学方面。

到孔子34岁时，他所创办的私学在鲁国已有很大的名声，连鲁国的贵族也将自己的子弟交给孔子教育。鲁国掌权贵族孟僖子的两个儿子孟懿子和南宫敬叔都做了孔子的弟子。自此之后，孔子办学得到了国家的经费资助，私学的规模也就越来越大了。孔子之所以办学有成，是因为他看到鲁国在当时需要自己出来重新恢复礼乐文明。

私学本身所具有的教育特点及其产生的影响是不可忽视的。它是以私人授徒讲学为主的教学组织形式，这种组织形式具有与官学截然不同的特点。

第一，自由办学，自由讲学。各家大师几乎不受任何限制地创办各自的私学，并以对某些社会问题或自然问题有特殊研究，形成了各派私学的特色。讲学活动与学术活动有着极其密切的关系，其讲学的内容往往就是其学术研究的内容。学生的学习，完全出于自愿，来去自由。教师自由讲学，言之成理，持之有故；学生自由择师，学有所宗。这是私学相对于官学的一个鲜明特点。就教育程度而言，私学基本属于高等教育的范畴，学生多是成人，他们有较丰富的学识和较广泛的阅历，求学的目的也十分明确，学习能力与自主性很强，因此教师教学均以指导学生自学和组织个别研讨为主，较少进行集体讲学。由此可见，当前高校还应加强营造学术氛围，提倡学术上的"兼容并包"，给各个学术流派提供展示自己特色的舞台。当今教育中由于学术自由不能实现而引发的问题其实很多,如办学失去特色,很难有自己的强势学科,很难培养出真正的创新型人才,等等。当今社会教育体系应借鉴古代私学在学术自由方面所做的努力。今天我们的高等教育也应多给予学生独立思考、自主学习的空间。

第二,教育活动与社会活动相结合。许多私学团体,又是颇有实力的政治集团和组织性、纪律性严明的军事组织,他们积极参与社会政治活动,积极投身小国反对大国的军事战争,是当时社会不可忽视的政治力量与军事力量。孔子所创办的儒家私学、墨子所创办的墨家私学就是鲜明的例证。私学发展到后期形成了体制相对完备的书院,书院是由私人创办和组织的独立于官学之外的民间教育机构。以无锡的东林书院为例,它原来是北宋理学家杨时讲学的场所,后来由明代的顾宪成等人复创,不仅是当时的文化中心,也是一个政治活动中心。

第三,无固定的场所和固定的组织形式,游学是其一大特色。许多私学大师(如孔子、墨子、孟子、荀子等)都采取上说下教、周游列国的方式授徒讲学。他们的足迹遍布各个诸侯国,通过游学活动扩大自己学派的社会影响力。他们希望通过游学的形式说服统治者信用其道,希望各国民众赞同其观点与主张。

游学既能总结实践经验,又能博采众家之长,是一种灵活的教育模式,因此在后世一直有所发展。游学鼎盛时期是宋代,北宋初期执行重文抑武的文治政策,在太学推行胡瑗的苏湖教法,特别提倡亲历游学,游学就这样正式纳入了官学的教学方法之中。直到近代,我们更多使用的是"留学"一词,可以说它是新时期的转型形式,是对游学这种教育模式的继承和进一步深化发展。从内涵上讲,现代意义上的游学,本质是指在旅游中开阔眼界,了解当地的风土人情,在体验中学习不同的文化。近代留学教育发端于第一次鸦片战争之后,是洋务派为了"师夷长技以制夷"而向外国派遣留学生以学习西方先进的技术达到救亡图存的目的。

随着改革开放的深化，留学教育得到了进一步发展，开始了又一个欣欣向荣的繁盛期，出国留学人员的数量、结构、地区分布和学习专业门类等诸方面都有了较大的突破，呈现出崭新的局面。游学教育发展至今已有2000多年的历史，它满足了有志者求学的需求，促进了各地区及国内外的教育交流与合作。这种既能帮助学生积累实践经验又能博采众家之长的灵活教育模式，已成为当今教育的有机组成部分。

私学替代官学成为春秋战国时期教育的主力，既是社会对教育发展要求的一次重大转变，也是中国古代自由发展学术的开端，为"百家争鸣"、学派创立奠定了坚实的基础。

孔子与"因材施教"

孔子是中国古代最有影响力的教育家，也是中国历史上教师的光辉典范。他既是弟子们可敬的师长，又是他们值得信赖的朋友。孔子在弟子们心中之所以有这样崇高的地位，完全得益于他是"万世师表"的教师典范。他因材施教的教学智慧，更使他的弟子们受益良多。

孔子的因材施教，体现在因每人天资的不同，施以不同的教育。对待学问的态度，在人群中是有差别的。"生而知之"，就是所谓的天赋，现代生物工程科学也证明了遗传基因对人的重要作用。还有一种情况就是环境的影响，潜移默化形成的能力。"学而知之"是比较主动的学习，这类人对什么都好奇，都想探究，是应该积极鼓励的。"困而知之"是遇到问题之后能去学习，以求得问题的解决，这种人也是难能可贵的。"困而不学"，即使遇到问题也不愿学习思考，这类人就无可救药了。所以孔子施行因材施教，前提是承认学生间的个别差异，并通过谈话、观察等方法了解学生的特点[①]。

最能直接体现孔子因材施教精神的例子要算《论语·先进》中孔子与子路的对话：

> 论道义

子路问孔子："听到一件合于道义的事，立刻就去做吗？"孔子说："还有父兄在，怎么可以（不先请教他们）听到了就去做呢？"冉有问道："听到一件合于道义的事，立刻就去做吗？"孔子说："听到了应该立刻就去做。"公西华说："仲由问'听到一件合于道义的事，立刻就去做吗'，您回答'还有父兄在，怎么可以听到了就去做呢'。冉有问'听到一件合于道义的事，立刻就去做吗'，您回答'听到了应该立刻就去做'。我感到

[①] 孔祥骅、黄河清：《孔子评传与教育思想解读》，山西人民出版社，2019，第249页。

迷惑，大胆地请问老师，这是什么缘故呢?"孔子说："冉有畏缩不前，所以我鼓励他进取；仲由胆大好胜，所以我提醒他退让些。"

这也是孔子把中庸思想贯穿于教育实践的一个具体事例。在这里，他要自己的学生不要退缩，也不要过头冒进，要进退裕如。对于同一个问题，孔子针对子路与冉有的不同情况作了不同回答，真正做到了因材施教，这正是孔子教育成功的关键所在。

孔子能根据学生的个性特点和个别差异采取不同的教学方法，解决教学中统一要求与个别差异的矛盾，使得其在教学过程中可以因人而异、因材施教。

孔子也是世界上最早进行启发式教学的教育家，这一原则主要是解决发挥教师的主导作用和调动学生积极性之间的矛盾。在实际教学中启发式教学就要求教师要注意激发学生的学习兴趣，发挥学生的主动性，给学生留有独立思考的空间，《论语·先进》中记载了孔子和子路、曾皙、冉有、公西华四个学生"言志"的谈话，体现了孔子启发式教学的好处：

四子侍坐

有一天，子路、曾皙、冉有、公西华等学生，陪伴孔子坐在一起谈天说地。孔子说："如果有人请你们去做事，你们打算干什么呢?"子路自信能治理好一个大国。冉有说他可以管好一个小国。公西华说自己只能在政府中担任一个小官。曾皙最后慢吞吞地说："我只求过快乐的日子。春天暖和起来，跟同伴们到河里去洗洗澡，吹着凉爽的风，然后大家唱着歌回来。"孔子从仁政学说出发，他希望能过着太平的生活，所以十分赞赏曾皙的想法。还有一次，孔子要学生们谈志愿。子路爽朗地说："我愿意和朋友有福同享，自己的车马、衣裳都可以让给朋友用，用坏了也不要紧。"颜渊平心静气地说:"我希望自己不骄傲自夸,不炫耀自己的成绩。"这时孔子只听学生们讲,自己却不表态。急性子的子路问孔子说:"老师,您的志愿是什么呢?"孔子不假思索地回答说:"我希望老年长辈能生活得安适,平辈朋友能互相信任,少年晚辈都能得到关怀爱护。"可见,孔子善于在不知不觉中启发学生思考问题,向学生灌输他的仁政学说。后来,孔子就以救世济人的抱负,率领学生去周游列国,游说各国诸侯施行仁政。

孔子作为一个好老师能区分资质不同的学生并因材施教,这是基本的前提。在生活中与人交往,能够区分不同人的资质,才可能找到心灵共鸣的人。尽管弟子们有不同的性格、禀赋和才能,但在孔子的教育与引导下,都能得到较好的发展,学有所成。这为当时的社会管理、经济发展、道德进步和文化普及,提供了坚实的知识基础和丰富的人才资源。

孔子的思想学说深刻影响着中国封建时代的政治、经济、文化、教育,在不同历史阶段起到了不同的作用。孔子创立的儒家学说,至今仍具有现实意义,是中华民族优秀的文化遗产。

当今教育,"因材施教"中的"材"指向两个方面。一个是教学对象——学生,不同的学生的认知水平、个性、生理特点等都存在差异,所以在教学活动中,要从学生的实际出发进行有的放矢的教学。另一个是不同的教学内容有着不同的特点,这就要求教师针对知识的特点制订不同的教学策略。例如,在讲授主要内容为"是什么"的陈述性知识时,应以理解、记忆为目标,一般采用预习、提问、阅读、反思、背诵、复习的教学策略;在面对主要内容是"怎么办"的程序性知识时,教师要避免枯燥的口头讲授,要以实际操作为主。例如,进行计算机操作教学及物理、化学实验教学时,学生只有自己实践过,才能真正明白问题出在哪里。如果只是讲解,学生就不会明白什么样的问题会产生。只有自身实践了,才能发现问题,并设法解决问题。教师应科学地指导并规范学生的行为,避免其盲目性。

稷下学宫

稷下学宫，约创办于公元前370年—前221年，不仅是中国古代大学教育史上的一个重大创新，而且是世界大学教育史上的一个重大创新，与古希腊雅典的柏拉图学园、亚里士多德学园几乎同时，为东方高等教育、大学教育的源头，堪称中国古代教育史、大学史上的一大瑰宝。

稷下学宫的创建，得益于齐国得天独厚的自然和经济条件、巩固政权乃至一统天下的政治需要、多元的文化风气和开明的政治风气[①]。齐威王（前357年即位）继承父业，扩建稷下学宫，天下贤人荟萃于稷下，为其出谋划策。稷下学宫进入了一个蓬勃发展的新阶段。公元前320年，齐宣王即位，为了实现统一的宏图大业，对稷下学宫的发展采取了更加开明的政策，"趋士""贵士""好士"。为了能够吸引高质量的人才汇聚到齐国，齐王非常尊重来到齐国的学者，对富有政治思想和实践经验的稷下先生们赐以"上大夫"之号，让他们参与国事，给他们很高的政治地位和礼遇。

"不治而议论"是齐国君主给予学者的很高的政治待遇，因为学者更看重的是自己的思想主张能否被接受，人格是否受尊重。齐国君主在尊重学者这一点上确实做得很充分。凡是来到稷下的学者，齐王都亲自召见并考核，根据学术水平和学术影响力授予一定的官职，分别授予"上卿""上大夫""下大夫"等相应的官阶，例如，孟子、荀子都被尊为卿，即使一般的稷下先生，也"皆赐列第，为上大夫"。

在《战国策·齐策四》中记载了一个故事叫《齐宣王见颜斶曰》：

> 齐宣王见颜斶曰

齐宣王召见颜斶，说："颜斶上前来！"颜斶也说："大王上前来！"

[①] 白奚：《稷下学研究——中国古代的思想自由与百家争鸣》，生活·读书·新知三联书店，1998，第21—26页。

宣王很不高兴。左右近臣说："大王是人君，颜斶你是人臣。大王说'颜斶上前来'，你也说'大王上前来'，这样可以吗？"颜斶回答说："我上前是趋炎附势，大王上前是礼贤下士。与其让我趋炎附势，不如让大王礼贤下士。"宣王生气地说："王尊贵，还是士尊贵？"颜斶回答说："士尊贵，王不尊贵。"经过二人的一番激烈辩论，宣王说："哎呀！君子怎么能侮慢呢，我是自找不痛快呀！到现在我听到了君子的高论，希望您收下我做学生。"[①]

待遇优厚还表现在物质上。齐宣王时驺衍、淳于髡等各派学者7人"皆赐列第，为上大夫"。在宽广的大道旁为之修建高大的府第，以示尊崇。淳于髡、孟轲、荀况还被尊为卿。学者们得享相当于上大夫的俸禄，可以专心学问。齐宣王为留住孟轲不离齐，曾言："我想要在国中推行孟子的思想，并且让其广收弟子，使他们具备孟子的思想，那么我的国家就相当富裕强大，其他各国对我的国家就会心存畏惧与尊敬。"（《孟子·公孙丑下》）对稷下先生优越的物质待遇甚至惠及其弟子，也是稷下学宫能长期兴盛的重要原因。

学者的独立自由精神得到了尊重。勉励他们著书立说，讲习议论，上说下教，展开学术争鸣。与此同时，还注重充分发挥他们的智囊作用，经常向他们征询政治、军事、经济等各种重大问题的意见和看法，让他们办理外交，甚至参与制定典章制度。这样一来，稷下学者们参政议政的意识空前强烈，学术研究的自主性、创造性和积极性异常高涨。稷下先生来自不同的诸侯国，带着他们不同的政治主张和时事见解来到了稷下学宫，史称"诸子百家"。像驺衍、田骈、接子、慎到、环渊等有名的学者有数千人之多。儒、道、名、法、墨、阴阳、小说、纵横、兵家、农家等各家学派林立，学者们聚集一堂，互相辩难，相互吸收，共同发展，稷下学宫达到鼎盛。当今学者们矢志不渝的理想追求——学术自由与稷下学宫"学术自由、百家争鸣"的方针一脉相承。可以说，稷下学

① 《战国策》（全二册），缪文远、缪伟、罗永莲译注，中华书局，2012，第318—322页。

宫是实践学术自由的典型，它充分尊重士人之学，并对其不加干涉和限制，使学宫成为战国百家争鸣的缩影。

直至齐湣王（公元前301年即位）前期，这种盛况仍在，稷下学士达数万人，稷下学宫仍有继续发展之势。在多元并存的思想格局中，稷下各家相互之间展开了激烈的学术争论，稷下学宫出现了中国历史上从未有过的百家争鸣的生动局面。人们可以提出各种观点，各种思潮都可以在这里发展或争鸣，于是产生了"大九州"学说、"民为贵，君为轻"思想等。无论哪门哪派，都可以在稷下授徒讲课，参与争鸣；学生之间、先生之间、学生与先生之间或本派内部随时都可以进行自由辩论；辩论的目的是以理服人，因而在当时辩论和演讲成了一门学问、一门艺术，涌现出了一大批著名的雄辩家。正是在这种百家争鸣、学术自由的环境中，各家各派逐渐去谬存真，取长补短，立足本派，旁采众家之长，在更高的层次上趋于统一，既活跃了思想、繁荣了学术，又开阔了人们的视野，锻炼了人们的思维能力和提高了人们的认识水平。学术自由是学术发展的生命力，是繁荣学术、发展科学、探求真理的基本条件。崇尚学术自由是一种古老的、富有生命力的大学理念，也是当今学者们孜孜以求的理想。我国在大学管理中，长期存在着对学术统得过死的问题，从而限制了学术的发展和创造性人才的培养，使不少学生成了唯书唯上、没有独立思考能力的"人才"。高校要培养创新型人才，就必须改革传统的大学教学组织形式，提倡并实施"以辩论为主要形式，以培养学生创新能力与实践能力为目的"的教学组织形式。同时，让学生直接参与学术交流，参加学术辩论，以培养其创造力。

齐国创建稷下学宫是下了大本钱的。稷下学宫规模宏大，"为开第康庄之衢，高门大屋"。在田齐政权的重视和厚爱下，稷下学宫成为齐国的金字招牌。稷下学宫基本与田齐政权相始终，随着秦灭齐统一中国而消亡，历时150年左右，其创办时间之长、规模之大、影响之深远，不仅前所未有，也是整个古代教育史上罕见的。

《学记》

《学记》是《礼记》中的一篇，其作者一般被认为是思孟学派中孟子的学生乐正克。《学记》是世界上最早的专门论述教育、教学问题的著作，被称为"教育学的雏形"。它比捷克教育家夸美纽斯的《大教学论》早一千余年。其中很多内容，不仅是教育史上的首创，而且经过两千多年教育实践的检验，即使放在现代教学理论的范畴中，也仍然闪烁着生命的火花。"《学记》之所以会在中外教育思想史上为人们所认同，经受历史考验，就是因为它沿着春秋战国时期人文主义思潮，较早看到了'人'——不是抽象的自然人，而是人的社会性与个性。"① 它是先秦时期儒家教育和教学活动的理论总结，主要包括以下几个方面的内容：

1. 教育作用与教育目的

《学记》依据"商周以来官学和私学发展的历史经验，特别是战国时代关于教育问题论辩的成果，对教育的作用做了充分的肯定"②，认为实现良好政治的最佳途径是"化民成俗"，具体表现为"建国君民，教学为先"，兴办学校，推行教育，教化人民群众遵守社会秩序，养成良好风俗。教育对个人的作用如同对玉的雕琢一样，"玉不琢，不成器；人不学，不知道"，通过对人进行有目的、有计划的培养，使每个人都形成良好的道德与智慧，进而懂得去维护国家利益和社会安定。

2. 教育制度与学校管理

在学制方面，《学记》以托古改制的方式提出建立从中央到地方的学制系统，"古之教者，家有塾，党有庠，术有序，国有学"（周代百里之内二十五家为闾、五百家为党、一万二千五百家为遂，塾、庠、序、学则是周代学校的名称），这种按行政建制设学的思想对后世兴学影响很大。在学年方面，《学记》把大学教育定为两段、五级、九年。第一、三、五、七学年毕，为第一段，共四级，七年完成，谓之"小成"；第九学年毕为

① 《学记》，高时良译注，人民教育出版社，2018，第229页。

② 张瑞璠：《中国教育史研究·先秦分卷》，华东师范大学出版社，1991，第123页。

第二段，共一级，考试合格后，谓之"大成"。这是古代年级制的萌芽。

视学是指天子亲自前往国学行春秋祭奠及养老之礼。开学之日，天子亲率百官参加开学典礼，祭祀"先圣先师"，定期视察学宫，体现国家对教育的重视。

> 视学

天子视学那天的清晨，先击鼓以集合大众，众至然后天子至，先行设奠祭先圣先师之礼。视察时天子在旁观礼，意在检阅。祭祀完毕，由学官向天子复命。视学中，要进行比射，考查教练者的教学成绩。金文中也记载有周天子亲自同学宫中的"小子"等射于辟雍大池，教练如很称职，周天子赏给礼物（如刀鞘等物）。西周时诸侯每年都要选送武士给周天子，周天子即命令在学宫中考试射艺，考试合格者才有资格参加祭祀活动，不合格的则不准参加祭祀活动，因为祭祀是权力和地位的象征。周天子对选送合格武士的诸侯增赐封地，以示赞赏。对多次选送不合格武士的诸侯，则削减封地，以示惩罚。学生临毕业时，学宫把不听教诲的学生名单报告给周天子，周天子即命令三公、九卿、大夫、元士等各级官员都到辟雍，对这些学生进行训诫。如无效果，周天子会亲自去学宫视察，再不改变，周天子即命令这些学生停止"食乐"（即进餐时的音乐）三天，以表示其问题严重，然后把他们遣逐到远方，终身不齿（即终身不再录用他们）。

在考试方面，每隔一年考查一次。考查内容包括学业成绩和道德品行，不同年级要求不同。其中，第一、三、五、七、九学年，都有考试，分别是：第一年"视离经辨志"——考查阅读能力，看能否分析章句；考查品德方面，看是否确立了高尚的志向。第三年"视敬业乐群"——考查对学业的态度是否专心致志，与同学相处能否团结友爱。第五年

"视博习亲师"——考查学识的广博程度,与教师是否亲密无间。第七年"视论学取友"("小成")——考查学术见解和交游择友。第九年"知类通达,强立而不反"("大成")——考查学术上的融会贯通和志向上的坚定不移。整个考试制度体现出循序渐进、德智并重的特点。

3. 教育教学的原则

《学记》中教育教学的原则可归纳为:

(1)预防性原则。"禁于未发之谓豫",要求事先预计到学生可能会出现的种种不良倾向,采取防治措施。

(2)及时施教原则。"当其可之谓时""时过而后学,则勤苦而难成",应该按照学生的年龄特征和心理状况安排适当的教学内容。

(3)循序渐进原则。"不陵节而施之谓孙",学习内容要有先后顺序,要求教师根据知识本身的难易程度和逻辑结构来施教。

(4)学习观摩原则。"相观而善之谓摩",在学习过程中,同学之间要相互切磋研究,共同提高,既要专心学习,又要融入集体。

(5)长善救失原则。"学者有四失,教者必知之。人之学也,或失则多,或失则寡,或失则易,或失则止。此四者,心之莫同也。知其心,然后能救其失也。"教师应了解不同学生的心理倾向,帮助他们发扬优点,克服缺点。

(6)启发诱导原则。"君子之教,喻也",教学要注重启发。"道(导)而弗牵,强而弗抑,开而弗达",教师要引导学生,但又不能牵着学生的鼻子走;要督促勉励,但又不能勉强、压抑;要打开学生的思路,但又不应提供现成的答案。

(7)藏息相辅原则。"藏焉修焉,息焉游焉""时教必有正业,退息必有居学",教学既要有有计划的正课学习,又要有课外活动和自习,有张有弛,劳逸结合,从而让学生感受到学习的乐趣。

(8)教学相长原则。这一原则也体现了《学记》的教师论的思想。"虽有佳肴,弗食不知其旨也;虽有至道,弗学不知其善也。是故学然后知不足，教然后知困。知不足，然后能自反也；知困，然后能自强也。故曰教学相长也。"即使有美味的食物，如果不去吃，就不会知道它的味道鲜美；即使有最好的道理，如果不去学习，就不会知道它的好处。因此，通过学习之后才能知道自己不足的地方，通过教人之后才能知道自己困惑不解的地方。知道自己有不足的地方，然后才能反过来要求自己；知道自己困惑不解的地方，然后才能够自行刻苦钻研。所以说教和学是互相促进的。教学相长的本义并非教与学的相互促进，而是仅指教这一方以教为学。后人将其引申为在教学过程中教师与学生双方相互促进，共同提高。

《学记》对教学方法也提出了精当的阐述，主要包括讲解法、问答法、练习法等。总之，《学记》为中国教育理论的发展树立了典范，其历史意义和理论价值十分显著。它的出现，意味着中国古代教育思想专门化的形成，是中国教育理论发展的开端。

第二章 传统教育的规范

> 教化立而奸邪皆止者,其堤防完也;教化废而奸邪并出,刑罚不能胜者,其堤防坏也。古之王者明于此,是故南面而治天下,莫不以教化为大务。
>
> ——《汉书·董仲舒传》

从秦汉到隋唐,中国古代教育逐渐走向规范,这与统一的封建王朝的出现密切相关。因此,本章以经学教育为起点,展现这一时期教育的规范化历程。汉代的经学教育,以"五经"作为基本的教材和课程;设立五经博士,他们是官员也是教师;设立太学这一专门教授经学的"国立学校",进而实现在教育内容与体制上的规范。当然,除了经学教育外,东汉时期还出现了一所以文学、艺术为特色的学校——鸿都门学。魏晋时期名门望族的家庭教育在教育内容的多样化方面也起到了重要的作用。到了隋唐时期,官学体系进一步完善,在制度管理层面树立了很多典范。科举制度的出现,引领了其后千余年的"学习热潮"。以韩愈为代表的教育家、思想家,在教师、教学等方面的探讨,对后世的影响也尤为深远。

经学教育

汉初，在政治上主张无为而治，经济上实行轻徭薄赋；在思想上主张清静无为和刑名之学，"黄老之学"受到重视。到汉武帝时期，经过了长时间的休养生息，经济上得到恢复与发展，政治上出现了安定局面，但是各家并存，思想混乱，无为而治已不适应封建统治的需要。所以，汉武帝在思想文化界首开"罢黜百家，独尊儒术"之政策，确立了儒家思想的正统与主导地位。在这一政策指导下，无论是官学还是私学，都在传授儒家经学，所以两汉在中国教育史上也被称为"经学教育"的时代。

儒家学派所颂扬的《诗》《书》《礼》《易》《春秋》等被尊崇为"五经"。"不仅官办学校以经学为教材，实行'尊孔读经'，而且皇帝为倡导研究经学，往往亲自召集经学讨论会，以求得讲授和研究经学的官定标准。这样就推动了汉代经学教材的发展，也确立了汉代以经学作为选拔官吏标准的察举制度。"[①] "五经"既是神圣的经典，也是广大学子们必读的书籍与教材，学子们以传习、解释"五经"为业，经学教育由此诞生。

"五经"的议定[②]

西汉宣帝甘露三年（前51年），汉宣帝在未央宫石渠阁（西汉内廷藏书楼）大集诸儒，讨论五经同异，分歧处由宣帝亲自裁断定夺，从而确定了经学的标准范本，史称"石渠阁议"。究其缘由，是因为西汉王朝建立后，废除秦代的书禁，广开献书之路。汉武帝时"罢黜百家，独尊儒术"，设立五经博士，经学由此繁荣，成为汉代典章制度的重要依据及统治思想的重要来源。但经学由于文字和师承的不同形成了今文和古文之争，通过"石渠阁议"，有了权威的钦定经学范

---

① 吴洪成：《中国古代学校教材史论》，河北大学出版社，2016，第35页。

② 汪清秀等编著《中国历代文学名家成才故事》，金盾出版社，2014，第51—52页。

本作遵循，问题基本得到解决。汉章帝效法"石渠阁议"，在白虎观召开由廷臣及诸儒参加的讨论五经同异的会议。班固以史官身份出席会议，兼做记录，并在淳于恭议奏的基础上，将其中统一的意见和章帝决断的结果编撰成《白虎通义》（又省称《白虎通》）一书。《白虎通义》所反映的是东汉今文经学派的政治及学术思想，是西汉董仲舒以来今文经学派的思想和哲学思想的延伸和发展，是今文经学派的政治学说提要。

由于所依据的本经文字、指导思想和治学方法的不同，汉代经学形成了今文经学和古文经学两大派别。今文经学用汉代通行的隶书书写，被定为官方的学术，有系统的师承关系，可以在太学里传授。汉武帝时立五经博士，就属于今文经学，每一经都置若干博士，博士下又有弟子。博士与弟子传习经书，分成若干"师说"，也就是若干流派。据《后汉书·儒林列传》记载："于是立五经博士，各以家法教授，《易》施、孟、梁丘、京氏，《尚书》欧阳、大小夏侯，《诗》齐、鲁、韩，《礼》大、小戴，《春秋》严、颜，凡十四博士。"

"章句"是汉代经学教育的一大特点。儒家经籍都是先秦的古籍，无标点和段落。因此，学者要领会其含义，必须为其分章断句，然后逐次解释字、词、句和段落的意义。章句式教学在先秦儒家经籍的传授中就已经出现①。章句是以句子为基本训释单位，将字词训释嵌入句子的直译之中，进而分析句读、串讲文章、探讨章旨的训诂体式。"章句"是"离章辨句"的省称，着重于逐句逐章串讲、分析大意；不重解释词义，对字词的解释则隐含在句意的串讲之中。汉代一些儒者治学从辨析章句入手，故章句体兴于汉。"西汉时不独经书有某家某家的章句，就是法律也有某家某家的章句。"②但汉儒用章句讲经大都支离烦琐，故被斥为"章句小儒"，一般人"羞为章句"。

师法、家法是汉代经学教育的又一特点。师法是为了维护五经博士

① 常国良:《中国古代教育史研究》，黑龙江教育出版社，2011，第100页。

② 曹伯韩:《国学常识》，天津人民出版社，2020，第58页。

的权威而形成的。某学派的弟子对于该学派的学说务必遵守，不得任意曲解，即是师法。家法是在原有师法的基础上创立自己的一家之说，不仅仅是传承老师的教授，而且要有自己阐发出的新义。西汉重师法，而东汉重家法，不过师法、家法是相对而言的，没有明确的界限。恪守师法、家法体现了一种严谨的治学态度，促进了儒家经典的专门研究。同时师法、家法强化了教师与学生之间的联系，提高了教师的地位，使得汉代尊师重道之风盛行，体现出"有来学，无往教"的经学教育理念。东汉末年，随着官学的衰落，五经博士权威的降低，师法、家法也逐渐淡化。

　　总之，汉朝是经学最为昌盛的时代，社会上诵读经书蔚然成风，《汉书·韦贤传》有"遗子黄金满籯，不如一经"的说法，体现出经学教育在普通民众中的地位与影响。其后，魏晋南北朝时期经学教育由衰落走向分离，隋唐基于取士的需要强化经学教育的作用，宋代理学家为"五经"配"四书"而重组经学教育内容，明朝政府编纂官方版本的经典教材——《四书大全》，清朝则形成了"十三经"的教育体系。可见，汉武帝立五经博士之后的两千余年，经学教育成为各级学校的基本教学内容，经学教育也纳入教育体制中，对中国传统社会产生了深远的影响。

太学

汉武帝元朔五年（前124年）创建太学，标志着中国古代官立大学制度的确立。魏晋至明清或设太学，或设国子学，或两者同设，均为传授儒家经典的最高学府。

公孙弘与太学

提到太学就不得不提一个人——公孙弘。公孙弘年轻时做过狱吏，后来因为犯事被开除公职，为了维持生计不得不去海边帮人牧猪。到了40岁的时候公孙弘开始学习儒学，此前他一直学习的都是法家著作。公元前130年，70岁的公孙弘被汉武帝赏识封为博士。此后公孙弘在官场上一路高升，成为西汉建立以来第一位以丞相封侯者。如果说董仲舒是独尊儒术的设计师，那公孙弘就是这一理论真正的实践者。作为儒学大家且位高权重的公孙弘，对于传播儒学的一项重要实践就是将董仲舒创办太学的思想付诸实践。在公孙弘的奏请下，元朔五年十月，第一批50名太学生进入太学，中国古代最早的官办高等教育就此诞生。

兴办太学首先要解决的就是谁来教的问题。那么什么样的人才可以当太学的老师呢？太学的老师称为博士，西汉的博士多由名流充当，采用征拜或举荐的方式选拔；东汉的博士要经过考试，还要有"保举状"。两汉挑选博士非常慎重严格，博士必须德才兼备，要有"明于古今""通达国体"的广博学识，具有"温故知新"的治学能力，除应当为人师表外，还必须具有足以胜任博士职责的专经训练和相当的教学经验，以及身体健康等条件。经过严格挑选，在汉代太学执教的博士，对提高太学教学质量，起着保证作用。

解决了谁来教的问题后就要解决生源问题。应该让什么样的人进入太学学习呢？太学的学生称博士弟子，到东汉时简称"太学生"或"诸生"。太学生的补选办法，两汉时期并没有严格的规定，常用的方式有两种：一是太常直接选送；二是郡国县道邑选送，如果选送不实，负责长官要受到处罚。选送的条件大致参照公孙弘拟订的办法。此外，还有通过考试和因"父任"而入学的。招收太学生，没有严格的学龄限制。公孙弘拟订的方案中虽有十八岁入学的规定，实际上，汉代太学生既有六十岁以上的白首翁，也有十二岁即显名于太学的"任圣童"（即太学学生任延）。由太常选送的太学生为正式生，享有俸禄，由其他途径入学的为非正式生，费用自给。家境贫寒的博士弟子，可以由郡国选送，至太学后也允许一边求学一边靠劳作为生。新莽以后，太学生的成分逐渐发生变化，起初有元士之子"得受业如弟子"的规定，继而又增加了公卿子弟及明经下第入学的规定，太学的贵族子弟日渐增多，贵族化的倾向有所发展。

太学学成之后有哪些出路呢？太学生毕业后的出路各有不同：有的成为卿相，有的任官为吏，有的收徒为师，但也有学而无成白首空归的。除大将军、大官僚的儿子不靠太学的资格就可以做官之外，大部分的太学生，其出路仍体现了"学而优则仕"的办学宗旨。

太学注重考试，其作用一方面是选才手段，另一方面是督促、检查学生学习的管理手段。后来由于太学生人数剧增，教师难于照顾周全，考试的管理作用也就更为明显。考试的方法有射策和对策。所谓射策，犹如后世的抽签考试，内容侧重于对经义的解释、阐发。博士先将儒经中"难问疑义书之于策"加以"密封"，由学生投射抽取，进行解答。所谓对策，是根据皇帝或学官提出的重大政治、理论问题，撰文以对。对策多用于朝廷的荐举，而后才被授官；射策则多用于太学内的考试，有助于督促学生认真读经，明了经义。太学考试，西汉大致为一年一试，东汉为两年一试。新莽时曾将两科改为三科，并增加了各科的取官人数。东汉初年又恢复了甲乙两科。太学随着规模的扩大，对考试也越来越重视。

太学对学生的管理比较松散。太学建有供太学生居住的房舍，学生们可以分室而居、偕家室同居或在校外赁屋而居。太学的教育及对学生的学习管理也不尽完善，但的确有一些独到之处：以经师讲学为主，学生互教为辅。除经师讲学外，学生有充裕的时间自学。

太学允许学生自由研讨学问和向社会名流、学者就教。这种管理方法是先秦游学的遗风。提倡自学、允许自由研讨，使太学培养造就了一批有研究能力、学识广博的高才。如匡衡、倪宽、翟方进均以"射策甲科"而荣擢，出身微贱而入太学者不乏其人，太学也的确为门第低下却勤奋好学之士开辟了一条入仕之路[1]。

太学这种自学与研修的形式，对于今天我国高等学校教育教学活动的开展仍然有一定的现实意义。当前我国高校中各学科专业知识结构和内容较庞杂，而每门课程的授课时数有限，这要求课堂教学内容必须"少而精"，学生也必须在扎实掌握课堂教学内容的基础上积极主动地拓宽自己的知识面，发展和完善课堂教学内容。此外，由于高等学校教学方法手段比较先进、教师的指导作用增强、教学与科研相结合、学生的独立自主性加强等特点，为教师"少教"和学生主动"多学"提供了有利条件。因此，在教师的启发和指导下，应鼓励学生制订符合自己实际情况的自学计划，利用各种有利的教育资源，以查阅文献、做读书笔记、参与学术讨论、参加各种学习小组和科研小组的活动、撰写科研论文等方式，积极进行课外的自学与研修。

---

[1] 郭齐家：《文明薪火赖传承：儒家文化与中国古代教育》，山东教育出版社，2020，第73页。

鸿都门学

东汉光和元年（178年），汉灵帝下令在洛阳鸿都门设立新学，以书法、辞赋、绘画、尺牍、小说为教授科目。鸿都门学是我国乃至世界上第一所专科性质的大学。

鸿都门学的设立有一个酝酿、发展过程，开始不过让一些文学艺术人才"待制鸿都门下"，马端临曾记载，早在汉武帝时就有类似之举。鸿都门学的创立使得不再只是读经才能做大官，有文学艺术之长也可以做大官，打破了一种垄断局面。鸿都门学以尺牍、小说、辞赋、字画为主要学习内容。尺牍，是古代书信的名称，由于当时的书信都刻于简牍，规格为"一尺一寸"，所以称尺牍、尺翰、尺简、尺牒等，原来是一种实用文体，使用广泛，有一定书写格式，包括章、奏、表、驳、书等类。至汉代，尺牍中已有不少精彩散文，所以，学习尺牍，既有实用性，又有文学性。鸿都门学所学的"小说"，不同于今天的小说，只是它的前身，如神话传说、街谈巷语、志怪志人之作等。该学校的具体教学内容、形式等没有留下多少材料（比太学少得多），但它是一所教授"书画辞赋"的专门学校是完全可以肯定的。它既是唯一的也是最高的，可以说是一所文艺大学。它也是世界上最早的文艺大学[①]。

鸿都门学以学习文学、艺术知识为主，不同于以儒学经典为主的其他官学。鸿都门学的生员跟太学生最大的区别在于，太学生都是豪门士族子弟，而鸿都门学的学生都是寒门士子，都是士族看不起的"斗筲之人"，他们以文艺见长而受灵帝的宠信，出路十分之好。汉灵帝对鸿都门学毕业的"艺术生"相当重视，授予他们州刺史、郡太守、尚书、侍中职位，甚至对成绩优异者赐爵封侯。由于擅长文辞而被朝廷委以重任，并不是自灵帝开始，例如汉武帝时，就有一批文学艺术家在朝廷供事，其中司马相如以《子虚赋》《上林赋》闻名于世，曾为平定西南夷出了很

[①] 熊铁基：《秦汉文化史》，新世界出版社，2018，第117页。

多力。此外，严助、朱买臣等辞赋散文家，也受到武帝重用。这些文人学士在政治上积极支持汉武帝的政策，在文学上又表现出非凡的学识与才能，因而受到重用和赏识。但是灵帝宠信的文学之士，却受到士族集团的猛烈攻击。

鸿都门学的"毕业生"

鸿都门学出来的人，史书上都没有立传。史书上略有记载的是乐松、任芝、郗俭、梁鹄。这四人还一度被杨赐作为攻击鸿都门学的对象，那么他们在鸿都门学中扮演一个怎样的角色呢？当时汉灵帝下诏尚方为鸿都门学乐松、江览等32人绘作画像。乐松名列首位，可见他在这32人乃至整个鸿都门学中的地位。这几人的事迹并不算详细，只有寥寥几件。在光和三年（180年），汉灵帝希望修建新的宫苑，并且已经开始丈量土地。大臣杨赐谏阻，汉灵帝询问乐松、任芝的意见，乐松、任芝以"今与百姓共之，无害于政也"的理由说服汉灵帝继续修建。议郎蔡邕曾说：书画没有治国理政的功效，是个人的小道，若大力宣扬，则为本末倒置。尚书令阳球也说：乐松、江览（鸿都门学之徒）都是出身卑微、气量窄、见识短的小人，他们依靠自己的亲戚关系，巴结权贵，进言献媚。

鸿都门学是在相当复杂的政治环境下创立的。经过"第一次党锢之祸"，士族集团虽然受到很大挫折，但在舆论上却始终是得势的。宦官集团却相反，政治上虽然得意，但由于社会地位低，又得不到知识分子的支持，所以在舆论上一直不占优势，这使他们深深感到培养自己的知识分子的重要性。为了与士族以及他们支持的太学抗衡，宦官们决意借助灵帝嗜好文艺，创办鸿都门学，其目的是扩充自己的实力，图谋控制舆论阵地。因此，鸿都门学一经创设就遭到士族、儒生们的最激烈反对。尽管政治上有需要，但如果没有文化教育的内在条件，鸿都门学也是不可能产生的。文学、艺术的发展,是这所文艺专科学院创立的又一重要条件。汉代的辞赋被公认为我国古代文学史上光彩夺目的篇章。书法至汉代也有长足进步,它开始被人们视为一门艺术。汉代的绘画也很发达,以人物画为主,朝廷也借绘画来表彰忠臣义士。总之,文艺的发展,为文艺专门教育的产生提供了条件。

鸿都门学不仅是中国最早的专科大学,而且是世界上创立最早的文艺专科大学。它改变了以儒家经学为唯一教育内容的旧观念,提倡对文学艺术的研究,这是鸿都门学对教育的一大贡献。同时它招收平民子弟入学,突破贵族、地主阶级对学校的垄断,使平民得到施展才能的机会,也是有进步意义的。鸿都门学的出现,为后来特别是隋唐的科举制和设立各种专科学校开辟了道路[1]。

---

[1] 中国大百科全书总编辑委员会《教育》编辑委员会:《中国大百科全书·教育》,中国大百科全书出版社,1998,第540页。

颜之推与家庭教育

魏晋南北朝是中国古代家庭教育蓬勃发展的时期,"在社会剧烈变革的时代,无论是握有生杀大权的帝王,还是享有种种特权的世家大族,无论是士大夫还是平民,都有一种不稳定感和危机感,深感家教的重要性,竭力教子以立身处世的知识,以使子弟避免灾祸,立足社会"[①]。这一时期的家庭教育吸收了中国传统家庭教育的精华,同时又表现出许多新特点,其中颜之推的《颜氏家训》最具代表性。

颜之推(531—约595),字介,琅琊临沂人,自幼好学,博览群书,南梁时入朝为官,历任数职,隋开皇年间被召为学士。《颜氏家训》成书于其晚年,记述个人经历、思想、学识,用来告诫子孙,开后世"家训"之先河,被誉为家庭教育典范,被称为"古今家训,以此为祖"。全书分为二十篇,即序致、教子、兄弟、后娶、治家、风操、慕贤、勉学、文章、名实、涉务、省事、止足、诫兵、养生、归心、书证、音辞、杂艺、终制。主要探讨伦理道德、为人处世、文字训诂、文艺品评、医学算数等方面的内容。

颜之推将培养读书励志和修身养性的士大夫作为家庭教育的主要目标,认为家庭对儿童成长的作用是不可替代的。首先,他认为家庭教育要及早进行,他用孔子"少成若天性,习惯成自然"的思想以及"教妇初来,教子婴孩"等俗语,说明家庭教育要抓住早期教育的最佳时机,从孩提开始,培养儿童良好的行为习惯,使其能够"使为则为,使止则止"。其次,颜之推强调和谐的家庭环境,遵守父慈子孝、兄友弟恭等家庭伦理,这对儿童的成长十分重要。再次,家庭教育要处理好"爱"与"教"的关系。颜之推主张"父母威严而有慈,则子女畏惧而生孝",即父母对待子女要严格要求,勤于教诲,不能溺爱和放任。同时不可偏爱,要采用宽严不同的标准来要求不同的子女。最后,语言学习是重要的教

[①] 马镛:《中国家庭教育史》,湖南教育出版社,1997,第72—73页。

育内容，父母要注意语言的规范，重视通用语言，不应强调方言。此外，对儿童进行道德教育要通过长辈道德行为的示范，使儿童受到潜移默化的影响。

读书是家庭教育的重要内容，其作用一方面是提高自身修养，另一方面是为仕途之路做准备。同时，读书要与日常生存技能的培养结合在一起，这也使得颜之推的家庭教育具有一种务实精神。

> 颜之推教子[①]

颜家的孩子基本在三岁开始读书。古人的三岁，折合成今天恐怕是两岁甚至可能两岁都不到，连路还没走稳就先得跟爸爸学读书！因为孩子年龄小，读书容易觉得累，所以古人小时候读书主要是背诵。颜之推的孩子曾经问爸爸说："爸爸，难道我们非要读书吗？您看现在好多人没读过什么书也照样高官厚禄、锦衣玉食，我们为什么非要读书？"颜之推就教育孩子说："是的，确实有那么些人靠祖上荫庇当了大官，过上了好日子，生活也许比你们还好。但每到紧要关头、每到有大事时这些人都是束手无策，毫无办法。为什么呢？就因为他们没读书，没知识。"孩子听了这话又问爸爸："那我知道了应该读书。但能不能稍微晚点读，长大一点再读呢？"颜之推又告诉孩子说："读书应只争朝夕，小时候记忆力好就要抓紧读书，尽早接触圣贤之书，这样对你们将来读书或长大为国家服务都有很大好处。"

"《颜氏家训》是一个负责任的家长深思熟虑的产物，包含了中国传统教育的精髓。"[②]颜之推写《颜氏家训》是为了"整齐门内，提撕子孙"，以到达"传业扬名"的目的，从颜氏家族的发展来看，颜之推的期望没有落空。颜之推有三个儿子，即颜思鲁、颜愍楚、颜游秦，四个孙子，即颜师古、颜相时、颜勤礼、颜育德，这些颜氏后裔在当时都很有

[①] 宋月航编著《中国古代家教故事3》，吉林出版集团股份有限公司，2018，第61—62页。

[②] 唐翼明：《唐翼明解读〈颜氏家训〉》，湖南科学技术出版社，2012，第9页。

名气。其中嫡长孙颜师古是唐代最著名的经学家、音韵学家、训诂学家。颜勤礼，颜思鲁之子，工于篆籀，尤工训诂，与颜师古齐名，同为崇贤馆、弘文馆学士。颜之推四世孙颜昭甫，五世孙颜元孙、颜维贞均属名家。颜之推六世孙有名的更多，尤其是"颜氏三卿"——颜真卿、颜杲卿、颜春卿最为显赫。

《颜氏家训》虽是颜之推为教育子孙所作，但对于士大夫家庭教育来说，具有普遍意义，成为古代士人遵循的原则与典范。"《颜氏家训》不仅成为各阶层共享的教材，而且，无论其内容还是形式，都直接影响了唐宋以后的一系列蒙学教材与蒙学教育。"[1]随着现代社会的发展，家庭教育的功利性愈发明显，家长更加重视儿童的智力发展，而忽视其他方面的发展，使其没有得到全面和谐的发展。而颜之推及其《颜氏家训》中，将知识教育、道德教育、劳动教育等纳入家庭教育中，致力于培养适合社会发展的、全面和谐发展的个人，这对现代教育有着重要的借鉴意义。

---

[1] 郭宝军注说《颜氏家训》，河南大学出版社，2016，第88页。

官学教育体系

官学即由官府兴办的学校，包括中央官学和地方官学。早在夏商时期，官学即已出现。汉武帝时期设立太学，是中国古代官学体系的一次重大变革，自此经学成为官学教育的主导内容，而培养官员则成为官学教育的主要目的。到了隋唐时期（尤其是唐代），官学教育体系得到丰富和完善，为后世官学教育的发展提供了参照。

唐代中央官学包括儒学与专门学校两类，国子监管理的"六学一馆"为中央官学的主干，"六学一馆"指国子学、太学、四门学、律学、算学、书学、广文馆。国子监在唐代不同时期曾易名"国子学""司成馆""成均监"，不过仅为称谓不同，教育行政管理的权限并未发生变化[①]。其他的学校是中央的一些事业和行政事务部门结合自己的需要所办，归它们管理，如太医署的医学、东宫的崇文馆等。另有"六学二馆"的说法[②]，"二馆"指的是弘文馆、崇文馆，其中门下省的弘文馆和东宫的崇文馆为收藏书籍、校理书籍和研究教授儒家经典的三位一体的场所。总的来说，唐代中央官学较为发达，种类繁多、人数众多、等级森严、内容丰富，远远超过以往任何一个朝代。

唐代的中央官学体系比较丰富，总共有两类十五种。

第一类是由国子监管辖的学校，总辖"七学"，即"六学一馆"：国子学，高级贵族子弟大学，文武三品或相当于三品以上官员的子孙方可入学，主要学习儒家经典；太学，一般贵族子弟大学，文武五品或相当于五品以上官员的子孙方可入学，主要学习儒家经典；四门学，对社会各界开放的大学，主要学习儒家经典；书学，对社会各界开放的大学，主要学习文字、书法；算学，对社会各界开放的大学，主要学习算术；律学，对社会各界开放的大学，主要学习法律；"一馆"指广文馆，为未考中进士的国子学学生设置的补习学校。

---

① 熊贤君：《中国教育管理史》，华中师范大学出版社，1989，第164页。

② 陈青之：《中国教育史》（上），北京联合出版公司，2015，第178—179页。

第二类是中央机关附设的专科学校，分属中央各有关机关管辖。主要有八种：弘文馆，由门下省（皇帝顾问机关）设置，只有皇亲国戚的子弟方可入学；崇文馆，由东宫设置和管辖，只有皇亲国戚的子弟方可入学；崇玄馆，由尚书省（朝廷政务总机构）设置和管辖，贵族子弟学校；太医署附属医学专科学校，主要学习医学；太卜署附属神学专科学校，主要学习占卜问相之法；太仆寺附属兽医专科学校，主要学习兽医专业的知识技术；司天台（观测天象、制定历法的机构）附属天文学专科学校，主要学习天文历法；校书郎附属校书学专科学校，主要学习图书版本目录学。

这些由中央官府设立的专科学校是世界上最早出现的实科大学，即专门传授各种实用技术知识的大学。这类大学在欧洲是13世纪即中国的元代才出现的，比如英国剑桥大学的前身"彼德豪斯书院"就建于1284年。欧洲这类学校的出现比中国晚了600余年[①]。同时专门学校的建立也对这些学科的发展起到了巨大的推进作用，一定程度上满足了社会的需要。其课程设置中选修课的比重较大，也具有非常突出的借鉴意义，而我国的高等教育在专业设置方面与社会结合度较低，长期以来缺乏调控机制，结构不甚合理，专业范围较为狭窄，与现代经济的多样性和整体性不相适应。高等学校在专业设置方面应从实际出发，根据人才需求的结构性变化，及时调整专业和学科结构，针对科学技术的不断发展，积极扶持新兴学科。

唐代官学生的日常生活

礼仪是官学最为明显的特点，这是为了宣示官学能够代表统治阶层实现培育人才和教化百姓的作用，这种礼仪活动不仅过程复杂而且会由皇帝等亲自讲学。当皇帝到来的时候就会讲学讲经，一般会请一些名师讲经论道，这种讲经活动的目的就在于启发学生学习。官学的学生除了

[①] 余世谦：《走进文化中国》，上海人民出版社，2017，第116页。

原本的学习，还会出去游玩，这是一种学生假期。一到假期，不少的官学学生会结伴出游。由此可见，官学学生在苦读之余还懂得放松身心，课余生活也是极其丰富的。官学学生也有自家的圈子，除了学习以外还注重社交。社交的对象也是多种多样，有不同的目的。有的学生社交是想要提高知识水平，有的学生社交是注重情谊，社交是唐朝官学学生群体的重要活动。在唐代，官学的学生和老师是朝夕相处的，这种师生情谊十分浓厚，当师生离别的时候，学生都会挽留自己的老师，即使老师离开后，学生也会经常拜访自己的老师以联络情感。

唐代的地方官学有比较完备的制度。唐代的主要行政单位是州、府、县，各级单位都根据其大小设立相应规模的地方官学，实行州县二级制，类型有三种——经学、医学、崇玄学，但主要还是学习儒家经典。地方学校归地方政府的行政长官长史负责，其中也包括主持考试。州县的学生大多是庶民子弟，学生毕业后，可升入中央四门学，或者直接参加科举考试，或者做地方官吏。唐代地方官学有五种：府学，在各府府衙所在地设置的地方官学；州学，在各州州衙所在地设置的地方官学；县学，在各县县衙所在地设置的地方官学；市（镇）学，在各市（镇）衙署所在地设置的地方官学；里学，在乡村、城镇里弄中设置的地方官学。这些学校都主要学习儒家经典。

总之，唐代学校形式多样化，除正规学校教育外，唐王朝还在行政部门附设训练机构或采用师傅带徒弟的方式进行职业培训。唐代学校的各项规章、制度及管理措施相当健全和严密。唐代专科学校范围广、门类多，设置形式也多种多样，从中央到地方都非常重视医学教育。另外，唐代形成的官学教育体系封建等级性很强，什么品级官员的子孙入什么等级的学校，政府都有严格规定。唐代学制对一些亚洲国家影响很大，如日本、朝鲜等在教育的许多方面都仿效唐制。

学校教育管理

与完善的官学教育体系相结合的是系统规范的教育管理制度。在唐代，对于官学学生来说，有着十分严格的入学资格要求，比如国子学招收学生的标准为三品以上官员的子孙，而太学主要招收五品以上官员的子孙。四门学是官民子孙混合的学校，既招收低级官吏子弟，也对地方士绅子弟开放。这些相关的要求都在《新唐书》有记载。律学、书学和算学的入学标准相同，但因其为实科性质的学校，故为士大夫所不屑，招生对象主要是下级官吏子弟和庶民子弟。《大唐六典》中记载，文武百官八品以下及庶民的子弟为主要的学生。

除入学资格有严格规定外，各类学校的学生人数也有差别。如唐开元时期，国子学的学生人数为300人，太学为500人，四门学为1300人，律学为50人，书学及算学为30人。入学年龄一般为14岁到19岁，律学学生限18岁到25岁。学生入学须缴纳束脩，以示对教师的敬意。

唐代的束脩礼

唐代束脩礼纳入国礼，在束脩内容上有着具体的规定。官学学生在束脩礼时要准备的物品数量是一定的，在以前束脩仅仅代表十条肉的基础上，增加了一些附加物品来表达仪式的丰富性。内容主要分为三个部分：帛、酒和脯。在举行仪式之前，用篚装好帛，用壶装好酒，再准备肉案和当天要穿着的学生之服即可。在举行仪式当日的黎明，皇子要穿着学生之服到学馆之外等候。国子博士要穿着官服，由掌事者引导到学堂东面的台阶之上，面向西。皇子由人带领面向西站于正门之东。将事先准备好的物品——帛篚、壶酒、脯案都放置在皇子的西南方向。

仪式正式开始后，主持之人走出学堂，面向东站在门的西侧，对皇子发问："请问来这里有什么事情？"皇子向前走几步回答："我想要向先生求教受业，特来求见。"侍人进入学堂向博士回禀，博士回答："某也不德，请皇子无辱。"初次拒绝学生求教之意后，侍人第二次出学堂转告皇子，皇子再次请求，博士再次拒绝，侍人第三次出学堂转告之。皇子第三次请求，博士最终答应赐教。经过三次请求来表示学子真诚的求教之心。

在课程设置与修业年限方面，国子监中的国子学、太学、四门学，贵族学校的弘文馆、崇文馆，以及地方的府、州、县的经学，均是修习儒家经典的学校，其课程设置体现在教学计划中，分为必修课、选修课和专业课三类。据《唐令拾遗》《大唐六典》记载，必修课为《孝经》和《论语》；选修课有《史记》《汉书》《后汉书》《三国志》《国语》《说文解字》《字林》《仪礼》《周易》《尚书》《公羊传》《穀梁传》共九经，修习时间各为三年。《毛诗》《周礼》《仪礼》，唐代称为中经，修习时间各为两年（《大唐六典》为两年半）。《周易》《公羊传》《穀梁传》和《尚书》，唐代称为小经，《新唐书·选举志》记：《周易》修习二年（《大唐六典》为两年半），《公羊传》修习一年半（《大唐六典》为一年），《穀梁传》修习一年半（《大唐六典》为一年），《尚书》修习一年半（《大唐六典》为一年）。

律学则以历代律、令为专业课，以历代格、式为基础课。书学以《石经三体书》《说文》《字林》为专业课，兼习其他字书。修习时间：《石经三体书》为三年，《说文》为两年，《字林》为一年。算学分为两个专业，第一专业的课程为《九章算术》《海岛算经》《孙子算经》《五曹算经》《张丘建算经》《夏侯阳算经》《周髀算经》《五经算》；第二专业的课程为《缀术》和《缉古算经》。《记遗》和《三等数》是两个专业的公共课。第一专业的课程为：《九章》《海岛》共修习三年；《孙子》《五曹》共修习一年；《张丘建》修习一年；《夏侯阳》修习一年；《周髀》和《五经算》共修习一年。第二专业的课程为：《缀术》修习四年；《缉古》修习一年。作为公共课的《记遗》和《三等数》，共修习一年。

国子监各学学生在学最长年限为九年，律学生为六年。凡在规定的修习年限内未能科举及第者，皆要退归州学。中央各官学及地方州县学校的生徒，学习之后，由国子祭酒申送礼部进行科举考试，不中者，复归本校继续学习。

唐代各学馆、学校的休假由中央统一安排，分为常假和国家制假两种。常假又有旬假、田假和授衣假之分。旬假为每隔10天休息一天，相当于现在的星期日。田假在农历五月，授衣假在农历九月，假期各15天。学生在这两个假期中，可以归乡省亲。凡路程在二百里以外的，还给予路程假。学生家中有婚丧嫁娶之事，或因其他事情不能按时返校者，可续假至100天。直系亲属因病需膝下侍奉照料者，给假200天。中央官学有极为严格的销假制度，如果请假逾期，概作"不帅教"（不遵循教导）和"违程"（耽误行程）论处，令其退学[①]。国家制假为传统节日、祝日和诞辰日，大约有元日、上元节、寒食清明节、佛祖降生日、皇帝的诞辰及唐高祖李渊的诞辰。

考试类型大致有以下几种：（1）旬考。学生在学期间，每月十日举行一次考试，由各学校的主讲教师主持。考核学生在旬日所习功课，成绩评定分为两等，答对试题三分之二以上者为及格，以下者为不及格。（2）月考。唐后期官学的在校生学习热情已大为降低，为鼓励、督促学生勤学，唐宪宗元和元年（806年）国子祭酒冯伉奏请规定每月考试一次，并把考试结果和学生的食宿待遇结合起来。（3）年考。于年终举行。口问大义10条，通8条为上等，6条为中等，5条为下等（不及格）。（4）毕业考。

---

① 熊贤君：《中国教育管理史》，华中师范大学出版社，1989，第183页。

于应修学程期满成绩及格时举行,由国子祭酒监考。诸学生通二经,"俊士"通三经,已及第而仍愿留学的"四门学生"补"太学生","太学生"补"国子生"。

唐代的各级各类学校,无论对于教师,还是对于学生以及教育内容来说,都形成了较为完备的管理制度,其制度化、规范化程度,也是以往各朝所不具备的,为后世教育提供了借鉴。

科举制度

科举制度产生于隋朝，经唐、宋、元、明、清各朝代的发展逐渐完备。它是我国封建社会发展过程中持续时间最长、影响范围最广的选士制度。

在科举考试创立之初，考生主要有两个来源，一是生徒，二是乡贡。考试程序：乡试—尚书省礼部举办的省试—吏部试。而考试的形式分常科和制科两种。常科每年定期举行，制科由皇帝亲自主持，生源不受等级限制，但由于不经常举行，地位不如常科。常科中的常设科目有秀才、明经、进士、明法、明书、明算六科。秀才科注重筛选博识高才、出类拔萃的人物，隋唐皆以此科为最高、最难科目。明经科注重考核儒家经典。进士科注重诗赋，主要考查写作能力和应变能力，考试要求比明经科高，待遇比明经科好。秀才科虽地位最高，但后来此科被废除，所以经常举行的又受士人重视的，仅明经、进士两科，这两科考试以儒家经典为重点内容，以《五经正义》为标准。由于明法、明书、明算等科所选人才数量不多，统治阶级又不大重视，故不常开。

考试的方法有帖经、墨义、口试、策问、诗赋五种。（1）帖经：各科考试中普遍应用的方法，类似如今的填空考试，偏重考查考生的记诵能力。（2）墨义：一种对经义简单的笔试问答。被试者按试题要求叙述经典中相关的事实与大意，只需熟读、熟记经文和注释就能回答。主要考查记忆能力。（3）口试：口头回答关于经文内容的小问答题。（4）策问：针对当时社会经济、政治、文化等方面的问题，发表评论，设想解决问题的办法。它考查一个人治国安邦的才能，促使考生思考现实问题，有利于提高考生的思维水平。（5）诗赋：要求考生当场写作诗、赋各一篇。主要考查学生的文学修养和文学创作能力。诗赋考试在一定程度上推动了唐诗的兴盛。

第一位状元[①]

武德五年(622年)壬午科状元,乃贝州武城(今山东武城)人氏孙伏伽。关于孙伏伽的籍贯,还有河北清河一说,但山东武城的说法为史学界多数人所认可。

由于隋代的科举史料多已散佚,当时开科取士的情况如今已无法得知其详,故而孙伏伽是中国历史上有据可查的第一位状元郎。

孙伏伽是个勇于接受新生事物的人。在隋朝末年,他就报名参加了科举考试,并且成功通过竞争,做了隋王朝的一个下层官员,成了科举制度这一新生事物的受益者。隋王朝垮台后,孙伏伽归附了李唐王朝。此后,因为给皇帝李渊提了三条合理化建议(开言路、废百戏散乐、慎选皇子僚友),从而受到了李渊的赏识,被任命为治书侍御史。当李渊决定开科取士之后,孙伏伽再次报名参加考试,并在竞争中脱颖而出,一举拔得头筹。像孙伏伽这样,参加过两个朝代的科举考试,并且都被录取的情况,在中国科举史上是十分少见的。孙伏伽,堪称科举考试一"牛人"。

重视教育和教育质量成为全社会的需求,结果必然是促进教育的繁荣和教育质量的提高。科举制度是选拔人才的制度,学校教育是培养人才的方式。在科举制度产生以前,选士制度和育士制度基本上是脱节的,科举制度的产生将二者紧密结合在一起。首先,学校根据科举考试的要求来组织教学活动,学校教育成为科举考试的前提,科举考试又是学生做官的必由之路。科举制度刺激了人们学习的积极性,促进了学校教育的发展。学校教育培育人才参加科举选拔,又促进了科举制度的发展。其次,科举制度与学校教育相互制约。学校教育的兴衰直接影响科举取士的质量优劣和数量多少;科举取士的标准和方法指导着学校教育的内

[①] 王离京:《大唐状元》,齐鲁书社,2017,第1—4页。

容和方法。学校教育是科举制度的基础，科举制度是学校教育发展的指挥棒。最后，当统治者偏重科举制度时，也用科举制度来操纵学校教育发展，就使学校成为科举制度的附庸。需要说明的是，决定封建学校教育发展的终极因素是封建社会的政治、经济、文化，而科举制度只是一个辅助因素，并非是科举制度的产生导致学校教育的衰落。相反，如果统治者将二者并重，则二者相互促进，共同巩固封建统治。

古代科举制与今天的高考在目的上有根本的不同。高考的目的是为高等教育选拔人才，而科举制则是中国古代通过考试选拔官吏的制度。但是在其他方面科举制又与现代高考有着相似之处，例如，都是公开考试、择优录取、公平竞争的人才选拔制度。科举制对于我们今天的高考制度亦有许多可借鉴之处。在唐朝初期，科举考试科目多样、内容丰富，吸引了众多学子踊跃参加。科举制发展到后期，为了强调公平，科目逐渐减少，内容也越来越单一，从较广泛的诗赋演变到固定刻板的"八股文"。这种科目单一、内容统一的考试不利于选拔德才兼备的人才，也不利于学校的教育，并最终导致了科举的废止。有了"前车之鉴"，我们现行的高考首先应该从考试内容上深化改革。在实际操作中，高考应在考题上测试学生的能力和综合素质，由主考知识转向关注解决问题的能力，以此引导实际教学关注培养学生的核心素养。而在试卷类型与结构上，增加综合能力测试题型，注重考查学生应用所学知识分析和解决问题的能力。同时，应将对学生的创新能力、人文精神等方面的考查也渗透其中。

韩愈与《师说》

韩愈（768—824），字退之，河南河阳（今河南孟州）人，唐代文学家、思想家、教育家。他从复兴儒学的立场出发，针对当时不尊儒师的现实，写成《师说》一文，提出要尊师重道。《师说》也是中国古代第一篇集中论述教师问题的名著[①]。

《师说》的产生有其深厚的历史根源。在盛唐时期，学校教育的危机已经开始出现，追名逐利之风盛行，轻师厌学之风泛滥，导致"安史之乱"以后学校教育的衰落。同时，科举制度的盛行，使得学子们依靠诗赋文章争取名位，文学的重要性超过了经学，社会上不以师传为荣，反以求师为耻。面对耻学于师的社会风气，韩愈作《师说》，重提尊师重道，在社会上引起强烈反响，也对解放人们的思想，扭转社会不良学风起到了积极作用。

《师说》背后的故事

韩愈的《师说》是"战斗性"的，它并非是单纯的对学子老师循循善诱，而是出于"拨乱反正"的目的。唐德宗贞元十七年（801年），韩愈入洛阳国子监任四门博士，相当于今天的清华、北大教授。当时学术界存在一种现象，就是轻视读书人，看不起老师，学子荒废学业，为师者耻于自己的职业。针对这种现象，韩愈作《师说》，抨击了社会上对于求学的鄙视之风，为学者正名。实际上，韩愈所面对的不仅仅是一个学界的风潮，而是当时唐朝的一个社会问题。由于当时政治黑暗，官场腐败，求学考试中也充满了腐败之风，导致很多出身一般的学子对科举仕途望而却步。当时上层社会看不起读书人，由此引发对整个教育学界的贬低、鄙视。韩愈面对的不仅仅是一个人、一个领域，而是整个社会。他顶住了压力，依靠自己的才名和文笔，为唐朝教育文化争得了名声。

[①] 毛礼锐、沈灌群：《中国教育通史》（第二卷），山东教育出版社，1986，第604页。

"古之学者必有师"是教师的价值所在,即自古以来任何一个人的知识学问,都是从老师那里学来的。韩愈认为生而知之者并不存在,因此谁都有不懂的东西,"惑而不从师,其为惑也",充分肯定了学习的重要性和教师的重要作用。基于这种认识,他对当时社会上轻视教师工作,不尊重教师,耻于从师的不良风气进行了尖锐的批判:士大夫听到称"老师"、称"弟子"的人,就聚在一起嘲笑他们——韩愈认为当时的知识分子在这个问题上已堕落到不及一般工匠的水平,应该引起注意。总之,他认为圣人与一般人之所以有智愚之别,其根本原因在于圣人肯从师学习。

传道、授业、解惑是教师的任务。一是传道,即传授适应现实社会需要的政治伦理道德,"要把教育权与思想传播的权力,从门阀士族中解放出来,让那些具有正确思想与道德勇气的'师'来执掌"[①];二是授业,即讲授《诗》《书》《礼》《易》《春秋》等儒家的经典;三是解惑,即解答学生在学习"道"与"业"过程中所提出的疑难问题。韩愈对教师任务的这个规定,有着丰富的意义:一方面,表明了教学过程中教师的主导作用;另一方面,表明了教师的工作原则——以"传道"为主体,以系统的知识学习为基础。

选择老师的标准是"道"。韩愈把"道"作为择师的根本标准,他认为可以为师者,不在于其年龄大小和地位高低,而在于懂得"道"比自己早或比自己多,师其"道"也。当时有许多人由于不明白"师道"的道理,而仅以地位高低、身份贵贱来衡量,因而年龄相似、水平相当的人,以向地位低的人学习为羞耻,又以向地位高的人学习为荣,从而形成了不尊师、不从师的不良风气。韩愈强调"师道",正是对这种不良社会风气的批判。这在当时是有积极意义的。他把"道"作为衡量和选择教师的根本标准,要求做教师首先要对"道"有坚定的信念,这对今人也是很有启发作用的。

"民主"能够维系良好的师生关系。一是"弟子不必不如师"。学生

① 吕正惠:《第二个经典时代:重估唐宋文学》,生活·读书·新知三联书店,2019,第38页。

不一定不如老师，而是完全有可能超过老师，从中可以看出孔子"后生可畏"思想的痕迹。二是"师不必贤于弟子"。老师不一定事事比学生高明，老师也不应满足于自己已有的知识，要尊重学生，向学生学习，这体现了孔子"学而不厌，诲人不倦"的思想。三是"闻道有先后，术业有专攻"。在一定条件下，老师比学生懂得道理要早一些、多一些，在某些方面是有专长的，做学生的向老师学习也是必然的。同时，学生在老师的启发教导下，不断地提高，在某些方面会有独到之处，甚至有所专长，因此，老师向学生学习也是必要的、有益的。需要注意的是，这三条标准都是针对师生关系而言，并不是教学过程中的需要。在具体的教学过程中，学生应该不如老师，老师肯定比学生要"贤"，而且老师必须"闻道"在先，术业有定。

总之，《师说》提出老师既应品德高尚、忠于理想，又要学有专长，认真授业，"从内在精神上看是卓越的和'超现实的'；而在当今甚至未来均有着广远的生命力，不仅可以启发世人也有助于广大自立、自强的教师不断鞭策自己"[①]。《师说》中的理念丰富了我国古代教育理论，对于现代的人们思考教师职责与使命有着重要的借鉴意义。

[①] 程方平：《新师说》，湖南教育出版社，1999，第1页注释。

第三章 传统教育的成熟

> 致天下之治者在人才,成天下之材者在教化,职教化者在师儒,弘教化而致之民者在郡邑之任,而教化之所本者在学校。
>
> ——胡瑗《松滋儒学记》

从宋元到明清,中国古代教育进入了一个"自我成熟"的发展阶段。因此,本章以北宋的三次兴学(也可称为三次教育改革)为起点,来展现这一时期教育的"自我成熟"过程。苏湖教法、书院教育、蒙学教材是这一时期教育分别在教学方法、教育组织形式、教材编写等方面的创新之举;八股取士的出现,使得科举制度在考试形式上得到进一步完善;朱熹的读书法成为后世学子们读书学习以及书院、学校使用的基本方法;王阳明对儿童教育提出了"顺应天性"发展的新要求;为应对传统教育出现的问题,颜元提出了实学教育思想。

三次兴学

北宋初，朝廷忙于加强中央集权，防范地方割据势力，未开放地方官学的兴办，中央也只是继承了原来的国子监，虽然通过科举考试选拔了不少人才，却忽视了兴建学校培育人才。到了北宋中叶，统治秩序已基本稳定，统治阶级内部一些有识之士越来越清楚地认识到，仅仅依靠科举考试选拔人才是远远不够的，还必须广设学校培育人才，于是先后有三次兴学之举：庆历兴学、熙宁兴学、崇宁兴学。

第一次兴学：庆历兴学。

由范仲淹（989—1052）主持推动。庆历三年（1043年），范仲淹任参知政事，主持朝政，积极筹划兴学，当年九月呈上《答手诏条陈十事》，作为"庆历新政"的纲领，其中前四项都与科举教育改革有关。次年，朝廷正式下诏兴学，措施主要有以下几个方面：

（1）诏州县立学。选部属官或布衣宿学之士为教授，并立听讲日限，规定学生须在学校习业300日，才可以参加科举考试。

（2）振兴太学。选用拥护新政的著名学者石介、孙复主持太学讲席，将胡瑗的苏湖教法引入太学。

（3）设立四门学。允许八品至庶人子弟入学，增加了庶族地主子弟入学深造的机会。

（4）改革科举考试方法。科举考试先策论，后诗赋。

"庆历新政"实施不过一年多，便在旧官僚权贵集团的强烈反对下失败，兴学也告夭折。

第二次兴学：熙宁兴学。

宋神宗熙宁二年（1069年），王安石任参知政事，主持变法。自是年起，朝廷陆续颁布了一系列的兴学诏令，其具体内容包括以下几个方面：

（1）改革太学体制。熙宁四年（1071年），在太学实施"三舍法"，将太学生员分为外舍、内舍、上舍三个等级，生员依学业程度，通过考核，依次升舍。"三舍法"的实施强化了学校的职能，使在校的学业与前途直接挂钩，从而有力地保障了日常教学的进行，并使得学校教育的课业与考试更加规范化。王安石的长远目标是通过"三舍法"使学校取士逐步取代科举取士。

（2）颁布《三经新义》。为了统一经学，熙宁六年（1073年）设经义局。王安石亲自修撰《诗》《书》《周礼》三经义，后由朝廷正式颁行，成为官方考试、讲经所依据的标准教材。《三经新义》颁行之后，太学和各州县学都以此为主要教材，科举将它作为应试的标准。在此后50多年间，几乎支配了整个教育文化部门[①]。

> 新教材：《三经新义》

熙宁元年（1068年），王安石以翰林学士侍讲《尚书》，宋神宗曾要求王安石重新训释六艺。熙宁八年（1075年）六月，宋朝颁行王安石等人编纂的《三经新义》，作为学校的教材。

王安石改革科举、整顿学制后，熙宁六年（1073年）设置经义局，王安石提举经义局，吕惠卿兼修撰，王雱兼同修撰。从新科进士中选拔余中、朱服、邵刚、叶唐懿、叶杖、练亨甫等，充国子监修撰经义所检讨。王安石复相后，重又主持此事。熙宁八年六月，王安石撰成《诗义》《书义》《周礼义》五十五卷进呈宋神宗，神宗颁行学宫。《诗义》《书义》《周礼义》的训释主要是根据王安石的经说立论的，其中《周礼义》由王安石亲自执笔。王安石治经，不拘于章句名物，认为"圣人之术，在于安危治乱"。《三经新义》以王安石的思想为基准，所以公认《三经新义》是王安石的著作，其包含着变法思想的内容。《三经新义》打破了"先儒传注"的传统，依托儒家经典宣传变法革新的思想，一时号称"新学"。

（3）举办专门学校，以培养具有一技之长的人才。熙宁五年（1072年），复置武学。熙宁六年（1073年）设置律学。此外，还设置了医学，

---

① 《中国通史》编委会：《中国通史》（第四卷），中国书店出版社，2020，第1782页。

分为方脉科、针科、疡科，设教授一员，学生300人。

（4）扩建和整顿地方官学。设置诸路学官，学官任免由中央政府直接控制，全权负责管理当地教育，地方当局不得随意干预学校事务。朝廷还为地方学校拨充学田，从而为州县学校的维持提供了物质保障。

第三次兴学：崇宁兴学

王安石变法失败后，朝廷内部新旧两派展开了拉锯式的斗争，政策反复多变。到宋徽宗即位后，打着继承先皇（神宗）之政的旗号。崇宁元年（1102年），尚书右仆射兼门下侍郎蔡京奏请兴学贡士，朝廷随之发布一系列诏令，内容主要包括以下几个方面：

（1）州县普遍设学。县学亦置小学，在各地方学校也实行"三舍法"。县学生可升入州学，州学生可贡入太学。至此，形成了遍布全国州县的学校网。

（2）扩建太学。崇宁元年在京城南郊营建太学之外学，赐名辟雍，仿《周官》所载外圆内方之制，太学专处上舍、内舍生，外学专处外舍生。

（3）罢科举，改由学校取士。由于天下已普遍设学并实行三舍升级制度，崇宁三年（1104年）诏罢科举，士人全部由学校升贡，每岁考试上舍生如礼部试法。以后又间行科举，与舍选并行。宣和三年（1121年）恢复科举旧制，但太学仍保留崇宁定制。

（4）兴办专门学校。崇宁三年设置书学、画学、算学等专业学校，采用太学"三舍法"考选取士。崇宁时期的画学是中国古代唯一举办过的美术专门学校。

北宋的三次兴学运动，虽然前两次均未取得预期的效果，但都不同程度地将教育事业向前推进了一大步。第三次兴学对北宋教育事业的促进作用更是超过前两次，这三次兴学是北宋文教政策最直接、最重要的体现。三次兴学运动始终围绕着调整培养人才与选拔人才的矛盾而展开，兴学的重点在兴办官学。它推动了北宋学校教育事业的发展，在一定程度上摆脱了学校对科举的依附。北宋的三次兴学完善了当时的教育制度，奠定了封建社会官学体系的基础，为元明清的教育提供了许多宝贵经验，更是给今天的我们留下了许多思考。

苏湖教法

苏湖教法是北宋初年的教育家和思想家胡瑗在苏州和湖州教授经术时创立的分科教学方法,也标志着中国"文实分科"教学制度的确立①。

"先儒胡子"

胡瑗(993—1059),字翼之,泰州海陵(今江苏泰州)人。胡瑗毕生致力于教育事业,在苏湖和太学执教达30余年,弟子多达1700余人,为北宋王朝培养了一大批博古通今、明体达用的学者和统治人才,以致当时的礼部贡举,"每榜所取士,其弟子常居十之四五";他所倡导的明体达用之学,也深得有识之士的赞赏,其弟子刘彝盛称师门:"今学者明圣人体用以为政教之本,皆臣师之功。"(《宋元学案·安定学案》)《宋史·胡瑗传》则认为:自文中子以后,"能立师道成就人才者,必以翼之为首称"。北宋的学者无论政见或学术观点如何歧异,都普遍称赞胡瑗的教育成就。欧阳修亲撰《胡先生墓表》,评价胡瑗"为法严而信""为道久而尊",是景祐、明道以来"先生之徒最盛""教学之法最备"的学者人师。著名学者王安石、程颐、蔡襄等人或赋诗、撰志,或为传记,均高度评价胡瑗,由于胡瑗在苏湖及太学所取得的卓越教育成就,国子监为其立祠奉祀,直至绍圣初年。明朝嘉靖九年(1530年),胡瑗又从祀孔庙,被尊为"先儒胡子"。

"明体达用"是苏湖教法的宗旨。自唐代以来,科举以诗赋取士,崇尚声律浮华之词,学校教育也以此为主要内容,忽略了圣人之道及修己治人的经旨和伦理之学,从而使士学风气日趋浮薄。胡瑗倡导明体达用之学,正是为了改造这种旧学习气,开创新的学风。所谓"明体",就是

① 喻本伐、熊贤君:《中国教育发展史》,华中师范大学出版社,2011,第226页。

要阐明包括君臣父子、仁义礼乐等纲常伦理在内的圣人之道；所谓"达用"，就是将圣人之道内化于心，外化于行。教育的宗旨就是要阐明六经的原理，并将这些原理推广应用到治国安民的实践中去。当时，学校教育受到科举考试的严重制约，一切为了科举取士。针对这种不利于人才培养的社会现象，胡瑗提出分斋教学法，其主要内容是在学校内分设经义斋和治事斋，据学生专长和爱好分斋而教。经义斋学习儒家经义，目的是培养比较高级的统治人才；治事斋分设治兵、治民、水利、算术、堰水、讲武等科，学生主修一科、副修一科，目的是培养在某一方面有专长的技术、管理人才。分斋教学法，是第一次按实际需要在同一学校内实行分科教学，使实用学科取得了与儒学同等的地位，同时开了主修和副修制度的先河。"分斋教学可以使学生集中精力学习自己喜欢的专业，最大限度地提高学生的学习兴趣。今天看来，这样划分十分正常，但在当时这是创举，胡瑗第一次把大一统的模糊的人才培养模式变得清晰。"[①]

在实际教学中，胡瑗根据学生的兴趣、爱好及学业专长，将学生分类群居，相与讲习，师生共同讨论学问、共同议定。在湖州州学讲授三礼时，胡瑗采用直观教学的方式，将三礼所载的礼仪器物绘制成图，悬于讲堂之上，使学生"朝夕对之，皆若素习"。在课堂之外，胡瑗提倡学生周游四方，广泛地考察各地的"人情物态，南北风俗，川山气象"，以开阔眼界，并亲率门人弟子游历关中，亲临黄河岸边，领略了"黄河抱潼关，委蛇汹涌，而太华、中条环拥其前，一览数万里，形势雄张"的宏伟气势，并感叹：只有这样亲临其境，方才有资格和学生谈论山川[②]。在太学任职期间，胡瑗十分关心学生的身体健康，要求学生经常参加一些习射、投壶类体育活动。

苏湖教法在课程内容划分和实际操作上均实现了"分"，自从学生有了选择学什么和不学什么的权利，分科教学便真正诞生了。此后，清代的颜元在漳南书院中延续了这种分斋教学法和分科教学制度，且在教育内容的深度、广度上均更上一层楼，因此漳南书院也出现了中国最早的

[①] 李沈阳：《传道授业：中国传统教育》，山东大学出版社，2017，第43页。

[②] 张彬：《浙江教育史》，浙江教育出版社，2006，第108页。

近代课程的萌芽。

　　胡瑗不墨守成规、敢于改革创新，为中国古代的教育理论和教育实践做出了巨大贡献，这种勇于创新的精神仍值得今天的我们学习。全面实施素质教育是当今教育改革的重要步骤。由"应试教育"向"素质教育"转轨是一场深刻的改革，需要实现一系列的根本改变，如教育目标、教育内容、教育环境、教育方法的转变等，这就需要教育理论和实践工作者有胡瑗这种"究天人之际，通古今之变，成一家之言"的精神，努力转变教育观念，因为观念的嬗变是实践运作的前提。在前进的道路上，任何因循守旧，都会给我们的教育事业带来落后的可能。面对知识经济时代，我们要将以创新精神为内涵的素质教育作为追求的主要目标。只有创新，打破陈规陋习，才能促进教育创新，才能跟上时代的步伐。

书院教育

书院是我国古代特有的一种教育组织形式。从唐代最初的藏书之所，历经千年之久，书院逐渐演变为集藏书、教学及学术为一体的特殊教育场所，对中国文化的传承、学术思想的创新都发挥过很大的作用。钱穆曾说："中国传统教育制度，最好的莫过于书院制度。"[①]书院的兴起，一方面满足了广大士子读书求学的愿望；另一方面，也缓解了朝廷尚文治而又教力不足的矛盾，为朝廷培养了大批文治人才，因而获得政府的赞助和鼓励。宋初的著名书院，或有"四大书院"之称，为白鹿洞书院、岳麓书院、睢阳（应天府）书院、嵩阳书院；或有"八大书院"之称，即上述四书院外，再加石鼓书院、茅山书院、华林书院、雷塘书院。这些著名书院代表了宋初书院教育的最高水平，并且在宋初教育领域占有重要的地位。

书院最初为读书的书楼。贞观九年（635年）设于遂宁县的张九宗书院为较早的私人书院。官立书院起初是中央政府修书、藏书、校书，偶尔也为皇帝讲经的场所，性质为官署。书院的大发展是在宋代，岳麓、白鹿洞、石鼓、嵩阳、应天府、茅山等书院都是因教学有功获得御赐而扬名的。北宋书院多设于山林胜地，唯应天府书院设立于繁华闹市。作为一种正式的学校教育制度的书院，由南宋大理学家朱熹创立，他在《衡州石鼓书院记》中提到，宋初由于官学未兴，士子无处读书，于是大批学者自创书院讲学，满足了士子就学读书的愿望，因而受到政府褒奖。南宋以降的书院有两个显著的特点：一是书院与理学家讲学发生密切关系，如白鹿洞书院是朱熹讲学之所，而象山书院则是陆九渊授徒之地；二是若干书院不仅是讲学之地，亦是纪念理学大师的所在，如建阳的考亭书院是纪念朱熹的，丹徒的濂溪书院是纪念周敦颐的。

书院机构很简单，专职管理人员比较少。书院只有一位明确的主持

[①] 钱穆：《新亚遗铎》，生活·读书·新知三联书店，2004，第11页。

人，其名称因时因地而有不同，常见的有洞主、洞正、山长、堂长、院长等。某些规模较大的书院，虽增设副讲、管干、典谒等职，但专职人员极为有限，往往由书院学生轮流分任。一般书院都订有明确的"学规"（或称"学则""教约"）。学规的内容很广，有教学规则、学生守则、学习内容与目标、学习程序与方法等，更重要的是指出学习方向与道德修养的途径。以朱熹《白鹿洞书院教条》和吕祖谦所订《丽泽书院学规》为代表。

自由讲学、研讨学术是书院的精髓所在①。书院的主持人一般都是博学多才的名儒大师，书院的名气大小往往也由主讲教师的学识才气、社会声誉所决定。所以学术研究风气浓厚的地区，往往也是书院集中的地区。书院有时互相邀请学有成就的大学者到书院共同讨论或讲解自己的学术主张，如南宋的陆九渊就曾经到朱熹所主持的白鹿洞书院讲学。明代书院学术活动的形式是讲会，大家聚在一处共同讲辩，类似现在的学术讨论会。王守仁学派的讲会活动较多，他去世之后，他的学生钱德洪、王畿继续从事讲会活动。

"鹅湖之会"

宋淳熙二年（1175年），吕祖谦为了调和朱熹"理学"和陆九渊"心学"之间的理论分歧，使两人的哲学观点"会归于一"，出面邀请陆九龄、陆九渊兄弟前来与朱熹见面。六月初，陆氏兄弟应约来到朱熹寓居的鹅湖寺，双方就各自的哲学观点展开了激烈的辩论，这就是著名的"鹅湖之会"。会议辩论的中心议题是"教人之法"。关于这一点，陆九渊门人朱亨道有一段较为详细的记载："鹅湖讲道，诚当今盛事。伯恭盖虑朱、陆议论犹有异同，欲会归于一，而定所适从……论及教人，元晦之意，欲令人泛观博览而后归之约，二陆之意，欲先发明人之本心，而后使之博览。"（《陆九渊集》卷三六《年谱》）会上，双方各执己见，互

① 闫广芬：《君子之学：养成圣贤的教育传统》，江苏人民出版社，2017，第112页。

不相让。此次"鹅湖之会",双方争论了三天,陆氏兄弟略占上风,但最终结果却是不欢而散。如今,这座古寺也许是因为有这么一次重要会议,也许是因为朱熹曾经住过,将其作为"书房",作为教书育人之地,因而也叫作"鹅湖书院"。

书院在教学上特别强调学生的主观能动性,引导学生自学。张载提倡学习要有怀疑精神,怀疑才可以促进思考。与此同时,书院还强调学习要善于思考,学习要有韧性,要与自身的躬行践履相结合。书院也提倡师生之间共同提出问题,讨论问题,互相诘难。书院的师生关系比较融洽,要比太学师生关系亲密得多。师长对有才能的弟子非常重视,用心传帮带,常命高才弟子代为主讲,采用以高才教后进的教学方法,使高才生在教学实践中尽快地成长起来。如陆九渊命其弟子代为主讲,朱熹也要他的弟子黄干代接讲席。

从我国古代书院发展的历程可以看出,各大书院创建的背景与目的不尽相同,各有差异,但都遵循了学问和德行并重的教育理念。朱熹在《白鹿洞书院教条》中阐明教人为学的目的不在于学到广博的知识和华彩辞章以沽名钓誉,而是明白义理、修己治人,并据此订立为学、修身、处事、待物等方面的规程。这一学规成为后世学规的范本和办学准则,对日后的书院教育产生了很大的影响。

从书院产生到清末书院改为学堂,书院经历了将近1000年的历史,各种民办的、官办的、民办官助的书院共2000余所,对我国古代学术发展和人才培养做出了重大贡献。

蒙学教材

中国古代的蒙养教育，是连接小学与学前幼童之间的一种启蒙教育形式。古代儿童的开蒙年龄一般在4岁左右，古代教育家认为，4岁是孩子学习汉字的最佳年龄，而从识字到15岁入大学前这一阶段被称为蒙学阶段。蒙学教材则是为儿童编写的启蒙教育课本。宋代是我国古代蒙学教材较为繁荣的时期，无论是编纂的形式、内容还是文体方面，都在充分参鉴前人长处的基础上，形成了独有的特色，为后世的蒙学教材奠定了基本方向。就内容来讲，宋代的蒙学教材大体可划分为以下几种类型：

其一是历史类的启蒙教材。主要有王逢原的《十七史蒙求》、刘班的《两汉蒙求》、黄继善的《史学提要》等。这类蒙学教材都采用了后唐李翰《蒙求》四言韵语的体例，以便于诵读记忆。

其二是博物类的启蒙教材。主要有方逢辰的《名物蒙求》和王应麟的《小学绀珠》。

其三是伦理道德类的启蒙教材。主要有朱熹的《小学》《训蒙诗》，吕本中的《童蒙训》，吕祖谦的《少仪外传》，刘清之的《戒子通录》，等等。

其四是起居礼仪类的启蒙教材。主要有朱熹的《童蒙须知》《训学斋规》，真德秀的《教子斋规》，等等。

其五是家庭训诫类的综合性启蒙教材。主要有司马光的《家范》、赵鼎的《家训笔录》、袁采的《世范》、叶梦得的《石林家训》等。

宋代蒙养教材在后世流传最广、影响最大的，是相传为王应麟编写的《三字经》、佚名作者所撰的《百家姓》以及周兴嗣的《千字文》。

《三字经》是一部进行博物性知识教育的蒙学书籍，采用三言韵语的方式，内容涉及古代历史、典故、名言、人物等方面的知识，上溯历朝兴废，下至宋代史实。后由明清人补续了辽金以下的部分。该书编次顺序或按知识门类，或按时序。先举方名事类，次及经史诸子，不相杂厕，虽字有重复，辞无藻采，但有关名人的知识容量，过之数倍，且行文句式更为简洁明了，易读易记。

《三字经》在海外

日本早在江户时代（1603—1868）就已印行由中国商船带来的各种版本的《三字经》。而世界上最早的《三字经》翻译本是拉丁文。1579年，历史上第一位研究汉学的欧洲人罗明坚到澳门学习中文。他从1581年就开始着手翻译《三字经》，并将译文寄回意大利。"俄国汉学之父"比丘林（1777—1853）在1829年推出《汉俄对照三字经》，并称《三字经》是"12世纪的百科全书"。英国的马礼逊（1782—1834）翻译的第一本中国传统经典就是《三字经》。1990年，《三字经》被联合国教科文组织编入《世界儿童道德教育丛书》，向世界各地儿童推介。

《百家姓》是一部典型的启蒙识字教材。它集古今姓氏为四言韵语，因"尊国姓"，而以"赵"字为首。内容虽无义理可言，但字韵舒畅，便于诵读，且篇幅简短，切于实用，因而深受民间乡塾和家庭的欢迎，成为宋代以后流传最广，几乎是家喻户晓的蒙养教材。

"赵钱孙李，周吴郑王"

南宋王明清的《玉照新志》记载，《百家姓》的开篇诸姓顺序是这样来的："赵"为宋朝国姓，因而排于首位；"钱"为作者故国吴越之国姓，因而次之；"孙"为当时的吴越国王钱俶（即忠懿王）正妃姓氏，所以位列其后；"李"则为南唐国姓。次句"周吴郑王"则都是吴越开国君主钱镠（即武肃王）而下的后妃之姓。

《千字文》选取无一重复的1000个单字，条理贯通、叙事有序地吟咏了关于天文、博物、社会、历史、伦理、教育等包罗万象的知识，且结构严谨，文采飞扬，对仗工整。《千字文》既可以用于识字、学书、习文，又可以增广见闻，还能启蒙儒家伦理思想。

> 梁武帝与《千字文》

《千字文》是南朝梁武帝在位时（502—549）编成的。当年梁武帝令大臣殷铁石在王羲之书写的碑文中拓下不重复的1000个字，供皇子们学书用。但由于字字孤立，互不连属，所以他又招来给事中周兴嗣嘱道："卿有才思，为我韵之。"周兴嗣只用了一个晚上就编好进呈武帝。这便是传至今日的《千字文》。《千字文》精思巧构，知识丰赡，音韵谐美，宜蒙童记诵，故成为千百年蒙学教科书。

综观宋代蒙学教材的编纂情况，蒙学教材虽然粗浅通俗，但在宋代却多由著名的学者宗师执笔，诸如司马光、朱熹、赵鼎、真德秀、吕祖谦等，均为一代宗师，或位尊为宰相，并不因其粗浅而不屑自为。这一点，反映了中国古代良好的蒙学教育传统，"这些教材，不仅为科举入仕之必读，也因适于民众日常应用，拥有广泛的读者群体"[1]。宋代蒙学教材大多是南宋的作品，这一点，也反映了南宋文化教育事业的繁荣和教材普及的状况。

我们今天的教材编写又能从蒙学教材中获得哪些启示呢？一是诗歌形式的作用。儿童难以接受深奥的内容，若赋以诗歌的形式，儿童就可以接受，虽然不一定理解，但可以背诵，不会感到乏味。"用诗歌或诗歌形式编写教材，既利于儿童朗诵，又可于潜移默化中陶冶儿童的情操。"[2]现在很多师生反映诸如历史地理学科的内容繁杂，知识点和需要记忆的内容多，如果能借鉴传统蒙学教材编写的形式，比如在一个章节

[1] 李强：《蒙学经典研读》，西南交通大学出版社，2015，第3页。

[2] 熊承涤：《中国古代学校教材研究》，人民教育出版社，1996，第206页。

后面，附上韵文形式的歌谣或歌诀，将有助于学生学习。二是"反刍法"的意义。儿童以诗歌形式接受了深奥的内容，虽不一定真正理解，但可以愉快地储存起来，随着个人经验的积累、深化和发展，储存的那些知识就可以再检索应用。如果课程设计者和教材编写人员能在这方面有所突破，相信我国的教材编写水平就能再上一个台阶。

朱子读书法

朱熹（1130—1200），字元晦，是我国南宋时期很有影响力的理学家，也是一位杰出的教育家。他吸收前人的经验，总结自己的经验，对于如何教人读书，提出过不少有益的见解，对后世的影响很大。他去世后不久，他的弟子们将他的意见归纳为"朱子读书法"六条：循序渐进、熟读精思、虚心涵泳、切己体察、着紧用力、居敬持志。对此，学者们多有阐发。以至于到今天，"朱子读书法"对于我们如何有效学习，特别是如何通过阅读来有效地建构知识，仍然有着重要的借鉴意义。

1. 循序渐进

循序，就是读书要遵循学习内容固有的规律与学习者自身的心理特征，去合理安排学习的先后次序及进度；渐进，主要是指不可求速图快，而要稳步前进。尽管循序渐进的学习原则和方法早已有之，但"循序渐进"一词最早是由朱熹提出的。他在《读书之要》中第一次对"循序渐进"做了阐述，他所强调的循序渐进读书法，主要是要求学习者在读书内容上有先后次序，在读书篇章中有首尾之次，读书的先后次序严格、不可躐等。也就是在读书时要做到：从小到大、由近及远、由浅入深、从已知到未知。读书如此，教学亦如此，要按进度、稳步、适度，既要抓紧时间，又不能急于求成。

2. 熟读精思

所谓"熟读"就是多读成诵，"精思"即认真思考书之含义。朱熹说："大抵观书，须先熟读，使其言皆若出于吾之口；继之精思，使其意皆若出于吾之心，然后可以有得尔。"熟读要达到能成诵，"若出于吾之口"；精思要求将所学知识变成自己思想的一部分。熟读能为精思奠定基础，因为只要多诵数遍，自然能久远不忘。"读书百遍，其义自见。"

对于熟读精思，朱熹提供了一些具体的方法指导。第一，熟读要准确。第二，熟读须三到，即"心到、眼到、口到"。第三，精思在求贯通。读书时要善于质疑、解疑，以期学问的融会贯通。第四，熟读与精思相互促进。要边读边思，才能记熟、记深，永久不忘。这些具体的指导方法并不会过时，读思结合，在教学中让学生边阅读边思考，提出自己不懂的问题，都是古人留给我们的好的教学思想。

3. 虚心涵泳

所谓"虚心"就是要虚心静虑，心境平静，不能先入为主，要静心体会书中内涵。所谓"涵泳"，就是要反复玩味、细心咀嚼，不能人云亦云，随声附和。朱熹还主张在反复琢磨、玩味的基础上，要有所创意。朱熹提到的"虚心"，包含两层意思：一是要保持虚寂的心情，心平气和，虚静安心；二是要在学习新知识以前，保持心中虚无，把过去所学的东西统统抛到脑后，绝不能让已学的旧知识干扰了要学的新知识，更不能穿凿附会，好高骛远。

4. 切己体察

朱熹主张读书之后，要善于亲身去体验所学内容，亲身去践行所学理论，切勿只停留于书面文字表层。要边学边实践，才能深入领悟书中之大义。朱熹的这种读书方法与他的"知行相须"教学原则相统一。他说："论先后，知为先；论轻重，行为重。"因为实践可以检验认识的真伪。在教学中，学生若只知，而不行，则知之浅；若只行，而不知，便行之茫。正如朱熹所说："知之愈明，则行之愈笃；行之愈笃，则知之愈明。"在教学过程中，要指导学生边学，边知，边行，互相促进。

5. 着紧用力

强调要发奋勇猛，振作精神，切勿拖拉。同时，读书还需有吃苦耐劳、废寝忘食的精神。学如逆水行舟，不进则退，因此，读书必须持之以恒、奋战到底。一万年太久，只争朝夕。我们做什么事都要一鼓作气，方能有所成就。

6. 居敬持志

"居敬"就是要在读书时，保持严肃认真的态度，做到注意力高度集中，全神贯注，精神专一。"持志"就是要抱定志向，树立目标。只要树立明确的目标，再加上严谨的态度，凭着顽强的毅力，坚持到底，就一定会在读书时有所获。对于学生来说，从小就要培养这种读书态度和读书习惯，这样才能为学生终身学习打下良好的基础。

> 朱熹读书

朱熹读书十分刻苦用心，与他同龄的孩子仅满足于读书、识字、背诵，而他更倾向于用心去体会圣人所讲的道理。他常常为领悟一句话所含的意义而食不甘味，夜不安寝。一旦他领悟了其中的道理，便会高兴不已。朱熹不仅读书刻苦，而且非常善于总结学习方法。他博览群书，但从不贪多贪快。他认为，读书不明其中道理，就算读得再多也没有用。早年在读《周礼》时，听人说《周礼》的每一句话都仿佛从圣人心中自然流出，但当时他并不理解。后经多年研读、揣摩，他终于豁然开朗。他曾比喻说这就好像以前只听说糖是甜的，盐是咸的，今天亲自尝到了，才真正明白了何为糖甜、盐咸。他还形象地把读书比作射箭，刚刚练习时，只要射到箭靶上就行。但经反复训练，最终要射中靶心，否则也就不能说学会了射箭。朱熹认为，读书的目的在于弄懂书中的义理，而后再按照这些义理去做。朱熹在十七八岁时读《孟子》，到了20岁，还逐句去理解。他后来才明白，书中很多长段是首尾相连的，不能割断它们的联系，只有把大段的文字综合起来理解，才能领悟其中的真谛。

"朱子读书法"是"把读书当作个人性情涵养、学养修为的过程，认为要能掌握好阅读力的提升，必须居敬持志，提升自己人格情操素养"[①]。那么朱熹的"朱子读书法"对于我们今天的语文阅读教学又有怎

① 聂震宁：《阅读力》，生活·读书·新知三联书店，2017，第127页。

样的意义呢？一方面，语文的阅读教学虽不像数学、物理等课程那样要求内容具有严格的有序性，但作为教育的范畴之一，也要求阅读教学要符合学生在不同年龄阶段的阅读水平与能力，以学生为本，合理地安排阅读训练，帮助学生扎扎实实、一步一个脚印地发展阅读能力，把他们引领到丰富多彩的语文天地里来。另一方面，教学要如何帮助学生真正地"读进去"书呢？当代语文教学应返璞归真，我们可以借鉴朱子读书法中"熟读精思"的原则，增加课内真实的阅读量，要把读的质量问题作为课堂建设的主要问题来对待，变换多种读的方式，让学生在读中思，用思带动读，同时要处理好阅读的质和量之间的关系。

八股取士

"八股取士"是明清时期科举考试的一大创新。八股文,也称四书文、八比文、经义、制义、时艺等。其渊源可以追溯到唐代的"试帖诗"。"八股文是从唐宋以来逐渐形成的,唐宋两代的试帖诗和经义文科可在不同程度上看作八股文的鼻祖,以试帖诗而言,试帖诗所包含的首联、次联、颔联、颈比、腹比、后比几个部分,讲求对仗工整,其行文结构已是八股文之雏形。事实上,一种文体的产生是由多种因素促成的,既有文法方面的要求,也有约定俗成的过程。"①从明成化二十年(1484年)八股文走上历史舞台,到光绪三十一年(1905年)废除,八股文一直是科举考试的应试文体。

八股文由破题、承题、起讲、入手、起股、中股、后股、束股等固定段落组成。很多人对八股文可能存在认识上的偏差,以为八股文是由破题、承题、起讲、入手、起股、中股、后股、束股八部分组成,所以称为"八股",其实不然。要正确理解八股文,"股"字是关键。"股"又称"比",指两者相对、相比。所谓"八股",八个组成部分中,有"股"字的起股、中股、后股、束股四部分中,每部分形成两股具有排比、对偶关系,两两相对双股行文的句子,这样形成了起股、中股、后股、束股、起二股、中二股、后二股、束二股,共计八股的文体②。

八股文的出现,使得科举考试进入标准化的考评时代,其严格规范行文格式,使得考生能够简洁有效地完成试题,考官们也能够准确、迅速地阅卷,提升效率。但同时,八股取士的问题也十分明显,不仅文体僵死,而且要"代圣贤立言",揣摩圣人的语气说话,因而八股文多晦涩枯燥,有些词句甚至难于准确把握其意义。清代人钱泳的《履园丛话》中有一篇尖锐批评八股文的文章:

> 灵胎尝有《刺时文》云:读书人,最不济,背时文,烂如泥。

①
刘海峰、李兵:《中国科举史》,东方出版中心,2004,第305页。

②
黄钰:《杂谈数字里的中国文化》,中山大学出版社,2019,第295页。

国家本为求才计,谁知道变做了欺人计。三句破题,两句承题,摇头摆尾,便道是圣人高第。可知道,三通四史是何种文章?汉祖、唐宗是哪一朝皇帝?案头放高头讲章,店里买新科利器。读的来肩高背低,口角嘘唏。甘蔗渣儿嚼了又嚼,有何滋味?辜负光阴,白白昏迷一世。就教他骗得高官,也是百姓、朝廷的晦气!

学子们为考取功名,将全部精力用于钻研八股文,重视格式要求,敷衍成文,八股文逐渐变为一种文字游戏,束缚了人们的思想,也使得程朱理学在科举考试下变得生硬僵化。康熙皇帝也曾意识到科举考试中的八股文的空疏无用,于康熙二年(1663年)废止八股文,后应礼部侍郎黄机的请求,于康熙七年(1668年)恢复八股文考试。直到光绪二十八年(1902年),清政府宣布科举考试停止使用八股。光绪三十年(1904年),清政府举行了最后一次科举,第二年起"八股取士"被废除。

马二先生与八股文

《儒林外史》中曾塑造过一个深受八股荼毒的经典形象——马二先生。马二先生本名马纯上,因屡试不第,以选书为生,为人古道热肠,治学近乎迂腐。马二先生是八股科举考试的虔诚信徒,他对匡超人说:"你如今回去,侍奉父母,总以文章举业为主。人生世上,除了这事,就没有第二件可以出头。不要说算命、拆字是下等,就是教馆、作幕,都不是个了局。只是有本事进了学、中了举人、进士,即刻就荣宗耀祖。这就是《孝经》上所说的'显亲扬名',才是大孝,自身也不得受苦。古语道得好:'书中自有黄金屋,书中自有千钟粟,书中自有颜如玉。'"并且马二先生劝匡超人说:"那害病的父亲,睡在床上,没有东西吃,果然听见你念文章的声气,他心花开了,分明难过也好过,分明那里疼也不疼了。"

八股文章竟然有疗饥止痛的奇效!马二先生已经把八股神化了,并对其无比痴迷。

虽然八股文发展到后期走向迂腐、古板、僵化的模式，但是它仍能给我们今天的语文作文教学带来一些启发。八股文之"八股"模式，为作文教学提供了一般程式，也给学生作文搭建了一个支架。八股文写作中，最关键的当属"破题"。"破题"要求运用一分为二的辩证方法，只用两句话精准地概括、剖析题目。八股文破题的前提是"认题"，正如现代写作之"审题"，看清题目要求，搞清题目类型，认清题目之言，想清题目所指，理清题目之义，才能准确立意，才能做到不偏题、不跑题。八股文之"破题"的要求与训练，能够有效解决学生的审题问题和立意问题。正确理解题目的意义和要求是审题的关键，学生的审题、立意问题解决了，也就基本上解决了选材问题。有些学生审题不清、立意不准，才导致选材的方向性失误。同时，八股文之"衡文"标准，以"理、法、辞、气"四个维度的"清真雅正"为总要求，直到今天仍然有很强的借鉴意义和应用价值。

王阳明与儿童教育

王守仁（1472—1529），字伯安，号阳明，明代哲学家、思想家、教育家、文学家、书法家、政治家、军事家，心学集大成者。王守仁继承和发展了陆九渊的学说，提出"心即理""致良知""知行合一"等命题，创立了与程朱理学大相径庭的"阳明学派"，也称"姚江学派""王学"。

王守仁十分重视儿童教育，主张教育应该顺应儿童的心理、生理特点，积极引导儿童性情，使其能够自然发展。在《训蒙大意示教读刘伯颂等》一文中，王守仁集中阐发了他的儿童教育思想。

王守仁认为，幼儿就像刚刚发芽的草木，如果让其自然生长，就会枝繁叶茂，反之不管是过多的干扰还是过分的呵护，都会使其畸形发展，甚至枯萎死亡。儿童的教育也应顺其天性，根据儿童的身心发展规律，促使其自然发展，不宜过多地加以约束。他从快乐是人心之本的观点出发，主张教育儿童要注意培养儿童的兴趣，使他们"趋向鼓舞""中心喜悦"。所以，教育儿童必须根据其身心发展特点，盈科而进。在他看来，任何人的认知水平都有一个由婴儿至成人的发展过程，就好像一个婴儿，在母腹中时什么也不会做，出生以后才会哭笑，然后才会认识自己的父母兄弟，继而才会立和走，才能拿得动东西，最后才天下之事无不可能。他认为儿童的身心发展到什么水平，所教知识就只能进行到什么水平，如果所教内容过多过难，就会使儿童觉得学习是一种痛苦，从而产生厌学心理。同时他还提出了要使儿童学有余力的教育观点，认为如果学生能学会200个字，那就只教他100个字，使他感到精力充沛，只有这样儿童才不会"厌苦"。他对当时违背儿童教育规律的"鞭挞绳缚，若待拘囚"的现象，提出了尖锐的批评。

对儿童进行教育的内容和途径应当是多方面的。他说："教人为学，不可执一偏。"为此他对教育者提出了通过诗歌、习礼与读书对儿童进行全面引导的要求，并对习礼、诗歌和读书的意义和作用分别做了说明。他认为习礼不仅可以使幼儿养成文明的行为习惯，还可以通过礼仪动作来锻炼幼儿的身体；诗歌可以激发儿童的志向，调节儿童的情绪，促进儿童心理健康；读书学习不仅可以使儿童增长知识，还可以培养儿童良好的品德。在他看来，如果能通过上述这几方面的内容和途径对儿童进行教育，就可以使儿童在品德、知识、身体、心理等方面健康成长。

因此，教学必须考虑儿童的接受能力发展到何种程度，便就这个程度进行教学，不可躐等。他把这种量力施教的思想，概括为"随人分限所及"。比如树刚萌芽，只能用少量的水去浇灌；萌芽再长，便又加水，"若些小幼芽，有一桶水在，尽要倾上，便浸坏他了"。同样，如果不顾及儿童的实际能力，把大量高深的知识灌输给他们，就像用一桶水倾注在幼芽上会把它浸坏一样，对儿童毫无益处。王守仁还认为，儿童教学"授书不在徒多，但贵精熟"。因此，教学应该留有余地，根据学生的能力，如果他能接受200字的只教授给他100字，经常使他的精力充沛，这样就可以免除学生易产生的厌烦困苦的问题，不会因学习艰苦而厌学，而乐于接受教育。

王守仁还强调学习过程中独立思考的重要性。他对中国古代教育中盲从教师的"师承"现象进行了深刻的批判，在教学过程中教师的任务就是引导儿童用"心"思考，培养儿童的独立思考能力，启迪其智慧。他强调，只有从小养成独立思考的习惯，不盲目崇拜，使之"身入心通"，长大后才能逐渐形成自己的观点而不轻易受别人左右。他说："夫学贵得之心，求之于心而非也，虽其言之出于孔子，不敢以为是也，而况其未及孔子者乎！求之于心而是也，虽其言之出于庸常，不敢以为非也，而况其出于孔子者乎！"① 他认为，学习这种事，与其旁人"点化"不如自己"解化"。他反对朱熹"为学之道在穷理，穷理之要在读书"的观点，认为"六经之实"都在"吾心"之中，单靠读书是不行的，必须考之于心。"求之于心"是根本，读书只是寻求工具、寻找方法而已。反

① 王阳明：《传习录》，张怀承注译，岳麓书社，2019，第199页。

对盲从典籍,提倡独立思考,这也是王守仁教育思想的一个重要特色。

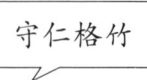
守仁格竹

有一天,王阳明看到了朱熹注疏程颐的一句话:"众物必有表里精粗,一草一木,皆涵至理。"他内心一亮:前者娄谅说"圣人可学而至",方法是格物,今者看到朱熹说"一草一木,皆涵至理",看来这个"理"果然是"格"出来的。王阳明想到后院有竹子,不如"恰同学少年,你我同去格竹",于是邀人同往。一位姓钱的同学欣然同意。"格竹"开始,两人在竹子前面,一天到晚盯着不放,目不转睛。格物,是一种穷究事物获得知识的方法。譬如格竹,要知道它属于哪类植物,它的生长环境、纲目品种,以及有什么生长规律,这是事物本身的属性。之后再穷究哲学层面的"理",譬如竹子在中国人的思想里有着极其重要的地位,是一种文化的象征,是"岁寒三友"之一,君子的代表。按照这种学习方法,时间一长,不成大师最起码也是个学者。但是,任何事情都不是那么容易的。"格"了三天,钱同学撑不住了,主动退出。王阳明选择了坚持,他独自"格竹",结果七天后,大病一场。王阳明感叹道:"圣贤是做不得的,无他大力量去格物了。"

王阳明的儿童教育观又能给我们今天的儿童教育带来怎样的启示呢?王阳明说教育要顺应儿童的天性。儿童天性活泼好动,喜欢无拘无束、自由自在地玩耍、嬉戏。若按照儿童的特点,顺其性情,就能促进其发展;否则,便会阻碍儿童的健康成长。要使儿童趋向鼓舞,就要采用适合儿童特点的教学形式、教学内容和教学方法,使儿童快乐地学习。一般来说,儿童都喜爱音乐、诗歌和舞蹈。在教学过程中适当组织儿童唱歌、跳舞,可以提高他们的学习兴趣。在欢乐的气氛和愉快的情境下,教学效果将明显提高。教师可根据教学目的,选择儿童喜爱并易于接受的内容，如历史典故、名人名言以及模范人物的事迹，用故事的形式讲给儿童听，他们会感到十分有趣。当儿童感到学习并不困难，并看到自己的进步时，便会激发学习兴趣，增强学习的内在动力。学生负担不可过重，功课完成后，即使时间尚早，也不要再增加任务，让孩子能够自由地嬉戏、玩耍。尤其是幼儿，应当让其有自由活动时间，满足其活泼好动的天性。

颜元与实学教育

颜元（1635—1704），字浑然，又字易直，号习斋，河北博野（今河北博野县）人。明末清初思想家、教育家。他反对宋儒的"读书静坐"和"心性命理"之学，注重实学、"习行"、"习动"，与学生李塨并称为"颜李学派"。

颜元认为教育要从实事实物中讲求实行实用的知识，主张培养经世致用的人才，主张教育要"以经世为宗"，培养"实德实才之士"。在教育内容上，颜元提倡以"六艺"为中心的"三事""六府""三物"教育内容。"三事"指正德、利用、厚生；"六府"指金、木、水、火、土、谷；"三物"指六德、六行、六艺。"六德"为智、仁、圣、义、中、和；"六行"为孝、友、睦、姻、任、恤；"六艺"为礼、乐、射、御、书、数。他还基于"富国强兵"的政治理想，提出教育要"兵农合一""教文即以教武"等。按照这一原则，颜元所主持的漳南书院，分别设有"文事斋"（学习礼、乐、书、数、天文、地理等）、"武备斋"（学习黄帝、太公及孙吴兵法，攻守、营阵、陆水诸战法，并射、御、技击等）、"经史斋"（学习十三经、历代史、诰制、章奏、诸文等）、"艺能斋"（学习水学、火学、工学、象数等）、"理学斋"（学习程、朱、陆、王之学）、"帖括斋"（学习八股举业）。"颜元设计的实学教育内容不仅有实用知识而且有科学技术与技能，不仅有中国传统文化遗产，而且融入了现代科学技术，反映了当时科学的曙光和新兴工商业者的需要。"[①]

> 漳南书院

书院规模初具，颜元亦雄心勃勃。他不仅在院教学，还在肥乡周围四处奔波，一边宣传自己的学、教主张，一边延访人才。无奈天公偏不

[①] 吴洪成、罗佳玉：《颜元实学教育思想与实践》，山西人民出版社，2018，第95页。

作美，漳河洪水三个多月泛滥五次，初横二十里，继至七十里，赤泥盖过了稻穗，房倒屋倾。屯子堡的百姓只好搭建席铺以居住。漳南书院也未幸免于难，同样被洪水所淹，"书斋皆没"。面对这样的情景，颜元颇觉无奈，也只好仰天长叹，辞院还乡……颜元主持漳南书院，虽只短短百日，但其影响却极为深远。他规划设计的这所书院，迥别于那些以讲读著作或习时文应科考为主的书院或学院，而俨然如一所现代综合大学。它不仅在中国教育史上，实开新"高等"教育之先河，即使从世界范围看，也是开风气之先的。且不说当时美国尚未独立建国，就是与当时文化教育比较发达的欧洲相比，也不落伍。①

关于教学方法，颜元反对死读书，主张勤劳、活动、实习、力行。他认为，人们获得知识的目的在于"实行""实用"，所以"习行"，不仅是获取真知、培养"经世致用"人才的主要途径，也是教育的目的。"举例说：研究礼乐虽然十分透彻，但如果不亲自去习礼，去吹打，那还不能说是知礼乐；同样，如果学了千百卷医书，但不能诊脉、制药，给人治病，又怎能算是懂得医道呢？"②所以，颜元特别强调"习"，认为学能时习，体力自然加强，精神自然活泼，所学的知识也更为切合实用。不然，一味地死读书，就会造成"读书愈多愈惑，审事愈无知，办经济愈无力"。颜元看到当时流行的《三字经》没有切合儿童的实际需求，就自己编写了一本《三字书》，让学生李恕谷押了韵，共计 127 韵、351 字③，反映出他的教育主张。

颜元教徒

颜元有一次带领学生到野外练习射箭，他连发六箭，箭箭射中靶心，而学生中最好的六箭才中两箭。因此，大家称颜老师是"神箭手"。可颜元却闷闷不乐，低头不语。学生问："颜老师，您今天是不是身体不

① ——
陈山榜：《颜元评传》，人民教育出版社，2004，第55页。

② ——
冯契：《中国哲学通史简编（修订版）》，生活·读书·新知三联书店，2013，第253页。

③ ——
黄金华、沈宝良主编《中华名人名事辞典》，汉语大词典出版社，1999，第516页。

舒服?"颜元摇头,感慨地说:"今天射箭,你们都不如我,我深感内疚啊!"有个学生不假思索地说:"老师箭法那样高明,我们做学生的哪能赶得上啊!"颜元心情更加沉重了,语重心长地说道:"青出于蓝而胜于蓝。做一个好的教师,就应当教出胜过自己的学生。现在训练时间已经不短了,可是你们仍没有我射得好,这是我教育无方啊!"一席话说得学生们羞愧满面,拜倒在颜元面前,承认自己的过错。颜元一个个把他们扶起,唏嘘不已。学生们看着老师日渐消瘦的脸,听着老师句句自责的话,心中着实不安,纷纷表示决不负老师的期望,努力学习,来报答老师教诲之恩。从此师生心意相通,教学相长,后来颜元的学生也大都成了远近闻名的"神箭手"。

颜元所倡导的培养"实才实德之士"以及通才与专才相结合的教育目标对于当代教育是有启迪的。今天的人才也要德才兼备。就才能来说,不仅要有广博的知识,而且要有专业技能。只有博专结合、一专多能,方可适应社会的需要。如果从人的素质发展角度来看,既要全面发展又要合理发展。所谓全面发展是指作为社会的合格公民,在德、智、体、美、劳等基础素质方面均须达到一定的标准;所谓合理发展,就是从不同个体的独特性出发,使每个学生的特长都能得到最好的发挥。颜元还强调实践的重要性,这和我们今天强调劳动教育也有相通之处——让学生到社会实践中去,运用他们在学校所学的知识,去解决实际问题,使学用结合起来,以培养他们的实践能力,将教育与生产劳动紧密结合起来。

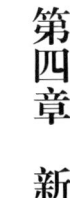

第四章 新式教育的萌生

> 古今中外,学术不同,其所以致用之途则一。值智力并争之世,为富强致治之规,朝廷以更新之故而求之人才,以求才之故而本之学校,则不能不截取欧美日本诸邦之成法,以佐我中国二千余年旧制,固时势使然。
>
> ——张百熙《进呈学堂章程折》

由于受到"西学"的冲击,清末的教育开始做出一系列的应对举措,中国古代教育进入了一个"自我转型"的时期。因此,本章以京师同文馆为起点(这也是中国近代教育的开端),来展现这一时期中国古代教育的转型历程。其中,"中体西用"的教育思想贯穿于洋务运动、戊戌变法、清末新政等改革运动中。康有为、梁启超、严复等人提出解决传统教育弊端的主张,亲身实践各自的教育理念,推动了清末教育改革的步伐。而清末学制的出现,则是中国教育近代化过程中的一项标志性成果。留学教育的兴盛,既培养了一大批人才,也为教育改革指明了方向。

京师同文馆

京师同文馆是清末最早设立的"洋务学堂",旨在培养外交和翻译人才。1861年1月,恭亲王奕䜣等人奏请清廷批准在总理各国事务衙门下设立外语学馆。1862年6月11日学馆在东堂子胡同的总理衙门内正式开课,定名为同文馆。开办之初,只设有英文馆,第二年添设俄文馆和法文馆。1898年,在维新变法高潮中,京师大学堂成立,同文馆的科技教育部分归于京师大学堂。1900年因庚子事变而停办。1902年1月,京师同文馆并入京师大学堂。至此,京师同文馆走过了它的一生。

> 丁韪良记忆中的同文馆[①]

同文馆的最主要目的就是训练青年学生,以便出任公职,尤其是作为国际事务的政府代表。回顾同文馆的早期历史,最初的建馆动议来自《中英北京条约》。因为条约中有一个条款规定,英方致中国当局的公函在三年之内会附送中文译本,而中国政府应在这段时间内培养出一批合格的译员。按照这个约定,1862年同文馆开设了一个英文班,次年又开设了法文班和俄文班。就像中国许多名存实亡的事一样,有必要提到,这个俄文馆并不是新设的。据记载,它在18世纪中叶就已经存在了。最初是在乾隆年间为了跟俄国人打交道而设立的。多年来,俄文馆中只有中国教习,并无学生。在被并入同文馆时,这个机构与过去的唯一关联是一名完全不懂俄文的老教习:他没有带来任何学生或书籍,而他本人也很快被一个俄国教习所替代。这使得原有的俄文馆对同文馆的贡献只剩下一个名字。不过,在一个"革新"被视为洪水猛兽的国度里,这个虚无的名字也并非毫无价值。

[①] 丁韪良:《花甲记忆》(修订译本),沈弘、恽文捷、郝田虎译,学林出版社,2019,第291页。

京师同文馆最初并无专人管理，1869年聘丁韪良为总教习，总揽全馆教务，1894年由英国人欧礼斐接任。京师同文馆的教师既有外国人，也有中国人，按职责可分为总教习、教习和副教习。"京师同文馆前后到职的洋教习共计50名，包括实任与兼署在内，除4名尚未确定身份外，46名当中实任教习的27名，内有4名原是教士，5名后来进入海关工作，其他19名都是海关职员，由赫德派为教习，因此可见海关职员与同文馆教习的密切关系。"①中国教习30余人，主要承担汉文、算学等方面的教学。而京师同文馆的学生最初只限定从八旗子弟中挑选，对日常教学产生了诸多困难，直到1885年，总理衙门才接受丁韪良的建议，同意公开招收满汉学生。

京师同文馆的课程经历了不断丰富和逐渐规范化的发展过程。起初课程只有英语和汉语，后逐渐增加了俄、日、法、德等语言。之后又开办科学馆，学习科目增加了算学、天文、化学、物理、万国公法、医学、生理学等"西艺"课程。1876年，按八年制和五年制的构想分别拟定了分年课程计划②。京师同文馆有统一的课程标准和管理章程，也是最早引入班级授课制的学校。

翻译西书也是京师同文馆传习西学的一大业绩。丁韪良在1864年已经译成《万国公法》，《万国公法》也成为同文馆的主要教材。之后丁韪良又参与指导翻译《公法便览》《公法会通》《星轺指掌》《英文举隅》等，成为在京师同文馆以及其他新式学校使用的教材。

由于直接管理京师同文馆的总理衙门地位特殊，其管理范围不只限于外交事务，同时还涉及诸多与外国人相关的事务，如经济、军事、国防、司法、交通、教育等，所以京师同文馆学生的出路也多与此相关。"从上海选派到北京学习的学生中，后来在外交界成为知名人物的有先后出任驻荷兰公使、驻意大利公使的唐在复，担任出使荷兰大臣、出使俄国大臣、驻瑞士公使、外交总长的陆征祥，担任出使法国、西班牙大臣的刘式训等。他们属于受过官办的西式高等学校教育的第一代学员。"③

① 苏精：《清季同文馆及其师生》，福建教育出版社，2018，第59页。

② 孙培青、杜成宪：《中国教育史》（第四版），华东师范大学出版社，2019，第318页。

③ 沈福伟：《中国与欧洲文明》，山西教育出版社，2018，第327页。

除了担任出使各国的大臣外,在当时的行政、教育、军事、电报、工业等领域,都有同文馆毕业生的踪迹。

至于京师同文馆的时代影响,丁韪良在受聘总教习时就已经指明:"教育领域的改革使天空充满了希望的阳光,就像是经历了北极的严冬之后,迎来了第一缕金色的阳光。所有各方都认识到教育改革是高于一切的。"[1]京师同文馆是洋务学堂的开端,也是中国近代新教育的开端,为其后涌现的一大批外国语言学校、其他类型的洋务学堂提供了办学参照。京师同文馆标志着我国半殖民地半封建社会教育的开始,具有新的办学形式,使科学教育被正式列入中国教育体系中,中国近代教育向前迈出了重要一步。

---

[1] 丁韪良:《中国觉醒:国家地理、历史与炮火硝烟中的变革》,沈弘译,世界图书出版公司,2010,第159页。

"中体西用"的教育观

洋务运动开展的过程中，人们对于"要不要移植西学"这个问题展开了讨论，守旧派对"西学"抱着顽强拒绝的态度，而张之洞（1837—1909）在前人关于"中学"和"西学"关系讨论的基础上，著成《劝学篇》，提出了"中学为体，西学为用"指导思想。《劝学篇》分为内外两篇，"内篇务本，以正人心；外篇务通，以开风气"。内篇讲中学，外篇讲西学，中学为旧学，西学为新学，因此按照张之洞的理解，"中学为体，西学为用"，就是"旧学为体，新学为用"。

> 光绪帝与《劝学篇》

北京城里上演轰轰烈烈的变法大戏的时候，身在武昌的湖广总督张之洞一直密切关注京城的形势，并且多次上呈奏折，建言献策。1898年7月初，张之洞的门生、侍读学士黄绍箕把张之洞所著《劝学篇》上呈光绪帝。7月25日，光绪帝"详加批览"，对《劝学篇》大加赞赏，以为此书"持论平正通达，于学术、人心大有裨益"，令军机处将《劝学篇》下发各省督、抚、学政，要求"广为刊布，实力劝导，以重名教而杜卮言"；一个月后，又令总理衙门排印300部下发各省官绅。从此，《劝学篇》刊行天下，影响深远。①

"中学""西学"具体是指什么呢？

"中学"也称"旧学"，张之洞认为主要是四书五经、中国史事、政书、地图等，这些学问乃是一切学问的基础，应放在首位。学生应先从中学会圣人的思想，践行圣人的行为，从而汲取西学有用的部分补充"中学"中的不足。张之洞认为对于"中学"的各个方面都要有所掌握，

① 邢超：《戊戌变法真相》，中国青年出版社，2015，第222页。

他注重纲常名教，认为这是中国的根本，必须无条件地遵守。

"西学"也称"新学"，包括西政、西艺、西史。张之洞着重对西政、西艺加以解释和强调。"政艺兼学：学校、地理、度支、赋税、武备、律例、劝工、通商，西政也；算绘矿医、声光化电，西艺也。"西政是指西方有关文教制度、工商财政、军事建制和法律行政等管理层面的文化；西艺即近代西方科技。张之洞认为西艺难学，适合于年少者，着眼于长远；西政相对易学，适合于年长者，着眼于当前急需。他所提倡的西政不同于维新派，因为其中没有包括西方的政体。他反对维新派所主张的"政"，即改变君主专制的政体，实行君主立宪，他所关注的西政仅限于学校、律例、劝工、通商等。

张之洞阐述的"中体西用"思想不仅受到清政府的赞赏和重视，而且受到外国在华传教士的赞赏。美国传教士渥内基把它译成英文，在英文《教务杂志》上连续刊载并在纽约出版全文；耶稣会教士还将它译为法文出版。

张之洞在"中学为体，西学为用"的思想指导下，做出了什么行动呢？

第一，兴办学堂，培养人才。张之洞认为，办洋务是重要的，但人才和人才培养更重要。他探究西方各国强盛的原因，得出的结论是：西方国家的强大在于兴办学校。因此他非常重视兴学，把学校放在"西政"的首位，把"兴学"作为实施洋务新政的重要措施。为此，张之洞兴办了一系列新式学堂，如广东水陆师学堂、江南陆军学堂、湖北武备学堂、湖北自强学堂、武昌算术学堂、江南储才学堂、武昌农务学堂、两湖高等学堂、文普通中学堂、武昌模范小学蒙养院、湖北师范学堂、两江师范学堂，以及60所初等小学堂等。

第二，废除科举。张之洞认为，"八股取士"从明朝到今日，已经有五百多年，文字兴盛但实业衰微。与学堂相比，则更显现弊端：科举只凭一日的长短，学堂一定都是多年的研究；科举只取辞章，学堂兼重行为检点。因此他得出结论：必须废除科举，开办学堂。张之洞等人决定采取两步走的办法：第一步，改革科举内容，即不只注重时文，不讲诗赋和小楷；第二步，递减科举中额，每科递减三分之一，计划于十年内减尽。

第三，鼓励留学。张之洞在《劝学篇》中大力支持留学。他认为留学一年胜似读西书五年，在外国学堂一年胜似在中国学堂三年。他举日本为例，认为日本强盛的原因之一就在于派遣留学生。他说："伊藤、山县、榎本、陆奥那些人，都是二十年前出了洋的学生，愤怒自己的国家为西洋所胁迫，率领他们的部下一百多人，分别到德、法、英等国，有的学政理工商，有的学水陆兵法，学成回来，任用他们为将相后国力强盛，傲立东方。"

第四，拟订章程。为了达到既鼓励留学又严格控制学生思想的目的，张之洞先后拟定了《奖励游学毕业生章程》和《约束游学生章程》。一方面对于能遵纪的留学生，许以举人、进士出身，来笼络人心；另一方面，对于任意发表意见的留学生，加以训诫制裁。

随着人们认知的更新，"中体西用"的内涵也不断调整，"西用"的范围不断延伸，逐渐纳入新的成分。这一时期，"中体西用"理论为"西学"教育的合理性进行了有效的论证，在此原则下实施的留学教育和举办的新式学堂，打开了僵化的封建教育体制的缺口，改变了单一的传统教育结构。

与维新派和革命派的教育主张相比，《劝学篇》则明显暴露出其落后性和保守性。

张之洞所著的《劝学篇》，起到了维护封建专制等级制度和意识形态的作用，阻抑了维新思想的广泛传播，十分不利于近代刚刚开始的思想启蒙运动。因此，"中体西用"作为中西文化接触后的初期结合方式，有其历史的合理性，但是"中体西用"是粗糙的，是在没有克服中、西学之间固有的内在矛盾的情况下直接嫁接，不符合历史发展的方向。"其本来意义而言，'中体'应是对于'西用'的限制，但'西用'既借'中体'为入门之阶，便会按照自身的要求而发生影响，人们虽想把它限制在既定的范围内，实际却很难如愿。当这种矛盾日益明显之后，更开明的人们就会在事实的刺激下因势利导，走出更远的一步。"①

① 陈旭麓：《近代中国社会的新陈代谢》，生活·读书·新知三联书店，2018，第109页。

康有为的教育理想

康有为（1858—1927），广东南海县人，原名祖诒，字广厦，号长素，人称南海先生。他出生在封建官僚家庭，从小受到严格的封建传统教育。1879年出游中国香港，开始留心西学。1885年中国在中法战争中失败，刺激他更进一步向西方寻求真理，逐渐突破封建传统观念的藩篱，形成资产阶级改良主义思想。

维新运动中，康有为无论上书还是呈折，都常将"兴学育才"作为维新救国的基本保障加以强调。在《上今上皇帝书》中，康有为通过比较不同国家的强弱形势和人才状况，得出结论："才智之民多则国强，才智之士少则国弱。"1898年他在《请开学校折》中更将日本战胜中国的原因归结为教育的成功，即日本战胜中国不是因为武力强，而在于广泛建立学校。因此他指出中国想要打开新世界的大门，需要注重教育。

基于对于国家与教育之间关系的思考，康有为在教育改革上做了些什么呢？

康有为提出的教育改革的主要措施有：第一，废八股考试，改试策论，等学校普遍开设后，再废科举。康有为认为"八股取士"，导致读书人不研究现实，不研究世界各国情形，也放弃了真正的中国传统学问。这样选拔出来的官吏不能应变，不能做实事。因此他建议光绪帝立即下诏废八股，改试策论。第二，大力创办学校，改变传统的教育内容，传授科学技术，培养新型人才。康有为在《请开学校折》中设计了一个学校系统：在乡间设立小学，学习文史、算术、地理、物理、歌乐，时间为8年，7岁以上儿童必须入学。在县设立中学，儿童14岁入学，加深小学阶段的内容，另外还要学习外语，重视实用学科。中学分初等和高等两个阶段，各两年。中学初等科毕业后可以升入专门学校。专门学校或中学高等科毕业的学生可以升入省府设立的专门高等学校或大学。康有为力图仿照西方建立近代中国学制。他还提出了派遣留学生、翻译西书等建议。作为维新运动的领袖,康有为的上述建议直接影响了"百日维新"中的教育改革措施。

> 康有为办教育[①]

1891年,康有为回到广东,开办万木草堂学馆,聚徒讲学,并为变法运动创造理论氛围和基础。他打着尊孔的名义先后写了《新学伪经考》和《孔子改制考》两部著作。在这两部著作中,康有为把封建主义历来认为神圣不可侵犯的某些经典宣布为伪造的文献;把本来偏于保守的孔子打扮成一个思想自由、崇尚平等观念、有进取精神的"完人"。康有为的这些看法,虽并不科学,但他的改革精神却在知识界产生了强烈的震动和反响,对封建顽固守旧分子构成了很大的威胁,因而这两部著作被他们视为异端邪说。1894年,康有为开始编《人类公理》一书,这本书经多次修订,后来定名为《大同书》发表。《大同书》描绘了人世间的种种苦难,提出大同社会将是无私产、无阶级、人人相亲、人人平等的人间乐园。

康有为对于教育的思考和见解,使他写出了一部代表性作品——《大同书》,《大同书》成书于1901年至1902年间。在万木草堂讲学期间,他曾向弟子梁启超等讲过"大同"学说,即《大同书》的基本内容。康有为认为现实世界一切苦难的根源皆因有"九界"(国界、级界、种界、形界、家界、业界、乱界、类界、苦界)的存在。他创造性地描绘了一幅"大同"社会的蓝图,在这个理想社会里,破除了"九界",即消灭了国家、阶级、种族、家庭,消除了性别、职业差别,实现了天下太平、仁爱万物、人生极乐。大同社会"无邦国,无帝王,人人平等,天下为公",根除了愚昧和无知,教育昌盛,文化繁荣,语言统一,教化相同。

[①] 党波涛编写《中华民族脊梁故事·近代卷》,华中师范大学出版社,2011,第90—91页。

因为消灭了家庭，儿童是整个社会的儿童，不再是某个家庭或个人的子女，对儿童的抚养和教育均由社会承担。康有为设计了一个前后衔接的完整教育体系：

（1）人本院（出生前）。为怀孕妇女设立，对胎儿进行胎教。院内环境优雅，有书画、音乐等供孕妇欣赏，工作人员有女医、女傅、女师、女保。

（2）育婴院（0~3岁）。婴儿断乳后，送入育婴院抚养。

（3）慈幼院（3~6岁）。儿童3岁后送入慈幼院。慈幼院主要承担幼儿教育工作，保育目标是"养儿体，乐儿魂，开儿知识"，教育内容有语言、歌曲、手工等。工作人员为女性。

（4）小学院（6~11岁）。以德育为先，坚持"养体为主而开智次之"的原则。小学教师专用"女傅"，兼有慈母的职责。教师的言行举止等应善良、规范，让儿童从小模仿，培养影响儿童终身的善良德行。

（5）中学院（11~15岁）。人生的关键期，德、智、体兼重，但尤以育德为重。教师男女均可，但一定要选择"有才有德者"充任，课程要根据学生的禀赋和个性来设置。

（6）大学院（15~20岁）。"专以开智为主"，注重实验，校址的选择应结合专业实际，学生自由选择专业，教师不限男女，应选择"专学精深奥妙，实验有得者"担任。

"康有为用神奇的笔触为人们描绘了一个无比美妙的'大同世界'，其中一些具体设想，随历史之进化，科学之发展，在今日已经实现。"[①]《大同书》倡导"公养""公教"，每个社会成员都有权享受教育，且皆为公费。重视学龄前教育，主张男女教育平等，指出对儿童应实行德、智、体、美等诸方面的教育，在当时给人耳目一新的感觉，对传统封建教育是一个很大的冲击。《大同书》中教育理想的背景是中国传统的大同思想和近代空想社会主义的综合体，带有明显的乌托邦色彩。

---

① 田海林主编《中国近代政治思想史》，山东大学出版社，1999，第181页。

梁启超的教育见解

梁启超（1873—1929），广东新会人，字卓如，号任公，又号饮冰室主人。维新运动时期，梁启超不仅著文对教育改革发表评论，还以维新先锋的身份呈奏教育改革建议、草拟教育改革新章。那么，梁启超在维新期间提出了什么独到的见解呢？

第一，梁启超列出了一份《教育期区分表》，是根据儿童身心发展的情况提出来的，可以说是第一个将西方心理学关于儿童认知发展阶段的理论介绍给国内的学者[①]。在《教育期区分表》里，他将人从出生到成年划分为4个阶段：5岁以下的幼儿期、6~13岁的小学时期、14~21岁的中学时期、22~25岁的大学时期或成年期。各个阶段又分别对应身体、知觉、情感、意志和自我认知5个生理、心理发展的不同阶段。梁启超的总结已经和现代社会心理学、教育心理学的划分方法非常接近了。

第二，1896年，梁启超发表《变法通议·论师范》，是中国近代教育史上首次专文论述师范教育问题。梁启超认为，教师是学生的根本，没有师道，学术不能走上正轨，犹如"种稂莠而求稻苗，未有能获也"[②]。他提出要设立师范学堂等：自小学堂始，自京师，以及各省府县，皆设立小学堂，辅之以师范学堂；3年之后，师范学堂学生中，可以作为教师选用的，每个县必须有一人；师范学堂培养小学教师，专门师范学堂教养中学、大学教师，分工明确。师范教育的课程开设包括6个方面的教育内容，即通习六经、讲求历朝掌故、通达文学源流、周知列国情状、分学格致专门、学习各国语言。可见，梁启超十分重视师范教育，并突出培养师范生的教学方法与技能。

第三，梁启超在《变法通议·论女学》中系统论述了女子教育问题。梁启超指出，接受教育是女子的天赋权利，女性是一种独特的人才资源，

[①] 石云艳：《梁启超与日本》，天津人民出版社，2005，第258页。

[②] 张品兴主编《梁启超全集》，北京出版社，1993，第29页。

中国应充分开发和利用女性这一巨大的人才资源，同时女子教育的发展水平也反映了国势的强弱。1898年，他积极参与了中国第一所女学——经正女学的筹办，实践他的女子教育思想。

> 经正女学[①]

　　根据《万国公报》的记载，经正女学校舍于1898年在上海城南高昌乡之桂墅里落成，当年5月31日正式开学。最初有学生20余人。开学之初设有提调1人，总管校务。延请华文教习2人，医学、女工教习各1人，西文教习1人，所有教师和管理人员均为女性。秋季开学后，聘请林乐知（Young John Allen，1836—1907，生于美国乔治亚州，基督教美国监理会传教士，清末时来到中国）的女儿林梅蕊为外文总教习，兼授英语、算术、地理、图画等课程，李提摩太夫人（Mrs. Timothy Richard，苏格兰长老会传教士）被邀每月访问女校一次，察看学校情况，本欲邀请留学归来的康爱德和石美玉两位女士主持学堂教务，但因女学堂尊儒教为圣教，两位女士已受洗为基督徒，不愿配合，没有成功。当年10月31日经正女学又在城内淘沙场增设分塾，到年终也有20余名学生就读于这所分校。至1898年年底，已有学生40余名。一时间，经正女学"声名鹊起，远方童女，亦愿担簦负笈而来"。

　　第四，梁启超在《变法通议·论幼学》中，积极倡导对中国儿童教育进行改革。他通过比较中西儿童教育的差异，指出儿童教育应遵循由浅入深、由易到难、循序渐进等原则，应注重儿童的学习兴趣，重视理解，注重直观教学、实物教学，应从编写儿童教科书入手，对儿童教育进行改革。应编写的书包括识字书、文法书、诗歌书、问答书、说部书、门径名物书等。

[①] 拟鸳：《上海创设中国女学堂记》，《万国公报》1899年第125期。

像梁启超一样教育孩子[①]

梁启超一贯反对填充式的教育，他认为启发思维、引领感悟、教授方法更重要。在《中学以上作文教学法》中，梁启超提出"教人当以方法为主"，他认为"教员不是拿所得的结果教人，最要紧的是拿怎样得着结果的方法教人"。梁启超十分重视引导儿女进行理解领悟，从不强迫儿女接受他的观点。梁思成曾经回忆说："父亲从不强迫我们被动地去接受很多事物或者观念，而是经常给我们提出很多问题。通过热烈讨论，启发我们的思维，在关键处加以点拨，让我们自己得出结论，明白道理。"

此外，梁启超在清末新政实施之后，针对教育政策发表了诸多的意见和评论，比如《论教育当定宗旨》和《教育政策私议》，探讨了关乎教育发展方向、学校教育制度、教育经费等方面的问题。梁启超对于学制、师范教育、女子教育、儿童教育以及各种教育政策的意见与评价，是有前瞻性的，对于当代的各类教育有着不可多得的借鉴意义。

[①] 南洲:《民国家训：像梁启超一样教育孩子》，三辰影库音像出版社，2017，第132页。

严复的教育主张

严复（1854—1921），福建侯官（今福建闽侯县）人，初名本初，后改名宗光，字又陵，又字几道，是倡导变法和宣传资本主义思想文化的代表人物之一。

> 严复与新式教育

1867年，严复考入了家乡的福建船政局求是堂艺局（后改为福建船政学堂），学习英文及近代自然科学知识。与在旧式学堂学习不同，在福州船政学堂的4年里，严复主要学习英文、算术、天文、航海等西方近代科技。由于不必为衣食操心，勤奋好学的严复学习成绩屡列优等，还得了许多奖学金，他常把奖学金寄回家帮贴母亲维持生计。他的孝心和勤俭节约的好品质得到了福建船政大臣沈葆桢的赏识。四年后，即1871年5月，他以优等成绩并作为第一届毕业生走出校门，踏向社会，与刘步蟾、林泰曾、方伯谦等人被派往"建威"号船舰上实习。自1876年起，北洋大臣李鸿章就与南洋通商大臣沈葆桢、福州船政大臣丁日昌以及总理各国事务衙门商讨派遣海军学员出国学习的问题。受沈葆桢赏识的严复是被派遣的30名留学生之一。1877年5月7日，严复等人抵达法国马赛。严复等被公派到英国留学，先入朴次茅斯大学，后转到格林尼治皇家海军学院学习。1879年，严复毕业回国，到福州船政学堂任教习，次年调任天津北洋水师学堂总教习（教务长），后升为总办（校长）。严复还曾担任京师大学堂译局总办、上海复旦公学校长、安庆高等师范学堂校长、清朝学部名词馆总编辑等职。

关于教育的作用，严复提出教育能够救国。1895年，他在天津《直报》上发表了《论世变之亟》《辟韩》《原强续篇》《救亡决论》等文章,分析了当时中国的现状,认为"愚""贫""弱"是中国的三大病症,"而三者之中,尤以愈愚为最急",应该最先从教育入手,为国家的发展和富强培养有用的人才。所以严复主张创办学校,普及学校教育。

关于教育目标,严复倡导体、智、德三育并重。严复受英国教育家斯宾塞的影响,最早在中国论述三育并重。他说:"讲教育者,其事常分三宗:曰体育,曰智育,曰德育,三者并重。"要拯救民族于危难的根本途径,在于"鼓民力""开民智""新民德"。所谓"鼓民力",就是提倡体育,体育是基础,近代中国民众孱弱,被洋人视为"东亚病夫",因此必须加强体格训练;所谓"开民智",就是要全面开发民众的智慧,提高民众的文化教育水平,国家富强的关键就是要开发民智,"民智者,富强之原也";所谓"新民德",即用西方的民主、自由、平等取代封建伦理道德,教育必须反对"怀诈相欺",要培养国民守信、奉公、爱国的品质,使其能够同心协力,抵抗外国的侵略,严复认为"新民德"是最难实现的。1906年,严复在《论教育与国家之关系》中还强调,虽然三者并重,但当时中国积贫、积弱、备受西方欺凌,所以"智育重于体育,而德育尤重于智育"。

关于教育内容,严复摒弃中学提倡西学。严复认为传统旧学把知识分子禁锢在故纸堆中,"两耳不闻窗外事,一心只读圣贤书",使得他们麻木不仁。传统旧学可以用作茶余饭后消磨时光、陶冶情操,但用来救国救民则无用处。同时严复对"中体西用"的理论也进行了批判,他强调"牛体安能马用",提出"体用一致"的文化教育观。"严复所再造的体用一致的教育原则,是一个融合中西的理论模式,这种融合,是在特定历史条件下,'瘉愚'即以救亡图存为标准,在寻求中国传统文化中与这种需求相一致的'善'的同时,以学习西学特别是近代科学为趋向和主要内容的融合。"①

基于"体用一致"的思考,严复将西学分为格致(自然科学)、群学

① 崔运武:《中国近代教育的探索者严复》,山西人民出版社,2019,第112页。

（社会学）、外语，重视自然科学的学习，他将近代科学按从基础到应用的层次划分为三类：第一类称"玄学"，即名学（逻辑学）和数学，属于思维和工具学科；第二类是"玄著学"，如物理学、化学等，属于基础理论科学，提供应用学科的一般原理；第三类是"著学"，如天学、地学、人学、动植之学、生理之学、心理之学、群学（各种社会学科）等，属于应用学科。此外严复在《京师大学堂译书局章程》中指出，翻译自然科学教科书应是当务之急。他翻译了《穆勒名学》和《名学浅说》，开设了我国第一个"名学会"，推动了名学在中国的传播。严复还十分推崇归纳法，认为只有归纳法才是真正的研究科学的方法。

严复的教育思想对于中国近现代教育发展有着深远的影响及借鉴意义。严复从出国留学的经历中总结出通过改善教育制度来救中国，不仅是对于旧中国教育思想的一种超越，也是对于西方教育思想的一种超越，告诉了我们如何更好地发展现代教育。

清末学制

我国现代学制的建立是从清末开始的。1902年，管理京师大学堂事务（管学大臣）张百熙主持拟定了一系列学制文件，统称《钦定学堂章程》。因该年为壬寅年，又称"壬寅学制"。这是中国近代第一个以中央政府名义制定的全国性学制系统，具体规定了各级各类学堂的性质、培养目标、入学条件、在学年限、课程设置和相互衔接关系。"壬寅学制"公布后未及施行，就被"癸卯学制"所取代。

日本学制的影响[①]

除了派遣留学生，清政府还鼓励出国游历考察日本教育制度。管学大臣、京师学务处以及各省学务处、各地学堂，都多次派人考察日本学务，也有不少人自费前往……如罗振玉详细收集了各种有关日本教育制度的章程和统计数字，缪荃孙将从日文资料翻译来的日本1076所各类学校的图表全部刊录于《日游汇编》，李宗棠收集、购买各类学校章程和规则136种。不仅如此，考察者还将在日本的所见所闻记录下来，介绍日本教育的具体情况，阐发自己对中国教育改革的感想和建议。所有这些为中国模仿日本制定学制提供了可资借鉴的蓝本。考察者中有许多教育名家，考察促使他们回国后将在日本学到的经验应用于教育事业，从而极大地促进了中国近代教育制度的确立。特别是姚锡光、罗振玉、吴汝纶等的考察以及回国后发表的考察文字材料，为壬寅、癸卯学制的制定提供了详细的材料，产生了直接的影响。

"壬寅学制"将学校划分为7级，修业年限共达20年：幼童自6岁上学，须完成4年蒙学堂，再读3年寻常小学堂，接着读3年高等小学堂

[①] 顾明远、张东桥：《中国学制百年》，教育科学出版社，2016，第6—7页。

（或读 3 年简易实业学堂），再读 4 年中学堂（或读 4 年中等实业学堂），然后是 3 年高等学堂及大学预备科（或读 3 年高等实业学堂），最后是 3 年大学堂，毕业后可进入大学院。进入大学院时，学生已经 26 岁了。

"癸卯学制"较"壬寅学制"更为系统详备，将学校划分为三段七级：第一阶段为初等教育，分为蒙养院 4 年，初等小学 5 年，高等小学 4 年，共三级 13 年；第二阶段为中等教育，仅设中学堂一级 5 年；第三阶段为高等教育，分为高等学堂（或大学预科）3 年、分科大学堂 3~4 年、通儒院 5 年，共三级 11~12 年。除各类学堂外，还有师范教育及实业教育两个系统。"癸卯学制"由政府制定颁布，并在全国范围内推行，这在中国教育发展的进程中是第一次，也奠定了中国近代教育的根基。

"壬寅学制"和"癸卯学制"都直接参考日本，间接吸纳欧美，并仿照西方通行的三级学制系统，在义务教育、师范教育、实业教育等方面提出了相对合理的规划，同时引入教师职业训练、分年课程、班级授课制等，使得新式教育的特色得以彰显。但清末学制的局限性同样突出，学制总体时间过长，总计 30 年之久；经学教育内容仍占很大比重，学校管理上具有浓厚的封建性；仍没有女子教育的位置。

所以，"癸卯学制"颁布后又做过一些补充和修正，影响较大的有：其一，开放"女禁"，颁布《女子小学堂章程》和《女子师范学堂章程》，这是我国女子教育在学制上取得合法地位的开始；其二，颁布《变通初等小学堂章程》，规定可以根据师资和入学对象的情况，删减《钦定学堂章程》中初等小学堂完全科的部分课程，初等小学简易科的年限可缩至 4 年或 3 年，课程更为简缩；其三，对中学制度进行调整，实行文、实分科，课程各有侧重。

"清末学制的制定是近代以来学习西方教育的系统性成果，是近代中国教育改革的承前启后之作，在中国教育近代化发展中具有标志性意义"①。清末学制的颁布与实施，使得我国近代学校教育获得了较大发展，据统计，到 1909 年，全国共有小学堂 51 678 所，中学堂 460 所，

---

① 孙培青主编《中国教育史》（第四版），华东师范大学出版社，2019，第 346 页。

高等学堂127所，师范学堂514所，各种实业学堂254所①。教学方法上也得到更新，实行启发式教学。

教育是受一定社会政治经济制度制约的。在半殖民地半封建社会的历史条件下，以"中学为体，西学为用"为指导思想所进行的学制改革，虽然从形式上看似乎是资产阶级性质的，学制也确实是在西方学制的基础上形成的，但"壬寅学制"与"癸卯学制"却具有明显的半殖民地半封建色彩，问题也较为明显。"此两项章程，皆年限过长。而其科目，又以旧时之经史子集等，皆勉强纳入其中，与各科学并列。而小学读经，既不易了解，且从前专读四书五经，亦近十年方可毕事，今责令与各科同时并进，势所不能。"②所以，为了适应国内外局势的变化，清政府不断修订补充"癸卯学制"，并一直沿用到民国初年。

总之，在"清末新政"期间，清政府构建了相对完整的、上下衔接的学校体系，学习自然科学和人文学科，统一学习年限，实施班级授课制，编订统一教材，这些都与传统教育有本质的区别。清末学制的颁布与实施结束了两千多年的封建传统教育体制，也深刻地影响了中国教育现代化的进程。

---

① 王凌皓主编《中国教育史纲要》，人民教育出版社，2005，第262页。

② 蒋维乔：《清末学制之草创》，安徽文艺出版社，2013，第24页。

留学教育

19世纪70年代，洋务运动已经开展近十个年头。虽然在新式学堂数量等方面取得了一些进展，但要想全面深入地学习西方的思想、技术，依靠新式学堂和洋教习是不够的，派遣留学生便被纳入洋务运动的计划中，并付诸实践。

容闳是第一个中国留学生，他毕业于美国耶鲁大学，是中国留学生事业的先驱。1872年起，由他倡议，在曾国藩、李鸿章的支持下，清政府先后派出4批共120名学生赴美国留学，促成了中国第一次官派留学。"这批幼童年龄最大的16岁，最小的仅10岁。此行的目的是到大洋彼岸的美利坚合众国去留学。当这些第一次走出家门远离父母的孩子们在闷热的船舱中饱受晕船之苦和思家之情交相煎熬的时候，他们之中谁也未曾想到，自己正在谱写着中国近代教育史、近代文化史上的崭新一页。"[1]派遣幼童赴美留学，既开启了近代中国公派留学的先河，也培养了一批新式人才。虽然赴美留学事宜中途夭折，却为中国近代留学教育积累了宝贵的经验。1909年的"庚款兴学"，使得留美教育更加成熟和深入。

留美幼童回忆[2]

最初，幼童均穿长袍马褂，并且结着辫子，使美国人当他们是女孩。每当幼童外出，后面总跟着一群人高叫"中国女孩子"，使他们颇感尴尬。……幼童进入学校后，打棒球、玩足球，有时不惜用拳头与挑战者较量。很快，这些呼吸自由独立空气的幼童完全"美化"（Americanized）了。当然，他们也有不愉快的经历，当时他们每月的零用钱只有一块美金，随着年龄的增长，那份钱是无济于事的。幼童在学校的功课是日益

---

[1] 田正平：《调适与转型：传统教育变革的重构与想象》，人民教育出版社，2016，第208页。

[2] 陈学恂主编《中国近代教育史教学参考资料》（上册），人民教育出版社，1986，第147页。

进步，当时有两位"委员"，其中一位是翰林，深感幼童因环境蜕变之速，且正方兴未艾，他们将成为"美化"之人，不复为卑恭之大清顺民矣！他上奏朝廷，如不迅速行动，幼童均将成"洋鬼"（Foreign Devils）矣。皇帝照准其请，立刻下令全体幼童即日撤局回华。

清政府在派遣幼童留美的同时，又应沈葆桢、李鸿章等朝廷重臣所请，1877年从福建船政学堂选派留学生到欧洲学习造船和航海技术。留欧学生1879年以后陆续学成回国，成为近代中国海军的重要骨干以及实业人才。

> 留学欧洲[①]

经过一个多月的旅行，5月11日，严复与同窗方伯谦、何心川、叶祖珪、林永升、刘步蟾、林泰曾、蒋超英、黄建勋及第二届学员萨镇冰、江懋祉、林颖启到达英国抱士穆德（今译朴次茅斯）。严复同窗罗丰禄以候选主事、翻译身份随行，获选入士官学院学习，这13人都是福州人，成为中国第一批海军留学生。他们在抱士穆德参观了造船厂、港口、炮台和练船教育过程。刘步蟾、林泰曾、蒋超英过去曾出国参观学习，因此直接上军舰在英国舰队中实习。严复和萨镇冰、方伯谦、何心川、叶祖珪、林永升等6人考入英国格林尼茨皇家海军学院，黄建勋、江懋祉、林颖启落选，安排上舰实习。

甲午中日战争失败之后，清政府认为日本的胜利，是因普及教育和实行法治有成所致，战后第二年，清朝就派遣13名留学生到日本，留日教育开始勃兴，尤其是1905年科举制度废除后，人们为寻求新的出路，纷纷涌向日本留学。清末的留学日本热潮进一步打破了文化教育上的封闭状况，一批有理想、有抱负的留日学生组织了政治群体，成为一支重

[①] 王岗峰：《严复——中国近代思想文化史上里程碑式的巨人》，福建人民出版社，2016，第22—23页。

要的政治力量,他们为推翻腐朽的清王朝、建立资产阶级民主共和制度做出了贡献。

> 日本留学日记[①]

5月24日,黄氏(黄尊三)一行抵达东京京桥车站后,分乘人力车至巢鸭,即当时已拥有七八百名中国留学生的弘文学院巢鸭分校所在地,此时已是万家灯火。"夜膳时,人各一蛋一汤,饭也仅一小匣,初吃甚觉不适。"第二天,黄氏便觉肚疼,并数日不见好转,以致30日湖南留学生同乡会所举行的欢迎会都无法参加。纵观黄氏此后的日记,诸如身体不适、生病或看医生的记载随处可见,以致在他每月的开支中,除房租(包括伙食)11日元为最大外,医药费支出5日元列第二位,比每月3元3角的学费还高出许多。而在清末留日学生中,身体状况差,患病频频出入病院者绝不在少数。……造成这一状况的原因,除有些留学生本身体质较差,有些因过于用心于功课或其他活动而不注意身体等原因外,许多人对日本"生冷淡少"的饭菜难以适应也是一个主要原因。

留学教育促进了中国近代科技的发展和思想的解放,培养了一大批杰出人才。从近代留学教育的经验来看,留学生群体在中国社会近代化转型以及促进近代中国政治、经济、文化、科学、教育等方面,发挥着中坚力量的作用。当代留学教育,已经成为中国与世界其他国家进行各类交流的重要渠道,加强对外交流、发展留学教育、重视留学生群体的作用,对中国未来发展具有重要的意义。

[①] 吕顺长:《清末浙江与日本》,上海古籍出版社,2001,第91—92页。

第五章 现代教育的探索

> 教育之宗旨何在？在使人为完全之人物而已。何谓完全之人物？谓人之能力，无不发达且调和是也。人之能力分为内外二者：一曰身体之能力，一曰精神之能力。发达其身体，而萎缩其精神，或发达其精神，而罢敝其身体，皆非所谓完全者也。完全之人物，精神与身体必不可不为调和之发达。
>
> ——王国维《论教育之宗旨》

进入民国时期，中国古代教育的基本元素已被近代教育元素所取代，这一时期的教育家们不断地学习、效仿西方教育，寻找适合中国教育发展的道路。因此，本章以五四时期对西方新式教学法的学习为起点，来展现中国现代教育的探索之路。1922年的新学制，是这一探索之路上的重要收获，它较为充分地考虑到了中国教育发展的现实状况，也促成了清末以来各界人士努力探索、构建的学制体系。蔡元培、杨贤江、黄炎培、晏阳初、梁漱溟、陈鹤琴、陶行知等教育家、思想家们，把教育作为改造社会的方式，在新民主主义教育、乡村教育、职业教育、儿童教育、高等教育、学校教育改革等方面，不断地努力与尝试，形成了探索现代教育的热潮。

新式教学法

20世纪初,欧美兴起了进步主义教育运动,形成了"以儿童为中心""以活动为中心"的教学思想和教学方式,出现了几种新式的教学法并陆续传入中国。

1. 设计教学法

设计教学法是美国教育家克伯屈在应用杜威教育理论的基础上提出来的。它把建立在学生兴趣和需要之上的"有目的的活动"作为教育过程的核心,并主张"有目的的活动"是一切有效学习的根据。设计教学法分为生产者的设计(建造的设计)、消费者的设计(欣赏的设计)、问题的设计(特种学习设计)三个方面。1917年设计教学法传入中国。1919年,由俞子夷主持的南京高师附小首先正式开始研究和实验。1921年,全国教育会联合会议提出《推行小学设计教学法案》,设计教学法实验便在全国进入高潮。1924年后渐趋沉寂。

> 设计教学法在中国[1]

1920年,沈百英、顾西林在江苏第一师范附小一年级也进行了实验。据沈百英回忆,当时的情形是:"没有上课、下课,也没有课内、课外,也不分科目。似乎很原始的,像没有学校的样子……进入课堂,我对学生第一句话就说:今后你们要学什么就学什么,你们要学什么我就教什么……比如说,学生要我讲一个故事,我就讲一个故事;学生要我讲什么样的故事,我就讲什么样的故事。没有法子准备,只能多看一点故事书,还要临时随机应变,即兴创作。有时学生意见不同了,好在课堂里的布置分好几种,可以一个角落讲故事,一个角落放些书供儿童阅读,另一个角落做游戏,再一个角落做手工。结果给学生讲故事,儿童做游

---

[1] 瞿葆奎主编《教育学文集·教学》(上册),人民教育出版社,1988,第342页。

戏、唱歌的机会很多，而计算不多……半年以后，调查一下，学生的能力还是不差的。因为他们自己喜欢学，学的效果也就比较好。"

2. 道尔顿制

道尔顿制是相对于班级授课制的一种个别教学制度，美国教育家帕克赫斯特于 1920 年在马萨诸塞州道尔顿中学进行了这项实验。1922 年，道尔顿制被介绍到中国。1922 年 10 月，舒新城在上海吴淞中国公学中学部试行道尔顿制。1925 年，帕克赫斯特访问中国，将道尔顿制的宣传和试行推向高潮，全国有 100 余所中小学试行道尔顿制。20 世纪 20 年代后期，实验逐渐停止。

> 道尔顿制在中国[①]

1922 年 10 月的一天，中国公学中学部的一间教室被正式改造成道尔顿制实验室（又称作业室），房间里摆着四张长桌，靠南的桌子上放置了各种辞典和地图，旁边设一个报架及两个书橱，墙上挂满了地图、文学家及画家的像。学生初到作业室，顿觉耳目一新，但疑惑参半。国文教师沈仲九随即解释道："这是你们的图书室，是你们的研究室。现在虽然没有把教室这名字取消，但已经不是教员'教'的地方，而是你们自己'学'的地方了。教员仍旧在这里，但他也和你们一样的'学'，你们学你们的，他们学他们的，所学的虽然不同，还是一样的'学'。'教'是人家给你的，'学'是自己得来的。你们此后要靠自己，不要专希望人家给你们。你们有疑惑，尽可问教员，尽可和教员讨论，但这疑问也必须是你自己发生的，必须是你自己从研究中发生出来的。"原来只习惯做听众和笔记的学生，今后都必须主要靠自己学习、自己研究；原来喜欢"满堂灌"的教师也失去了自己的舞台，需要提高自身的教学艺术并努力改善其教学方式。这些变化，对师生而言都是一种前所未有的挑战。具

---

① 黄书光：《上海教育史·第二卷·一九一二—一九四九》，上海教育出版社，2019，第 471—472 页。

体而言，学生须依据师生共同订立的"工约"来完成任务，并填写《学生工作登记表》，教师则把学生应学习的功课制成一表——《工作概要表》，标明工作的种类、标准和范围，同时要做好《学生工作成绩表》。

3. 文纳特卡制

文纳特卡制是由美国教育家华虚朋创造的。文纳特卡制打破了班级教学，谋求彻底的个别化教学，且没有年级的编制。与道尔顿制相比，文纳特卡制显然要更成熟。1928年，文纳特卡制传入中国。1931年，华虚朋来中国讲学，但文纳特卡制没有像道尔顿制那样产生广泛的影响。厦门、福州、开封、上海等地开展过相关实验研究。

> 文纳特卡制在中国[①]

厦大实小于1933年秋始，进行了为期一学年的文纳特卡制实验。实验采用等组法，选定小学五年级的社会科，内容涉及社会自然、默读等。实验只鉴定文纳特卡制的"普通必修科"的个别教学，而不进行团体活动的实验。实验步骤：（1）运用陈鹤琴的《图形智力测验量表甲第一类》《默读测验量表甲第三类》和俞子夷的《小学社会自然测验第二类》，对学生进行测验，根据测验结果，对学生进行分组。（2）分组后，向学生讲明实验用意。两组除教学方法不同外，其他情境都类似。实验组采用文纳特卡制教学法；控制组采用普通讨论式的班级教学法。教学过程约有几点：（一）引起动机，（二）提出问题与学生讨论解决，（三）学习课文，（四）做练习题，（五）测验。教材应用书坊课本，加以油印讲义，附以参考材料以补其不足。作业指定的题目是"我们要怎样研究社会"，指出研究应注意的事项。以上这些是对两组共同的要求。在实验组的作业指定中特别说明学习方法；每次以一课为单元。先提出问题，再提示学习方法以及注解词句。编制作业指定的原则是：（1）文字以简单明了

[①] 冯克诚、田晓娜主编《中国学校办学模式全书》（下），国际文化出版公司，1997，第2450页。

为主，以适应儿童的程度。(2)语句要极活泼而富于兴趣，能引起儿童向学之心。(3)将全部教材编成练习题。此种练习题，务能包括全篇大意，特殊的要紧的事实和字句的意义。苟儿童能回答习题，就是能够了解教材。(4)教材之分配，最低限度，与用普通教学法那一班相同。

总之，西方教学法在中国的传播和实验，是中国对于教育体系建设和反思的重要途径。西方教学法虽然各有优劣，但是设计教学法、文纳特卡制、道尔顿制以及班级授课制的积极合理之处在我国当前的教育教学中亦有所体现，对我国教育的影响是积极且深刻的。

新学制

中国近代学制形成后，历经改革却仍然存在不少问题，比如小学年限过长而中学年限过短，中等教育以升学为主要目标，过于强调整齐划一，学校的种类太单一，等等。同时，其模仿他国的痕迹较深，没有从本国实际出发，未适应日益发展的社会的需要，因而孕育着一场新的学制改革。

1921年10月，全国教育会联合会第七届年会在广州召开，学制为主要议题。"以广东案较为完备"，所以大会"议决审查方法即以广东案为根据，与其他各案比较审查"，于10月30日通过了新的《学制系统草案》。1922年9月，教育部在北京专门召开了学制会议，并最终于11月1日公布了《学校系统改革案》，即1922年的"新学制"，又称"壬戌学制"或"六三三学制"。

"新学制"提出了七项标准作为指导原则：第一，适应社会进化之需要；第二，发扬平民教育精神；第三，谋个性之发展；第四，注意国民经济力；第五，注意生活教育；第六，使教育易于普及；第七，多留各地伸缩余地。

> 胡适《对于新学制的感想》[①]

他（它）的总标准的第三、第五两条是："发展青年个性，使得选择自由"；"多留各地方伸缩余地"。这就是弹性。学校的种类加多了，中等学校的种类更加多了，使各地方可以按照各地方的需要与能力，兴办相当的学校。职业教育多至六种以上，年限有一年至六年的不同，内容有完全职业的与由普通而渐趋向职业的两大类。中学修业年限也有四二、三三、二四的不同。大学也有四年、五年、六年的不同。这还是新制哩。若加上现制未能即改的种种学校，那就真成了一个"五花八门"的学制

[①] 璩鑫圭、唐良炎：《中国近代教育史资料汇编·学制演变》，上海教育出版社，2007，第931—932页。

系统了！但这个"五花八门性"，正是补救现在这种形式上统一制的相当药剂。中国这样广大的区域，这样种种不同的地方情形，这样种种不同的生活状况，只有五花八门的弹性制是最适用的。

新学制的主要内容包括[①]：

第一，蒙养院改为幼稚园，收6岁以下的儿童。

第二，初等教育阶段为6年，较前制减少1年。仍分为初高两级，初等小学4年，高等小学2年。义务教育年限暂定为4年，但各地方至适当时期得延长义务教育的入学年龄，各省区亦得依地方情形自定之。另设相当年期的补习学校，分别收受初级小学毕业及年长失学者。

第三，中学修业年限为6年，分为初高两级，各3年。合并计算较前制增加2年。但可以依设科性质，定为初级4年、高级2年；或初级2年、高级4年。初级中学施行普通教育，得兼设各种职业科；高级中学分为普通、农、工、商、师范、家政等科，但得依据地方情形，单设一科或兼设数科。

第四，师范教育除在高中设立师范科外，以前的五年制师范改为六年制，并得单设后2年或后3年，招收初级中学毕业生。

第五，实业学校改称职业学校，分初高两级，并得在相当学校内，酌设职业教员养成科。

第六，大学修业年限4年至6年，废止预科。大学设一科或数科均可，设一科者称某科大学。高等师范学校改为师范大学，修业4年，因学科及地方特别情形，得设专门学校。大学及专门学校得设专修科，修业年限不等。师范大学或大学教育科得附设两年制师范专修科。

"附则"中还规定：（1）注重天才教育，得变通年限及教程，使优异之智能尽量发展。（2）对于精神上或身体上有缺陷者，应施以相当之特种教育。

---

① 李桂林：《中国现代教育史教学参考资料》，人民教育出版社，1987，第284—288页。

> 廖世承先生对1922年学制的看法[1]

我始终认为在旧社会的学制中,"壬戌学制"是差强人意的。

第一,改制的目的是为了:(1)缩短小学年限,取消大学预科,延长中学年限;使中小学衔接,中学和大学的关系有所改善,各级学校的课程得合理安排。(2)关于我国学龄儿童的年龄分期问题,现在还没有一致的意见。按照习惯,把它分为学龄初期、中期和晚期。初期约相当于"六三三制"的小学,中期相当于初中,晚期相当于高中。所以"六三三制"是符合我国学龄儿童的身心发展的。(3)中小城市便于设立初中。实行"新学制"后,入中学的人数可以增加,升学与就业的机会都较灵活。(4)当时中学课程比较呆板,成立初高中后,中学可以有一种新气象。

第二,改制不是无因而来:……我国改制的动机,也已酝酿好久。1916年全国教育联合会讨论改进中学校办法,可以说是社会对于旧制中学第一次不信仰的表示。1918年在北京开第一次中学校长会议,共有建议案二十三件,其中有修订中学校制的建议,可以说是社会对于旧制中学第二次怀疑的表示。所以广东"新学制"成立,是符合当时社会要求的。广东草案成立以后,各省就组织研究会,讨论实施"新学制"的方法。1922年10月全国教育联合会在山东开会,对于"新学制"草案又略有修改。是年九月教育部也召集了一次会议,讨论新制的标准。在屡次会议里边,各人对"新学制"的意见,很不一致,对于"六三三制"的问题,争论更多。

1922年的"新学制",是中国教育史上影响最为深远的一个学制。但它也有时代局限性,"如对在思想上深受其影响的实用主义教育理论缺乏客观的、科学的分析。学制的某些方面也表现得过于理想,有的改革用意是好的,但实际效果却并不理想"[2]。"新学制"的出现,是中国教育近代化的重要标志,其制定过程与实施内容,至今仍有启发意义。

---

[1] 参见朱有瓛:《中国近代学制史料·第三辑》(下册),华东师范大学出版社,1992,第802—803页。

[2] 钱曼倩、金林祥:《中国近代学制比较研究》,广东教育出版社,1996,第299页。

蔡元培与北大改革

蔡元培（1868—1940），浙江绍兴人，中国近代著名的资产阶级革命家和民主主义教育家，曾任中华民国第一任教育总长，他坚决清除教育中的封建专制主义因素，苦心规划民国教育的未来。1917年任北京大学校长后，他以自由、民主的原则改革北大，为中国高等教育开辟了一片天地。

蔡元培对官僚习气严重、校政腐败、制度混乱的北大进行了大刀阔斧的改革，为中国高等教育的发展开辟了新天地。蔡元培认为大学应该是"研究高深学问之地"，但北大教师不热心于学问，学生把大学当作升官发财的阶梯，这是北大"著名腐败的总因"①。

大学的宗旨是研究高深学问，蔡元培改革北大的第一步就是明确大学宗旨，为师生创造研究高深学问的条件。"思想自由，兼容并包"是蔡元培革新的基本指导思想。在教师的聘任上，蔡元培以"学诣"为主，罗致各类学术人才，使北大教师队伍一时出现流派纷呈的局面。

> 破格引进梁漱溟

蔡元培不拘资格、学历选人才。梁漱溟当时是一位年仅24岁、中学毕业的青年，曾报考北大没被录取，正致力于佛学研究，1916年在《东方杂志》发表了《究元决疑论》等论文。蔡元培看后，认为其足以当"一家之言"，与陈独秀商议后，决定破格聘梁漱溟到北大讲授印度哲学。开始，梁漱溟谦辞，蔡元培诚挚地说："我这次办大学，就是要将这些朋友，乃至未知中的朋友，都引在一起，共同研究，彼此切磋。你怎么不来呢？你不要当是老师来教人，你当是来研究来学习好了。"梁漱溟深受感动，欣然从命。

---

① 蔡元培：《蔡元培文录》，商务印书馆，2019，第245页。

蔡元培十分重视知识创新，在北大设立了文、法、理、地质学等各科研究所，推动学术发展。同时他注意丰富图书馆藏书，为学术研究创造条件，并聘请李大钊为北大图书馆主任。

> 李大钊与北大图书馆[①]

1918年1月至1922年12月，李大钊任北京大学图书馆主任整整5年。"昕夕筹思，不遗余力。"彻底改变了中国旧式藏书楼的格局，开创了向现代图书馆发展的新局面，被《世界图书情报百科全书》誉为"中国现代图书馆之父"。蔡元培对李大钊的图书馆改革工作给予了全力支持。1916年6月，北京大学利用比利时一家公司提供的20万元借款，建造了红楼，整个一层为图书馆使用。学校又拨出6万元，作为购置图书费用。在李大钊的规划下，北大图书馆的面貌焕然一新。李大钊赋予图书馆"第二课堂"的教育职能，并将其作为新思潮的策源地。

蔡元培在其主持制定的《大学令》中，确定了教授治校、民主管理的大学校务管理原则。在1917年年底建立了校评议会，作为全校的最高立法机关和最高权力机关；到1918年，又成立了国文、英文、数学、物理、化学等共12学科的教授会，负责规划各学科的教学工作。其中每科除学长和科主任外，本、预科分别由教授互选出评议员2人；而科主任由教授互选。选举采取自由无记名投票，选举结果全部公布于《北京大学日刊》。管理体制改革的目的是把推动学校发展的责任交给教授，让真正懂得学术的人来管理。新的管理体制的建立，改变了京师大学堂遗留下来的封建衙门作风，提高了工作效率，从而促进了学校的蓬勃发展。

在学科与教学体制改革上，蔡元培认为大学应该偏重于纯粹学理研究的文、理两科。因此，他将北京大学工科停办，商科改为商业学，并入法科；扩充文、理两科的专业门类，把原来的5科改为文、理、法3

[①] 赵俊杰：《李大钊的人格魅力与教育情怀》，山西人民出版社，2019，第241页。

科。蔡元培强调文、理两科应该相互联系、相互渗透，文科里包含理科，理科里也要包含文科。同时废科设系，设系主任。改年级制为选科制。课程分为必修课、选修课和基础课3类，实行学分制，学生可以提前毕业，或者延期毕业，大大增加了教学的灵活性。

北大的改革不仅是自身面貌的变化，也是我国高等教育近代化过程中的一个里程碑。改革的灵魂是"思想自由，兼容并包"。"兼容并包"不仅包容不同的学术和学说流派、不同的人物和主张，还包容女生和旁听生。"兼容并包"也并非不偏不倚，而是有所抑扬，封建专制思想文化本已根深蒂固，所包容的主要是资产阶级思想和无产阶级的新思想、新文化和新人物。北大也成为五四运动的策源地、新文化运动和马克思主义的传播中心，其影响远远超出教育领域。

> 北大女旁听生[①]

1920年2月18日，旧历己未年除夕的前一天，《晨报》刊出了一则新闻，题曰《北京大学实行男女同学、第一个女学生江苏人王兰》：昨日已有从前者女子高等师范学校肄业之王兰女士，已得许可入文科哲学系第一年级为旁听生，……此为北京大学收取女生之嚆矢，想全国女子得此消息，必接踵而至，诚教育界之新纪元也。很快，2月27日出版的《北京大学学生周刊》即证实了这一消息，并透露现在已"有王兰、奚浈、查晓园三位女士入本校旁听"。……至此，有女生入学北大的消息已确凿无疑。此前一直没有动静的《北京大学日刊》，也于3月11日公布了入校旁听的9位文本科女学生王兰、邓春兰、韩恂华、赵懋芸、赵懋华、杨寿璧、程勤若、奚浈、查晓园的履历信息，这等于官方上承认已有女生入学。彼时舆论界热议了大半年之久的"男女同校"，终于在北京大学得以实现。

---

① 陈平原、夏晓虹主编《触摸历史：五四人物与现代中国》，商务印书馆，2019，第315—316页。

知识经济以知识为资源，以高新技术为核心，以教育为基础。知识经济的发展依靠的是高新技术和创新人才，人才来源于高层次高质量的教育。蔡元培改革北大的教育实践中蕴含的教育改革思想，对于我国高校的教育模式创新持续发挥着作用。当前高等教育须以经济社会发展需要为导向，优化高等教育结构，加快双一流高校建设及支持中西部建设有特色高水平的大学。同时促进、加快大学的特色优势学科的建设和高质量教师队伍的建设。

杨贤江的"全人生指导"

杨贤江（1895—1931），笔名李浩吾等，浙江余姚人，中国最早的马克思主义教育理论家和青年教育家，撰有第一部运用历史唯物主义分析世界教育历史的著作《教育史ABC》，第一部运用马克思主义论述教育原理的专著《新教育大纲》，并翻译了《家庭、私有制和国家的起源》。

杨贤江与浙一师[①]

浙一师是当时浙江颇负盛名的学校，校长经亨颐是位富于政治远见、锐意进取、与时俱进的教育家，也是"五四"时期浙江新文化运动的重要人物，有"蔡元培第二"的美誉。他延揽了李叔同、夏丏尊、胡公冕等一批思想进步而且教学认真的爱国学者，使浙一师一时名师荟萃。在这些名师熏陶下，年轻的杨贤江立下了教育救国的鸿鹄之志，更加刻苦攻读。他坚持每天早上抽出时间朗读英文，由于他能够持之以恒，进步十分显著，入学第三年便能顺利阅读英文书报，还开始翻译写作关于新教育的著作，并经常向商务印书馆出版的《学生杂志》投稿。1915年他在《学生杂志》上发表了五篇文章，其中《我之学校生活》作为杂志的特别征文，取得了第一名的好成绩。文章里除了进一步阐发他对主动学习的见解外，尤其提到了德智体三育兼备的思想，认为"必兼有三育，融合精彻，始能成完人"。除了学好学校规定的全部功课以外，他还在课余跟从夏丏尊先生学会了日文。浙一师的藏书楼有很多日文书，大多都被他翻阅过，他的勤勉很受夏先生赞赏，也换来了丰硕的回报——到毕业时，他已经能够十分准确流畅地翻译日文著作了。1917年夏，杨贤江在浙一师以优异成绩毕业，他对教育事业执着的追求和干练的工作能力，颇受校长经亨颐赏识。为此，经亨颐大力向南京高等师范学校举荐杨贤

---

① 万鑫、宋颖军：《中外教育家故事集锦》，吉林教育出版社，2012，第111—112页。

江，使他毕业后迅速接到了该校的聘书，成了这所高等学府的职员。入校工作后，他仍抓住一切时间与机会发奋学习，不但旁听了教育学、心理学等课程，还参加了商务印书馆举办的英文函授学习。其间，他与恽代英相识，建立通信关系，成为挚友。

杨贤江在长期的青年工作中，对青年的理想、修养、健康、求学、择业、社交、恋爱、婚姻等各方面均给予指导。他认为青年是人一生中身心发生显著与重要变化的关键时期，应根据社会发展需要与个人发展的可能，对他们进行以革命人生观为核心的德智体美劳全方位教育，发展青年的知、情、意、行，使之成为一个"完成的人"。这种全方位的教育，被称为"全人生指导"。杨贤江指出："一个人要过圆满的生活，应当有强健的身体及精神，有工作的智识及技能，有服务人群的理想与才干，有丰富生活的风尚与习惯。"[①]教育的培养目标应当是造就这种健全的、完美的、能适应社会改造的新一代。他呼吁中国有良心的教育者，必须责无旁贷地担当起对青年进行"全人生指导"的职责。

对青年应进行"全人生指导"，是杨贤江针对当时中学教育注重升学偏向的现实而提出的。他认为中学教育是国民教育，不是英才教育，中学教育不单是入大学的准备，更重要的是为将来步入社会的独立生活做准备，因此中学的宗旨应以适应并发展个性为目的，不是专为升学而设，也不能以升学为唯一目标。杨贤江在《中学训育问题的研究》中提出："中学教育的目标，不特须使学生将来能升学，也须使学生将来会做事。"他在《青年求学的目的是什么》一文中更明确地提出："我们求学的目的，乃在学习了做人的基本条件，好叫我们做一个有用的人。"这一思想，与现代教育理念所要达到的目标是一致的，即以培养人的全面素质为宗旨，学生学习不是为了应试，而是要学会学习，学会做事，学会做人。

所谓"全人生指导"，就是对青年进行全面关心、教育和引导。杨贤

[①] 杨贤江：《杨贤江教育文集》，教育科学出版社，1982，第242页。

江主张青年要干预政治、投身革命,认为这在当时是中国社会的出路,也是青年的出路。杨贤江强调青年必须学习,学习是青年的权利与义务。杨贤江对青年生活提出了指导性意见。完美的青年生活是多方面的,主要包括:第一,健康生活(体育生活)。个人生活的资本。它主要包括对体育锻炼和卫生健康进行指导。第二,劳动生活(职业生活)。维持生命和促进文明的要素,是幸福的源泉。它主要包括对劳动和职业进行指导。第三,公民生活(社会生活)。懂得一个人不能离开社会和人群而存在,要处理好团体纪律与个人自由的关系。它包括对社交和婚恋进行指导。第四,文化生活(学艺生活)。可增添人生情趣,促进社会进步。它包括对求学和文化生活的指导。杨贤江提出青年教育的宗旨:要有强健的体魄和精神,要有工作的知识和技能,要有服务人群的理想和才干,要有丰富的风尚和习惯。杨贤江立足时代社会所需和青年成长之间,用唯物主义的视角审视国家命运、社会规律和青年本质,其教育思想回答了青年、社会和国家共同成长进步的时代命题。

杨贤江在他的文章中提出了一系列有关"全人生指导"的原则、内容和方法,并亲自在实践中贯彻实施,对全国中学生和社会青年起到了积极的影响,使许多学生端正了学习与生活的态度,引导大批青年树立起为民众服务的决心,走上革命道路。杨贤江"全人生指导"最重要的实践原则是提倡自动自律,培养青年的主动精神,让青年做自己的主人。他认为教育只能居于指导地位,不应包办或强制,因为青年是他们自己生活的主人,如何达到"完成的人",最终只能依靠青年自己去开拓,自己去深化,自己去完成。

杨贤江基于唯物主义立场对于教育提出自己的见解,并提出"全人生指导与青年教育"的观点,倡导学生们身体力行与自觉主动,为新时代青年成长和当前教育改革提供了启示。

黄炎培与职业教育

黄炎培（1878—1965），江苏省川沙县（今上海浦东新区）人，中国职业教育现代化的重要奠基人，被誉为"职业教育之父"。

> 黄炎培与职业教育

1917年，黄炎培联合国内各界知名人士在上海发起成立中华职业教育社。该社是中国近代教育史上第一个以研究、提倡、试验、推广职业教育为宗旨的全国性教育团体。他创办中华职业学校，作为推行职业教育的实验基地；他创办《教育与职业》杂志，研究、宣传、推广职业教育的理论与实践；他开办职业补习学校和职业指导所，帮助失学失业青年补习文化、训练技能和介绍工作，提高在职工人、店员及公务人员的业务能力。与此同时，他还开辟乡村改进实验区，在农村进行社会调查，设立农民补习学校、民众夜校、家庭妇女认字班，发动农民开展教育、筑路、公共卫生、文娱活动、劝学识字等活动，为提高农民文化水平、发展农村经济服务做出了贡献。在抗日战争期间，黄炎培一面投身抗日救国运动，一面坚持开展职教活动，并赋予职业教育抗日救国、救亡图存的新意。这不仅增强了民众的抗日信心，振奋了民众的爱国热情，而且培养了大批抗日骨干分子。抗日战争胜利后，他参加了中国共产党领导的人民民主统一战线，并努力在战后的废墟上恢复职业教育事业，拓宽职业教育新领域，即开展伤残者服务教育工作，力图用职业教育来解决伤残者教育问题。

黄炎培认为教育最大的弊端在于学用脱节。为教育救国，他研读西方教育著作，结合我国教育实际情况进行思考。在长期的职业教育实践中，黄炎培逐步形成了完整的职业教育思想体系，其要点包括职业教育的地位、目的、方针、教学原则和职业道德教育的基本规范等。

在职业教育的目的问题上，黄炎培注意到个人与社会的双重发展，并强调以个人发展为重点。他说："职业教育目的（民国六年中华职业教育社成立之年公订）：一、谋个性之发展；二、为个人谋生之准备；三、为个人服务社会之准备；四、为国家及世界增进生产力之准备。"[①]在这里，个性、个人被置于非常突出的地位，反映了黄炎培对新文化与新教育精神的认同，觉察到多样化职业需求与职业教育为个性发展提供了前提。但同时，他并没有因为个性而忘记群性，又肯定了职业教育对国家及世界生产力发展的潜在推动作用。通俗而言，职业教育的终极目标就是"使无业者有业，使有业者乐业"。在他看来，只有个人都有了职业，且乐而敬之，社会国家才能协调健康发展。

关于职业教育的办学方针与原则，黄炎培也形成了自己的独特主张。他认为，"社会化"应成为职业教育的首要方针。所谓"社会化"，就是强调职业教育不能脱离火热的社会生活的需要，而应该顺应时代发展，与时俱进。特别是，当提出"大职业教育主义"时，他实际上已认识到就教育论教育的局限性，主张加强教育界与实业界的联络，甚至要求教育界人士不妨分出一部分精力去做一些职业教育以外的工作。然后是"科学化"。所谓"科学化"，就是指用科学思想方法去解决职业教育问题。在他看来，能否应用科学乃是判断百业进步的标志，职业教育的进步同样离不开科学的思想方法。他认为，不只农业、工业、家事应用、化学、机械学等"物质问题"要用科学解决，工厂、商店、学校以及相关应用科学的管理法等"人事问题"也离不开科学方法。与职业教育"社会化""科学化"相契合，黄炎培强调职业教育应当注重与社会的广泛联系，树立"理论与实际并行""知识与技能并重""手脑并用""教学做合一"等原则。这些原则破除了传统的书本至上观念，突出了职业教育的特点及其发展规律，至今仍放射出真理的光芒。

① 田正平、李笑贤编《黄炎培教育论著选》，人民教育出版社，2018，第424页。

黄炎培至为关切职业道德问题。他认为，职业由社会分工所致，并无高下贵贱之分，指出那种鄙视某些实用技能类职业的观念实为传统教育的流毒，已构成阻碍职业教育正常发展的"无形之礁石"。为破除此"礁石"，他特别强调要对学生进行"敬业乐群"的职业道德教育，并把它定为中华职业教育社的"校训"。所谓"敬业"，就是要求学生树立尊重劳动的观念，养成强烈的责任心和事业心；所谓"乐群"，就是要求学生树立群性协作的精神，形成服务社会的意识。20世纪30年代，黄炎培自觉地将职业教育与国家民族的命运联系在一起，强调非常时期所需要的人才，除了应具备"高尚纯洁之人格""博爱互助之精神""侠义勇敢之气概""刻苦耐劳之习惯"外，"更须以坚强贞固的节操，战胜千艰百险的环境。名，吾所不求；功，吾所不争，将吾命，完全献给我国家民族生存工作上。其先，个人以之自勉；其继，同志以之共勉。少数人确立之信条，扩大而成一群完整的精神；一时间鼓荡之风气，绵续而成全民族不可磨灭之特性"[①]。

黄炎培倡导的职业教育教学原则，实现了职业人才培养的目标，通过政府、企业、职业院校之间的联动，确保了做学合一贯穿于职业院校人才培养的全过程，将理论与实践操作相结合。作为中国近现代职业教育的先行者，黄炎培及其职业教育思想开创和推动了中国的职业教育事业，其平民化、实用化、科学化和社会化的特征，也丰富了中国的教育理论，并对中国20世纪二三十年代的教育产生了巨大影响，对当今职业教育也具有重大借鉴意义。

---

① 田正平、李笑贤编《黄炎培教育论著选》，人民教育出版社，2018，第467页。

晏阳初与乡村教育

晏阳初（1893—1990），四川巴中人，我国著名的教育家，平民教育与乡村改造运动的倡导者。

在乡村教育方面，晏阳初主持了中华平民教育促进总会所进行的河北定县乡村教育实验，于1933年出版了《定县社会概况调查》。晏阳初把中国的所有问题归结为"愚、贫、弱、私"四项。在定县乡村进行的平民教育实验中，针对过去教育与社会脱节、与生活实际相背离的弊端，在强调发挥教育的整体功能作用的同时，晏阳初提出在农村推行"四大教育"和"三大方式"来进行乡村平民教育和乡村改造运动。什么是"四大教育"和"三大方式"？

推行"四大教育"是为了使农民成为富有知识力、生产力、强健力和团结力的新民，所以"四大教育"包括：

第一，以文艺教育攻愚，培养知识力。定县实验区成立了文艺教育部，编辑出版了《千字课》和《平民读物》，还修建了一座大礼堂，利用电影、戏剧、广播等进行宣传教育，深受农民欢迎。

第二，以生计教育攻贫，培养生产力。为开展生计教育，成立了生计教育部，推广优良的猪种、鸡种和小麦、棉花种子。从美国引进了约克猪、来亨鸡以及小麦、棉花良种，收到了良好的实验效果。

第三，以卫生教育攻弱，培养强健力。为了实验卫生教育，成立了卫生教育部，建立了保健院，设有内外牙妇等科，并派保健员带药箱下乡巡回医疗，为缺医少药的农村增添了医疗力量。

第四，以公民教育攻私，培养团结力。实行公民教育，成立了公民教育部，编写《公民读物》等材料；开展农村自治、农民自卫和军事训练；组织息讼会、禁赌会等。在各村的同学会还开展有扫雪、修路、植树等活动，收到了良好效果。

为了实施"四大教育",以解决中国的愚、贫、弱、私四个基本社会问题,运用了"三大方式",具体包括:

第一,学校式教育。为开展学校式教育,设置了学校式教育部,开办了三所学校:平民教育专科学校、儿童实验学校、幼稚园。

第二,社会式教育。定县实验区广泛采用社会式教育,以平民学校毕业生的各项活动为中心,推行乡村建设计划。其中以清风店、明月店为实验社会式教育的重点。

第三,家庭式教育。分别组织家主、主妇、少年、闺女、幼童5种集会,研究家庭实际问题,改良家庭日常生产习惯,以期达到家庭社会化的目的。

> **定县实验的经验**[①]

我们的乡村改造就是教育,是四大教育。非常不错!但是,你将怎样把四大教育传送到农民手中?通过三种方式,我们称之为三种类型的教育:一种是社会式教育,一种是家庭式教育,一种是学校式教育。许多人把学校式教育看作唯一的教育,这是很糟糕的。他们认为只要把孩子送到学校里,就足够了,认为那就是教育。他们忘记了家庭的重要作用,家庭比学校更加有影响力。学校教学生认识数字1,2,3,但孩子们是在家里练习所教的东西。家里有父亲、母亲以及融洽的家庭气氛,是实用的、强有力的、有生气的教育。家庭教育更自然、自发、细致,同时也更充实,是最大的教育机构。人们没有认识到这一点。当他们谈论教育时,他们总是想到学校,他们可能想到学生,但是他们忘记了社会。我常说,一个男孩被劝导不要说脏话,但是,他一回到家里,听到父母对骂。他在学校里被教导不要随地吐痰,但是,回到家里,他的父母都习惯随地吐痰。没有比这更有说服力的教育事例了。如果你谈论教育,不要忘记另外两种:家庭式教育和社会式教育。很多少年犯罪,这

[①] 宋恩荣主编《晏阳初全集》(第3卷),天津教育出版社,2013,第296—297页。

是社会的一部分，人们有时把它归罪于为社会式教育。其实，还有家庭式教育，以及学校式教育。

此外，"化农民"与"农民化"是晏阳初进行乡村建设试验的目标和途径。晏阳初认为中国最广大的人口是农民，中国的经济基础在农村，改造中国就要从改造农村开始。晏阳初提出了"农民科学化，科学简单化"的平民教育目标，并认为欲"化农民"，须先"农民化"。所谓"农民化"，指知识分子与村民一起劳动和生活，时人称为"博士下乡"。晏阳初的坚定信念与高远境界，感动了许许多多的中国有识之士。在晏阳初的感召下，当时一批留洋博士、硕士、大学生也和晏阳初一样，不恋官场，不慕发财，与晏阳初一起奋斗在乡村建设、乡村教育的第一线，如哈佛大学教育学博士瞿菊农、国立北京法政专科学校校长陈筑山、哈佛大学戏剧专业博士熊佛西、康奈尔大学农业经济学博士冯锐、康奈尔大学乡村教育博士傅葆琛、威斯康星大学博士陆燮均、哈佛大学医学院硕士陈志潜等[①]。

事实上，晏阳初是用系统思维来思考解决农民、农村、农业问题的。在定县，晏阳初还开展了卫生教育的试验，如在乡村设保健员、联村设保健所、县城设保健院等。晏阳初为中国农村建设，特别是为中国农村教育与卫生条件的改善所做出的努力，至今都有着十分重要的借鉴意义。

[①] 姚卫伟：《师道》，江苏凤凰教育出版社，2019，第85页。

梁漱溟与乡村建设

梁漱溟（1893—1988），原籍广西桂林，生于北京。梁漱溟的乡村建设理论是建立在对中国传统文化和社会的分析、中西文化的比较之上的。梁漱溟认为，造成乡村破败的罪魁祸首是外来文化，他把外国文化给中国文化或中国乡村文化带来的影响或改变比作孙悟空的"七十二变"，"愚、贫、弱、私"只是社会表面病象，而根源在中国社会自身，解决了中国社会内部问题，外国资本主义侵略和国内军阀专制的问题就不难解决。"中国的问题并不是什么旁的问题，就是文化失调——极严重的文化失调"①，因此梁漱溟提出了"创造新文化，救活旧农村"的主张，进行乡村建设。

> 梁漱溟与乡村建设②

1933年，梁漱溟举家来青岛，住在太平路一家距栈桥不远面向大海的旅馆。住了一些时间后，梁漱溟去上海，又返青岛，参加在青岛举行的中国经济学社年会。经济学家马寅初等百余人来青岛参加会议。青岛市市长沈鸿烈在青岛迎宾馆（原胶澳总督官邸）宴请与会学者，与梁漱溟、马寅初等交谈。他请马寅初在民众教育馆作报告，请梁漱溟对青岛乡村建设提出意见。

梁漱溟因青岛接受他的乡村建设、乡村教育理论十分高兴，在以邹平为实验基地外，还在青岛宣传他的理论。在青岛的农村成立了李村、九水、崂山、夏庄、沧口、阴岛（今红岛）、薛家岛等7个乡村建设办事处以及水灵山岛分处。办事处有工务、社会、教育、公安、农林办事员，有调查农村实况向上级报告建议并指导地方实行之责，由市教育局拟定了乡村教育规划，每一个大村建有一所完全小学，每一小村有一分校。

---

① 梁漱溟：《乡村建设理论》，上海人民出版社，2006，第22页。

② 鲁海：《青岛民国往事》，青岛出版社，2012，第255—256页。

建校舍官民合作，政府出钱，农民出工，实行强行教育，适龄儿童不上学便处以罚金。在旧中国，青岛是乡村教育最好的城市，这是梁漱溟的乡村教育理论获得的成果。

梁漱溟在山东邹平、菏泽创建实验区，开办了山东乡村建设研究院，研究乡村建设问题，培养乡村建设人员，规划和指导实验区的乡农教育。在实验区里，整个行政系统与各级教育机构合一，以教育的力量替代行政的力量。实验区将全县分为若干个区，各区成立乡农学校校董会，开办乡农学校。乡农学校分村学和乡学两级，文盲、半文盲入村学，识字的成年农民入乡学。村学是乡学的基础组织，乡学是村学的上层机构。乡农学校的组织结构，按农村自然村落及其行政级别形成。

梁漱溟认为，乡村建设应重在乡村教育方面，即教育与建设不能偏废其一。在他眼里，中国问题不是暴力革命就能解决好的问题，而是一种教育方面的问题。教育能够使人的发展趋于合理化，使社会发展更加有效化、理性化，以达到不断地改造旧社会、建设新社会的目的。他认为，学校式教育和社会式教育两方面要同时发展。学校式教育分为村学和乡学。村学设有儿童部、妇女部和成人部；乡学主要设有职业训练部和升学预备部。职业训练部主要招收18~40岁的成年农民进行职业训练，传授科学知识基本技能、简单的农用技术与军事常规训练内容。升学预备部则重点培养乡村骨干或积极分子。梁漱溟认为，社会式教学是乡学和村学的主要任务。教育的中心围绕着"提出问题、商讨办法和鼓舞实行"三件事情来展开，教育的总原则是学校式教育与社会式教育两者结合、配合、促进，"连锁如环"共同发展。这些教育内容，对乡村建设具有一定的推动作用。

乡农学校的所有教育内容强调服务于乡村建设，契合农村生产、生活的需要。其课程分两大类：一类是各校共有的课程，包括识字、唱歌等精神讲话和普通课程。所谓精神讲话，是指在教员指导下启发民众的思想，做切实的"精神陶冶"功夫。步骤是先用旧道德巩固他们的自信力，再用新知识、新道理来改变不适用的一切旧习惯，以适应现在的新世界。另一类是各校根据自身生活环境需要而设置的课程，如产棉地区学习植棉技术。

梁漱溟认为，不管是组织农民还是教育农民，都应该遵循自觉自愿的原则。所谓自觉自愿的原则，就是在尊重农民的基础上，发扬中国传统文化，特别是优秀的乡村传统文化精神，并结合外来文明的结晶，对农民进行引导、感化、启发、教育，以达到心悦诚服。梁漱溟编写了《村学乡学须知》，立足于传统道德文化的发扬，将政治、经济、法律、风俗等问题都通过道德教育来解决，乡农学校则成了实施基地。既要培养农民养成学习新政治、新形势的习惯，又要对广大农民进行科普知识的推广，特别是农业技术的培训教育，使他们能够领略先进科技的魅力所在，以达到学以致用或自觉改变落后的生产生活方式的目的。

可见，梁漱溟的乡村建设思想立足文化本位，分析了近代西方文明冲击下造成的中国文化严重失调的原因，并提出解决一切问题的唯一办法或途径就是进行乡村建设。而要搞好乡村建设，就必须结合传统的乡村特点、农民固有的心理特点，并以农民的自觉自愿为原则，以新的文明方式对待旧的文明，以新的文明、新的文化引导创建新的团体组织，不断推动社会全面进步，以实现中华文明的伟大复兴。

陈鹤琴的"活教育"

陈鹤琴（1892—1982），浙江上虞人，我国近代学前儿童教育理论与实践的开创者。陈鹤琴提出了教师如何"教活书，活教书，教书活"，学生如何"读书活，活读书，读活书"的问题，并在总结自己以往教育实践和思想的基础上，明确提出了"活教育"的主张。

陈鹤琴经过认真研究分析，得出活教育与死教育的十大区别[①]：

（1）活教育的一切设施、活动都以儿童为中心，学校一切活动都是儿童的活动；死教育正好相反，一切以教师为中心。

（2）活教育的目的是培养做人的态度，养成优良的习惯，发现内在的兴趣，获得求知的方法，训练人生的基本技能；死教育则只注重灌输许多无意义的零星知识，养成许多无关紧要的零星技能。

（3）活教育的一切教学，集中在"做"，"做"中学，"做"中教，"做"中求进步；死教育则是集中在听，教师口里讲，儿童用耳听。

（4）活教育是分组学习，共同研讨；死教育则是个人学习，班级教授。

（5）活教育以爱以德来感化儿童；死教育则是以威以畏来约束儿童。

（6）活教育让儿童自订法则来管理自己；死教育则是教师以个人主见来约束儿童。

（7）活教育根据儿童的心理和社会的需要来编订课程，教材根据儿童的心理和社会的需要来选定，所以课程有伸缩性，教材有活动性且可随时更改；死教育则是固定的课程，呆板的教材，不问儿童能否了解，不管时令是否合适，只是一节一节上，一课一课教。

（8）活教育时，儿童天真烂漫，活泼可爱，工作时很静很忙，游戏时很起劲很高兴；死教育时，儿童呆呆板板，暮气沉沉，不好动，不好问，俨然是个小老头。

（9）活教育是师生共同生活，教学相长；死教育则是师生界限分明，

① 陈鹤琴：《活教育》，南京师范大学出版社，2012，第142—143页。

隔膜横生。

（10）活教育的学校是社会的中心，师生集中力量，改造环境，服务社会；死教育则是校垣高筑，学校与社会毫无联系。

对此，他提出了"活教育"的思想体系：

陈鹤琴认为"活教育"的目的是"做人，做中国人，做现代中国人"。做一个人，要热爱人类，热爱真理；做一个中国人，要热爱自己的国家与同胞，团结国民，为国家兴旺而努力。

对于"做现代中国人"，陈鹤琴提出了五方面的要求：第一，要有健全的身体；第二，要有建设的能力；第三，要有创造的能力；第四，要能够合作；第五，要服务。"活教育"的目的论从抽象的人到具体的现代中国人，表达了陈鹤琴对人的发展、教育与社会变革的追求。

在"活教育"的课程设置上，陈鹤琴反对传统的将书本看作唯一教育资料的做法，明确提出"大自然、大社会都是活教材"。所谓"活教材"，就是指取自大自然、大社会的"直接的书"，即让儿童在与自然、社会的直接接触中，在亲身观察中获取经验和知识。

"活教育"课程追求完整的儿童生活，教学组织形式打破惯常的学科中心体系，建立符合儿童身心发展和生活特点的活动中心和活动单元体系——"五指活动"，即儿童健康活动、儿童社会活动、儿童科学活动、儿童文学活动、儿童艺术活动。按"五指活动"的设想，儿童活动代替课堂教学，成为学校教育的基本形式，它追求的是完整的儿童生活。

"做中教，做中学，做中求进步"是"活教育"教学方法的基本原则。"做"是学生学习的基础，也是"活教育"教学论的出发点。它强调的是儿童在学习过程中的主体地位和在活动中直接经验的获取。主要特点是：第一，强调以"做"为基础，确立学生在教学活动中的主体性，在教学中鼓励儿童自己去做、去思考、去发现，是激发学生主体性的最有效手段。第二，儿童的"做"带有盲目性，需要教师积极正确的引导，教师要善于启发、诱导学生，鼓励他们，用比赛、游戏、故事、暗示来调动他们，而不是惩罚和灌输教学。陈鹤琴还归纳出"活教育"教学的四个步骤：（1）实验观察。（2）阅读思考。（3）创作发表。（4）批评研讨。

> 嗨哟，嗨哟①

陈一鸣是陈鹤琴的长子，他在3岁大的时候，有一天，将自己的书搬到父亲房间里，做贩卖的游戏。玩好以后爸爸要他将书整理好放回原处，一鸣不依，说先要吃饭，吃饭以后再放好。吃过饭，又说要睡觉了。陈鹤琴想出一个办法，他对一鸣说："我帮助你一同弄。"说完，就"嗨哟，嗨哟"地叫着，替一鸣整理起来。一鸣平时最喜欢"嗨哟，嗨哟"地叫着搬东西，立刻与爸爸一起"嗨哟，嗨哟"地把书籍搬到自己的书架上。一鸣本来不高兴独自去整理东西，但爸爸用他平时所喜欢的活动去激发他的兴趣、帮助引导他，他也就愿意做了。倘使以强迫手段去对待孩子，固然也可以奏效，但孩子心里一定很勉强，很不高兴，弄得做父母的也没趣味，大家心里都不舒服，不是理想的教育效果。

"活教育"思想是一种有吸收、有改造、有创新的教育思想，吸取了杜威实用主义思想，也考虑了中国的时代背景和国情，对中国现代教育产生了重要影响。当前的幼儿教育存在着儿童成人化的现象，即儿童与成人之间的边界越来越模糊。我们不难发现，在幼儿园的课堂中有很多看起来乖巧的学生，他们两手重叠，背脊挺直地坐在课桌前。这是儿童应该有的样子吗？除此之外，在国家明令禁止在幼儿园传授小学知识后，仍然有部分幼儿园存在小学化倾向，在课堂教学中过早地教授小学低年段的知识。陈鹤琴的"活教育"的价值在于"活"，但现在儿童教育的生机与活力在哪里？这不禁让我们开始反思。

---

① 张广文主编《中外教育家教育故事》，辽宁师范大学出版社，2014，第71页。

陶行知的"生活教育"

陶行知（1891—1946），安徽歙县人，中国现代杰出的人民教育家，毕生从事教育事业，为中国探索民族教育的新路。

生活教育是陶行知教育思想的核心。生活教育理论的形成受裴斯泰洛齐、杜威教育思想的影响，陶行知在实验的基础上，将杜威的"教育即生活""学校即社会"翻了个筋斗，形成了自己的生活教育理论。

1."生活即教育"是生活教育理论的核心

"生活即教育"是把生活当成教育，"给生活以教育，用生活来教育"，健康的生活便是健康的教育，劳动的生活便是劳动的教育，科学的生活便是科学的教育，艺术的生活便是艺术的教育，"生活决定了教育的目的、原则、内容、方法。同时，教育改造生活，教育能够使人天天改造、天天进步"[1]。自人类产生便有了生活教育，并且随着时代的变化，生活教育本身也在发生着变化，它与人类生活伴随始终，是一种终身教育。

2."社会即学校"

陶行知认为"学校即社会"是半开门，"社会即学校"是拆除学校围墙，在社会中创建学校。"社会即学校"是"生活即教育"的延伸，要将学校教育与整个社会实际联系起来，将学校生活与社会实践结合起来，增强教育的活力。基于这一思想，陶行知开展了大量教育实践，创办了社会大学、育才学校、晓庄试验乡村师范学校、山海工学团等，把课堂教学建立在社会生活基础之上。

"社会即学校"[2]

现在我举一个例说：去年天干，和平学园因为急于要水吃，就开了一个井。井是学校开的，但是献给全村公用，不久就发现了两大问题：

---

[1] 吴昕春、孙德玉主编《陶行知教育思想与实践》，安徽师范大学出版社，2017，第24页。

[2] 陶行知：《中国教育改造》，安徽人民出版社，2019，第139—140页。

（一）每天出水二百担，不敷全村之用，于是大家都起早取水，后到的取不到水，明天又比别人早，甚至于一夜到天亮，都有取夜水的，到天亮时，井里的水已将干了。群众在井边候水，一勺一勺地取，费尽了力气才打出一桶水。

（二）大家围着取水，争先恐后，有时甚至用武力解决。这种现象，假使学校即社会，就可以用学校的权力来解决，由学校出个命令，叫大家照着执行。社会即学校的办法就不然，它觉得这是与全村人的生活有关系的，要全村的人来解决。于是就开了一个村民大会，一共到了六七十个人，共同来做一个吃水问题的教学做。到会的人，有老太婆，也有十二三岁的小孩子，公推了一位十几岁的小学生做主席。我和许多师范生，就组织了一个顾问团，插在群众当中，指导我们的主人开会。老太婆说的话顶多，而且最扼要。他们在开会时学开会。结果，共同议决了几件事：

（1）井水每天休息10小时，下午七时至上午五时不许取水，违者罚洋一元，充修井之用。

（2）每次取水，先到先取，后到后取，违者罚小洋六角，充修井之用。

（3）公推刘君世厚为监察员，负责执行处罚。

（4）公推雷老先生为开井委员长，筹款加开一井，茶馆、豆腐店应多出款，富户劝其多出。于最短期内，由村民团结的力量，将井开成。

这几个议案是由村民大会通过的。这就是社会即学校的办法。

3."教学做合一"

陶行知反对教师"教死书、死教书、教书死"，也反对学生"读死书、死读书、读书死"，主张将"教授法"改称为"教学法"，倡导"教学做合一"，即教法要符合学法，学法要符合做法，学生怎么学就应该怎么教。把教与学、理论与实践有机结合起来。

> 手脑心合一[1]

一次，陶行知去朋友家。朋友正被五岁的儿子闹得心烦意乱、无计可施。一见大教育家来了，朋友的太太就问："大教育家你说怎么办呢？我家的小子淘气得不得了。"接着便滔滔不绝地诉苦："这孩子昨天把我的怀表拆了，气得我把他狠狠地揍了一顿，老实半天。这不，他又开始到处摸、到处动，都五岁了，还不能稳稳当当坐一会儿。"陶行知听后叹息道："可惜了，可惜了！你杀死了一个爱迪生呀！"那太太不解地瞪着两只大眼睛望着他。他解释道："你的儿子五岁就能拆怀表，说明他很聪明，也很能干。当然他还没有聪明能干到可以再把怀表组装起来的程度。他的聪明灵气让你给打跑了，他的双手和大脑让你打得不敢动了，岂不是打杀了有可能成为爱迪生一样的科学家吗？""啊呀！那我该怎么办？"太太急切地问。陶行知不慌不忙地说："你应当鼓励他，同时，带他一道把表送到钟表铺去修理，并让他留心察看钟表师傅是怎样把表装起来的。平时，你可以引导他玩些科学把戏，培养他动手动脑的能力和习惯。将来或者能成为科学家哩！"将怀表之类的东西拆下，寻常眼光认定是"破坏"，而教育的视角则以为是"创造"。凭什么可视为"创造"呢？因为在拆装怀表的过程中，陶行知看到的是儿童的"手脑心合一"的学习。

生活教育以人的全面发展为目标，启发学生改造生活的觉悟，获取实践创造的能力。如今我国倡导的德智体美劳全面发展的教育，强调劳动教育在现行教育体系下的必要。同样，现代教育并非仅限于学校课堂，而是逐渐走出学校课堂，学校利用社会资源使课堂走向大自然、走向社会，打破了传统的教学方式。陶行知以自身深刻的见解为当今教育教学和教育改革实践提供了新思路。

---

[1] 林高明编著《教育家如何评课》，福建教育出版社，2018，第42—43页。

下编 外国教育史

第六章 古典时代的教育

> 我认为一种适当的教育，只要保持下去，便会使一国中的人性得到改造，而具有健全性格的人受到这种教育又变成更好的人。
>
> ——柏拉图《理想国》

古希腊、罗马时期，是西方教育发展的初始时期，也是奠定西方教育基础与特征的重要时期。本章以城邦教育为起点，展现斯巴达、雅典对待教育的不同态度与做法，在选择、对比、筛选的过程中，西方教育进入发展的鼎盛时期。其中古希腊三杰——苏格拉底、柏拉图、亚里士多德，以哲学观、政治观为基础，深入探讨了教育内容、教学方法、人才培养等问题。而古罗马时期雄辩家的培养，则在教育与教学理论方面做出了重要贡献。这些对后世教育的发展都产生了十分深远的影响。

斯巴达的军事教育

大约在公元前8世纪，斯巴达人统一了伯罗奔尼撒的拉哥尼亚，这里的土地肥沃，宜于农作物的种植。在这里，斯巴达人建立起奴隶制的城邦国家。为了镇压奴隶暴动，从公元前7世纪中叶开始，斯巴达就把全国变成了一座大兵营。

斯巴达整个民族都是统治阶级，但是他们之中又有贵族与平民之分。斯巴达人中间实行着严格的军事共产主义制度。他们不从事生产，终身的职业就是军人。斯巴达立法者为了适应其特殊的社会政治经济生活的需要，建立了一套以培养战士为唯一目的的教育制度。这种教育的中心内容是军事训练，很不重视发展人的智慧和才能。教育的任务就是让每一个斯巴达人都能在长期而严格的训练中，成为一个坚忍不拔的战士、绝对服从的公民。因此，荣誉、勇敢、坚毅、强壮的体魄、娴熟的军事技艺、对城邦的绝对忠诚、对权威的服从、对长者的尊敬等，就成为每一个公民都应具备的品质，所以，斯巴达人从小就要接受军事教育，成人后服兵役成为军人，直至60岁。

> 斯巴达的日常教育[①]

天刚露出鱼肚色，在一个围着圆柱的大广场上，两个男孩正在厮打。他们还不到10岁，穿着破烂的长衬衣，骨瘦如柴。不一会儿，黑头发的孩子被个子矮的孩子打倒在地，鼻子里流着血，但还在奋力抵抗。"打，狠狠地打，别可怜这小子！"一个老人在边上挑逗着说。矮个儿的孩子受到鼓励，继续挥动拳头，没命地朝对方脸上击去。这一来，黑头发孩子躺在地上不动了。"好，好样的！"老人拍拍胜利者的肩膀，又去挑逗另一对厮打着的孩子……这样的事，每天在斯巴达城邦的大广场上发生。这些

---

① 段万翰、陈必祥、顾汉松：《世界五千年》，少年儿童出版社，1991，第105页。

孩子正在练习格斗，而那个老人则是他们的教练。对于斯巴达的孩子们来说，这种严酷的训练从7岁就开始了，一直要延续到30岁。

斯巴达人认为，教育关系到斯巴达人的生死存亡，所以教育的目的是训练英勇凶悍的军人，婴儿从一出生，就要接受长老们的严格检测，若有病弱或残疾，就要被扔到山谷中去。被抛弃的婴儿，有时会被希洛人或庇里阿西人捡去抚养。而健康的儿童则由母亲或保姆负责照管到7岁。7岁以后，孩子会被送到国家教育机关接受教育，住进国家设立的教练所，接受军事体育训练和政治道德教育，通过严酷的身心磨炼，形成坚定、勇敢、坚忍、顺从和爱国等品格。教练所制度极端严格残酷，儿童们穿的衣服非常单薄，冬天也是如此，平常吃很少的食物，睡觉只铺垫一些芦苇，学习过程中经常会遭受鞭挞，如果流露出疼痛难忍的表情就会被视为耻辱。孩子们经常被唆使去偷窃，成功者有赏，而失败者则会受罚。学习的内容很少包括文学，即使学习些音乐和舞蹈的内容，也是以模拟军事、体育动作为主。

男孩服兵役[①]

男孩从18岁开始到20岁为止只参加为期两年的军事训练。在这两年时间里，他要为城邦服务，要服从军事长官的命令，要学习战术，还要学习使用兵器。此外，要熟悉兵营和要塞的生活。年轻的被征募者要宣誓效忠城邦和宪法。从一开始，一种神圣的公民责任感就油然而生。他的第一位军事长官的任务是带他外出巡视，例如，巡视神庙。这样，男孩就可以了解一些有关宗教生活的情况和城邦的历史。男孩的武器授予仪式非常隆重，通常在狄奥努索斯剧院进行。当着全城邦公民的面，孩子们庄重地接过发给他们的武器。对他们而言，武器是神圣的。在战斗中丢失武器，或者因为胆小而使武器蒙羞，不仅会使男孩大丢颜面，

① 肯尼思·约翰·弗里曼：《希腊的学校》，朱镜人译，山东教育出版社，2009，第225页。

而且还会被看做对武器的亵渎。男孩在成长过程中还必须熟悉城邦的宪法。18岁的埃弗比青年必须熟悉城邦的法律，其中一些法律也许是在音乐学校通过配乐吟唱学习的。所有教育手段的目的在于让男孩明白，他是全体公民中的一员，他个人的利益和快乐必须从属于全体公民的利益和幸福。在这样的教育环境中长大的希腊人，会有一种强烈的为城邦献身的责任感。

国家教育机关的老师一般由二三十岁的青年担任，当然，任何一个斯巴达的公民也都有教育青少年的职责。18岁的青年经受拷打而不哀号的，有资格转入高一级的青年军训团。学习内容包括至少进行一次"秘密服役"，即在夜间突袭、殴打和毒杀奴隶。年满20岁后开始战争的实地训练。年满20岁的斯巴达人可以结婚，但仍要住在兵营里，到30岁才能成为正式公民，有权参加民众大会，并可以担任官职。战时则参加战斗，60岁时免除兵役。斯巴达人还认为只有身强力壮的女子才能生育健壮的孩子，所以斯巴达女子同样要接受军事训练。

斯巴达教育重视军事体育训练，轻视知识学术。这种片面的以军事教育为唯一目的的教育，严重阻碍了斯巴达人才能的发展，但其教育实践中体现的国家导向性和实用性、专业性教育模式代表了世界教育史的一种重要的发展方向，而且严格的教育管理制度和对女子教育的宽容，在一定程度上启示当今教育事业不仅仅需要培养学识渊博的人，还要重视体育和健康教育，使学生成为德智体美劳全面发展的现代人。

雅典的和谐教育

在西方教育史上,雅典教育被称为"和谐教育",与斯巴达的军事教育形成鲜明对比。"和谐教育"将人的完善作为教育的主要价值标准,对文艺复兴以来的欧洲教育传统产生了深远的影响,成为西方和谐教育理论的历史源头。

古希腊的哲学家们认为对"人"的哲学研究,是为了让人们追求一种最好的生活方式,达到人生和谐、完美的最高境界。这种观点深深地影响着雅典人的教育价值观。雅典人强调内在美与外在美的一致、体力与脑力的和谐,青少年的身体不仅要健康,而且要优美。"身体优美即指身体诸部分都得到和谐的发展,而且举止优雅,无论是站、立,或是行走,都要使人感到赏心悦目,使人觉得恰当、合乎分寸。雅典人很讨厌行为粗野、笨拙。男孩、青年要经常保持塑像般的姿势,坐时不能双腿交叉,走路时要把一只手放在斗篷下面。"①身心的和谐发展是雅典教育的主要内容,通过对青少年实施德育、智育、体育、美育等多方面的教育,和谐教育得以实现。

在众多教育中,德育处于中心地位。柏拉图在论及雅典教育时指出:"当孩子初入学时,就责成教师多注意孩子的品行。其次才是学习阅读和音乐。雅典人以智慧、正义、节制、勇敢诸品德教育青少年。"②学生认字以后就要开始阅读荷马的作品,十五六岁的青少年还要参加各种公民活动(如集会、观剧、庆典等),通过公共生活习得道德品质。人的和谐发展,包括众多良好道德品质的发展,如智慧、勇敢、节制、公正、守法、忠诚、孝敬父母、为人善良等。

雅典人重视对儿童智力品质的培养,诗歌、阅读、写字、算术、法律、几何、天文、声学、哲学等都属于智力教育的范畴。和谐教育不仅培养公民阅读、书写的能力,而且重视对人的理性的培养。亚里士多德曾指

① 滕大春主编《外国教育通史》(第一卷),山东教育出版社,2005,第149页。

② 戴本博主编《外国教育史》(上),人民教育出版社,1989,第70页。

出教育的最终目的在于发展人的理性。对知识的追求和对理性的尊重是雅典人的教育价值取向。所以，雅典的和谐教育，不仅让学生获得了知识，同时也让他们具备了一种强烈的、纯粹的求知欲望和探索精神。

在美育教育中，音乐是最重要的组成部分。雅典人通过音乐培养学生的情感，从而影响道德的发展，用音乐来陶冶人们的情操。音乐也是亚里士多德十分重视的教育内容，他认为音乐不仅是进行美育的有效手段，也可以承担培养智育、德育的职能。音乐适合各年龄段的学生学习。他认为只有音乐教育才能更好地实现教育的最终目的——发展理智灵魂。美育塑造了雅典人爱美的天性，所以在文学、戏剧、音乐、雕刻、建筑、舞蹈等方面，雅典人都获得了较高的成就。

毕达哥拉斯学派与"和谐"[①]

最早明确阐述和谐思想的是毕达哥拉斯学派，他们把"和谐"作为一个重要的哲学和教育准则。但他们使用的这个范畴，主要是指一定的数的比例关系。凡是符合数的比例的，就是和谐，就能产生美的效果。目前学界大都认为"黄金分割"就是毕达哥拉斯学派最早发现的。这种数的比例关系表现在图画、雕塑、建筑等方面，成为一个重要的美的规律。毕达哥拉斯学派将天体的运动秩序比作音乐的谐音。天空中的各个星体，虽然大小和运动速度不同，但都合乎一定的数的比例，也能产生和谐的音调，这就是天体的谐音。当人全神贯注于听觉和心灵，就能听见天体激发出来的和声；当人沉浸于游动的宇宙的谐音之中，就能达到天人合一的和谐境界。

雅典政治家伯里克利曾把雅典的教育与斯巴达的教育做了一个十分恰当的对比，并且揭示出雅典教育的本质特点。他说："在我们的教育制度上，也有很大的差别。从孩提时代起，斯巴达人即受到最艰苦的训

[①] 苏振兴：《古典时代希腊教育思想研究》，天津人民出版社，2011，第261页。

练，使之更为勇敢；在我们的生活中没有这些限制，但是我们和他们一样，可以随时勇敢地对付同样的危险……我们是自愿地以轻松的情绪来应付危险，而不是以艰苦的训练；我们的勇敢是从我们的生活方式中自然产生的，而不是国家法律强迫的。我认为这些是我们的优点。我们不花费时间来训练自己忍受那些尚未到来的痛苦，但是当我们真的遇到痛苦的时候，我们表现出我们自己正和那些经常受到严格训练的人一样勇敢。我认为这是我们的城邦值得崇拜的一点。"[1]

和谐教育的本质就是使学生在各方面都能达到均衡一致的发展，成为一个完整的人。雅典的和谐教育也孕育了西方最早的和谐教育思想。对比雅典的轻松愉悦的教育氛围，现代快餐式教育可以适当地吸取经验，尽量要给孩子创造轻松愉悦的学习氛围，让孩子愿意主动去学习而不是被动学习。主动学习那些自己热爱并且愿意去探究的东西，在这个过程中锻炼自己勇敢坚毅的品质。在中国的基础教育阶段，一些落后地区的家长或者老师无形中会给学生灌输文化知识最重要的思想，甚至有一些家长认为孩子喜欢画画或者音乐就是不学无术。他们的眼中只有分数和升学，渐渐丧失了欣赏美、鉴赏美的能力。2021年7月出台的"双减"政策一定程度上降低了学生的文化学业负担，但政策并没有打压艺术类培训机构，甚至在一定程度上鼓励艺术类培训机构的发展，这也说明了美育的重要性。美育对培养人的情操，启发人的智慧都有促进作用。

---

[1] 修昔底德：《伯罗奔尼撒战争史》，谢德风译，商务印书馆，1978，第132页。

苏格拉底问答法

苏格拉底（前469—前399）在西方哲学史和教育史中占有崇高的地位。苏格拉底问答法体现于具体的对话和讨论之中，不断探索事物的真知，强调以正确的方式提问，不断地怀疑。苏格拉底问答法后来被认为是一种科学的探究真理和进行教学的方式，旨在不断验证已有的知识，探寻真知识。它展现了一种怀疑和批判精神：不自满于已经掌握的知识，不断向新的可能性和方向敞开，探寻获得德性的真正知识和途径。

苏格拉底问答法通过辩论和讨论、揭露和克服困难等，进而获得对知识的认识。主要分为四个步骤：第一步是讽刺，即通过问答从对方的表述中引出矛盾，使其否定所肯定的东西。第二步为助产，即否定已有观点，引导学生自己进行思考，发现问题，得出新结论。苏格拉底曾经对朋友说："我母亲是产婆，我向她学到了接生术。所不同的是，她是肉体的接生者，我是智慧的接生者。"第三步是归纳，即否定个别、偶然、错误的观点，从个别中找到共性的东西。第四步是定义，即对发现的真理加以表述，把单一的概念归纳到一般的东西中去。

在苏格拉底看来，承认无知是认识真理的第一步，只有承认无知才能在探寻真理的道路上迈步前进。在讨论真理的过程中，苏格拉底也并不是把真理直接教给学生，而是启发学生去发现真理。苏格拉底是用问答的方式来和他的学生们讨论各种人生问题的。苏格拉底与别人谈话，经常以一种对所讨论问题的一知半解的态度向人请教，请人们提出有关美德、正义、勇敢等的定义，之后，苏格拉底会举出一些事例以证明对方的定义是不恰当的，进而使对方发现自己思想中的矛盾，提出新的定义。然后，苏格拉底紧追不舍，继续揭露对方新定义的错误，使对方进一步看到自己认识中的错误。这样，用反诘来使问题深入，使得对方放弃自己原以为是对的观点，承认自己的无知。苏格拉底认为有关美德、正义等的定义不是人们的主观意见，而是客观真理。在他看来，事物的意义是在人出生以前已存在于人的心中的；但在人出生时，由于肉体受到干扰而使他忘记了它们。通过谈话的方式，可以使人们逐步地认清原来早已存在于心中的知识。这种方式就像助产婆把胎儿从母亲的肚子里催生出来一样，所不同的是，这种"接生术"是用于思想的，不是用于身体的。

下面来看一个苏格拉底问答法的案例：

> 什么是道德

一次，苏格拉底向学生提问："人们都说要做一个道德高尚的人，但道德究竟是什么？"

学生说："忠厚朴实，不欺骗别人，才是有道德的。"

苏格拉底问："但为什么和敌人作战时，我军将领却想尽办法欺骗敌人呢？"

学生说："欺骗敌人是符合道德的，但欺骗自己人就不道德了。"

苏格拉底反驳道："当我军被敌军包围后，将领为了鼓舞士气，会欺骗自己的士兵，告诉他们援军已经到了，于是大家奋力拼杀突围。最终突围成功了。这种欺骗也不道德吗？"

学生说："那是战争中出于无奈的做法，日常生活中这样做就不道德了。"

苏格拉底又说："假如你的儿子生病了，却不肯吃药，作为父亲，你骗他说这是好吃的东西，这也算不道德吗？"

学生只好承认："这种欺骗也是符合道德的。"

这就是苏格拉底问答法，不争辩，而是通过继续提问的方式进行引导，逐渐获得对方的认同，取得一致。这种语言艺术的魅力和说服能力，在柏拉图的许多对话中得到了生动的展现。在哲学史上,柏拉图是最早对"辩证法"进行明确阐述的人,而这一成就正是以苏格拉底的"对话法"或"问答法"为蓝本发展来的,这一点从"辩证法"最初词义,也就是对话和问答的技艺就可以见出[①]。

苏格拉底问答法对于当时社会的意义,就在于促使人们从思考中接近和获得真的知识。苏格拉底问答法设定的场景都是市场、私人聚会等普通人的交谈场所,所引用的木匠、鞋匠、医生、船长等都是普通人熟知的人物,从这些常识和意见开始,苏格拉底带领着他的谈话者开始了寻求知识之旅。苏格拉底的这一独特教学方法对当时的雅典青年才俊们产生了极其深刻的影响,古希腊将军和政治家阿尔基比阿德把这一影响比作被毒蛇咬过之后产生的疼痛,这种感觉甚至比被毒蛇咬更厉害:"我被比毒蛇还要厉害的东西咬了,我的疼痛是最厉害的。我被咬的地方是我的心,把它叫做心灵或别的什么也可以。咬我的东西是苏格拉底的哲学,就像一条蝰蛇紧紧咬住一颗年轻、能干的心灵,要他做什么就做什么,全听它的支配。先生们,现在我来看看在我周围有哪些人,斐德罗、阿伽松、厄律克西马库、鲍萨尼亚、阿里司托德姆、阿里斯托芬,还有其他一些人……你们每个人都品尝过这种哲学的迷狂和热情。"[②]

苏格拉底问答法不是把现成的知识教给学生,而是激发学生自觉地去探求知识。从引起学生思想中的矛盾而促使学生思想的发展,在不断地揭露矛盾的过程中,使认识不断深化。同时,苏格拉底问答法强调学生的主体性,教师在教学中要充分调动学生的积极性,激发、训练思维。这对于解决当下教育中学生缺乏求知热情与主动的问题,具有启示和借鉴意义。

---

① 杨适:《古希腊哲学探本》,商务印书馆,2003,第337页。

② 柏拉图:《柏拉图全集》(第二卷),王晓朝译,人民出版社,2003,第263页。

柏拉图与"哲学王"的教育

柏拉图（前427—前347）出生于一个名门贵族的家庭，他受到过良好的教育，参加过骑兵军事训练，喜爱运动，学过绘画，曾写过诗和悲剧。柏拉图师从于苏格拉底后，一心致力于哲学的研究。柏拉图对求知过程始终保持着实事求是的态度，下面是一则柏拉图上课时的小故事：

> 苏格拉底与柏拉图

新学期开学，苏格拉底在讲台上拿出了一个苹果，说："大家闻一闻空气中的味道。"一位学生举手说闻到了苹果的味道。苏格拉底走下讲台，举着苹果又问："大家再仔细闻闻，空气中有没有苹果的味道？"这时班里有一半的学生都举起了手，苏格拉底又走到了讲台上，重新提出了刚才的问题。这一次，除了一个学生没有举手，其他人都举起了手。苏格拉底走到这个学生面前，问："你真的什么也没有闻到吗？"这个学生坚定地点了点头。这时，苏格拉底对大家说："他说的是对的，因为这是一个假苹果！"这个学生就是柏拉图。

柏拉图认为，教育就是要使心灵转向善，转向真理，去认识理念世界，回忆起心灵在理念世界中所见到的一切。柏拉图试图通过教育建立理想之国、正义之国，使教育成为实现和维持理想国的根本手段。柏拉图的教育目的是培养热爱学习、热爱真理的理想城邦的统治者；培养具有高尚品德修养、爱国爱民、效忠于国家的护卫者。柏拉图在《理想国》中设计了一套理想的教育制度，其中培养"哲学王"是教育的第一要务，因为"哲学王"是理想国得以实现的先决条件。

培养"哲学王"

《理想国》可以说是柏拉图撰写的治国纲要。他也雄心勃勃地希望把自己的设想运用于实践,让梦想中的理想国变为现实。机会终于来临了,叙拉古的国王仰慕柏拉图的才华,邀请他去教育自己的儿子小狄奥尼修斯——未来的国王。柏拉图喜出望外,按照自己的计划全力塑造这位他幻想中的未来"哲学王"。然而,这位小王子对柏拉图的说教毫无兴趣,在他继位之后,竟将柏拉图作为奴隶卖掉了,以表示对"哲学王培养计划"的嘲讽。柏拉图没有将小狄奥尼修斯改造成"哲学王",自己反倒沦为"哲学奴"。好在买下柏拉图的人富有正义感和同情心,他释放了柏拉图,并让他回到了雅典。

在叙拉古的不幸遭遇,使柏拉图开始反思自己构筑的理想蓝图,别人也纷纷问他,理想国里的"哲学王"应该是具有最高才智、品德,完美,永远不会做出错误判断的人,这种人在现实中会有吗?柏拉图也承认圣贤毕竟难找,于是在晚年对自己的思想做了重大的修正。他在74岁高龄时才着手写作的《法律篇》中开始承认法律在国家生活中的重要性,他已不再提"哲学王",但他还是以"哲学王"统治的国家为头等理想国,这说明,虽然在现实中碰了壁,他并没有完全放弃自己乌托邦式的梦想。①

柏拉图在《理想国》第五卷中对哲学家的教育和培养问题做了详细的阐述,主要包括以下方面:

第一,儿童的教育从音乐和讲故事开始,内容要健康。然后经过两三年的体育训练,培养吃苦耐劳的品格。10岁以后被送到乡下去接受教育,以初步的阅读、书写、计算、唱歌、音乐为教育内容。14岁进入体操学校,学习五项竞技、体操、野营、射箭等。到了十六七岁进行第一次考核,有的继续升学,有的就做农工。在柏拉图看来,儿童和青少年

---

① 李盟编《法学的故事》,中国言实出版社,2012,第60页。

时期主要接受"音乐和体育"教育，用音乐来陶冶他们的心灵，用体育来锻炼他们的身体。除了音乐、体育之外，儿童和青少年还要学习算学、几何学，以及其他一切学习辩证法之前所必须学习的预备性科目。

第二，17 至 20 岁要进入国立高等教育军事学校，接受专业的军事教育，学习音乐、体操、算术、天文等。柏拉图强调，集中进行体育训练，是为将来研究哲学打下坚实的体力基础。到 20 岁时，城邦要对青少年进行第二次考核筛选。合格的"那些青年将得到比别人更多的荣誉，他们将被要求把以前小时候分散学习的各种课程内容加以综合，研究它们相互间的联系以及它们和事物本质的联系"①。少数的优秀者继续学习，其余的进入军营当军人。20 至 30 岁主要是发展思维能力，学习高一级的算术、几何、天文、乐理和哲学等。

第三，年满 30 岁的时候，要进行第三次考核选拔，对符合条件的青年，要给予他们更高的荣誉，"并且用辩证法考试他们，看他们哪些人能不用眼睛和其他感官，跟着真理达到纯实在本身"②。30 到 35 岁，学习高级哲学，研究辩证法，这一段学习结束，即可以执政，50 岁便成为"哲学王"。

柏拉图提出的"哲学王"培养以及天赋理论学说，使得越来越多的教育工作者认识到人与人之间的差别，这种差别表现在天分、兴趣点和能力上。启发式教学思想更容易发现学生的兴趣点，培养学生在特殊领域进行探索和研究。当下，中国的教育制度从只以分数作为衡量学生的标准，转变为开始注重学生的素质教育，美术、音乐、体育等多方面的人才培养，激发了学生的积极性和创造性，为国家和社会不断输送各行各业的人才。

① 柏拉图：《理想国》，郭斌和、张竹明译，商务印书馆，1986，第 305 页。

② 同上书，第 306 页。

亚里士多德与自由教育

亚里士多德(前384—前322)是西方古代伟大的哲学家、思想家、教育家。他创办了吕克昂学园,他是柏拉图的学生,是马其顿国王亚历山大的老师。其自由教育的思想充分表达了人对理性生活的热切追求,使人的心灵得到解放与和谐发展,这一思想推动了西方教育理论的发展。

> 亚里士多德与亚历山大[①]

有一次,亚历山大率军路过雅典,无意间听人议论起这里的一所学校风景优美,有一位老师学识渊博,经常一边散步,一边向学生传授知识。亚历山大急忙打听那位老师的年龄、外貌特征和来这儿教学的时间。在他确定那老者就是自己日夜想念的恩师亚里士多德之后,亚历山大决定亲自前往拜见老师。看到老师因为致力研究学问而日渐消瘦的样子,亚历山大心中感到很惭愧,他觉得自己没能帮助和照顾好老师,使老师一个人操劳过度。于是他诚恳地说:"老师,您研究学问,智慧超群,我作为您的学生,感到万分荣幸,请允许我为您出点力。"亚里士多德用怜爱的眼光看着自己聪颖的学生,郑重地说:"既然你不以君主自居,那我就爽快地说吧!我们在这儿研究哲学,要解释整个世界,解释天体,解释地球,我们还要解释地球上各种生物。我们把各种动植物都找来,把它们的详细情况记录下来,以便进行研究。但是世界上其他地方的稀有动植物我们却找不到,如果有可能的话,请你到其他地方的时候,帮我们采集这些动植物标本,这样我们就可以在这儿好好地研究学问了。"亚历山大二话没说,当场答应下来。从此以后,亚历山大大帝无论在哪儿行军打仗,总忘不了老师的这一要求。他要求手下人一旦发现珍稀动植物,立即报告。而他则把这些珍贵的信息详细地告诉亚里士多德。

---

① 参见张学文等编著《外国古代名人和他们的老师》,教育科学出版社,1996,第1—2页。

亚里士多德认为自由人的教育必须适合自由人的价值，其目的是要促进人的各种高级能力和理性的发展，要有利于他们的道德、智慧、身体等方面的发展，而不是培养从事职业的技能。只有当自由人不再为生计奔波、操劳，拥有足够的闲暇时间，才可能在闲暇中从事理性活动，才能让身体与心灵保持自由。

所以，亚里士多德非常重视闲暇的重要性。他说："立法者关于军事和其他事项的立法最好以闲暇与和平作为法制的目的。因为大多数尚武好战的城邦在战争期间反倒平安无事，然而一旦霸业完成，其统治就开始分崩离析。"[①]人类社会发展到高级阶段，物质条件丰厚，不用为衣食住行等问题而担忧，闲暇时间就会增多，可以充分进行高级的思辨活动，就具有进行思辨、探索哲学的可能性。

自由教育是道德、智慧、身体的和谐发展，在亚里士多德看来，人们学习的内容（即课程）可以分为两种：一是实用课程，一是自由课程。只有自由课程适合自由人学习。亚里士多德认为，为获取钱财或功利的实用知识和技能，都不适合自由人学习。只有能够发展理性、实现人生目的的知识，才适合自由人学习，最能代表自由课程的就是音乐和哲学。

亚里士多德认为音乐并无实用价值，它的意义在于控制闲暇时的理性活动，"因为音乐不像读写在理财、家政、求知和政治活动等方面有着广泛的用途；它也不像绘画有助于更好地鉴别各种艺术作品；它也不像体育有助于健康和强壮，因为我们看不到音乐能起这样的作用。于是，剩下的可能就是在闲暇时的消遣，显然这是设置音乐课程的初衷。音乐被认为是自由人的一种消遣方式"[②]。而哲学最能体现自由精神。亚里士多德在《形而上学》中说："不论现在，还是最初，人都是由于好奇而开始哲学思考，开始是对身边所不懂的东西感到奇怪，继而逐步前进，对更重大的事情发生疑问，例如关于月相的变化，关于太阳和星辰的变化，以及关于万物的生成。一个感到疑难和好奇的人，便觉得自己无知（所以，在某种意义上，一个爱智慧的人也就是爱奥秘的人，奥秘由奇异构

① 苗力田主编《亚里士多德全集》（第九卷），中国人民大学出版社，1994，第262页。

② 同上书，第274页。

成）。如若人们为了摆脱无知而进行哲学思考，那么，很显然他们是为了知而追求知识，并不以某种实用为目的。"[1]研究哲学就是在同"善"的交往中达成一种自满自足无须外求的自由境界。

  基于亚里士多德的理解，自由教育的目的是获得闲暇，而自由教育也应引导人实现基于理性生活的终极目标。这一目标的实现不是一蹴而就的，而是要根据人的成长阶段逐步形成。亚里士多德认为人的一生会经过婴儿期、儿童期、青年期、老年期等不同阶段，从儿童期开始就应该教授一些真正有用的东西，阅读、写作、音乐、绘画、哲学等都可以成为闲暇时的教育课程，以帮助人们享受自由人的生活。亚里士多德从人生的一开始就奠定了自由教育的基调，之后的各个阶段也都以自由教育为内容，以理性的自由发展为目标。亚里士多德的自由教育思想对西方教育理论的发展意义深远，文艺复兴时期的人文主义教育就深受其影响，现代人所提出的"通识教育"的诸多理念也多源于自由教育。时至今日，自由教育仍然是西方教育的一个重要特征。

---

[1] 苗力田主编《亚里士多德全集》（第七卷），中国人民大学出版社，1993，第31页。

雄辩教育

在古希腊、罗马时代，雄辩在社会生活中具有重要作用，它不仅是在政治上、法律上击败对手的有力武器，而且也是衡量上层人士是否有教养的标志。在雄辩教育中，西塞罗和昆体良的教育思想最具代表性。

西塞罗（前106—前43），散文作家，政治活动家，所著的《雄辩家》是古代有关雄辩教育的最重要的著作之一。西塞罗认为，一个雄辩家最本质的特点是以规定模式，脱离讲稿，运用恰当的姿势，得体而审慎地进行演说。所以，想要成为一个合格的雄辩家，就需要具备三个条件：第一，要有广博的学识，"雄辩术集众多的科学与学问，其内容远比人们所想象的要广泛得多"[1]，所以，文法、修辞、算术、几何、天文、音乐、政治等，都是雄辩家所要通晓的内容。第二，在修辞学方面具有特殊的修养，对遣词造句以及演说词的文体结构有精深的理解，能够熟练运用。第三，要有优美的举止与文雅的风度，"演说是由身体、手势、眼神以及声音的调节及变化等加以控制的，它们对于演说本身所产生的作用是巨大的"[2]。

在雄辩家的培养过程中，练习是必备的环节，最常用的练习是模拟演说与写作。写作可以培养敏锐的判断力和机智的表达能力，这对演说能力的提升同样有帮助。

西塞罗逸事[3]

据说西塞罗的母亲生他的时候没有经历任何疼痛与苦难。他出生于新历法的第三天，也就是在那一天，罗马的地方法官为国王祈祷并祭献。据说他的奶妈曾看到一个幽灵，预言西塞罗将来会为罗马带来极大的福祉。这些预言可能只被当作一种想象或是闲扯，但他在不久

---

[1] 滕大春主编《外国教育通史》（第一卷），山东教育出版社，1989，第352页。

[2] 同上书，第354页。

[3] 普鲁塔克：《古希腊罗马名人传》，冉明志、吴庸译，北京理工大学出版社，2013，第197页。

之后便使一些预言成真了。当他到了合适的年龄开始上学时,他就因为自己超凡的天赋变得非常优秀,很快就在所有孩子里获得不小的名气……西塞罗像柏拉图一样勤奋好学、沉着冷静,渴望学习每一门科学知识,对任何知识都感兴趣,他尤其对诗歌表现出独特的喜欢,当他还是男孩的时候,曾写了一篇名为《庞提乌斯·格劳克斯》的四音步的诗篇,现在仍保存完好。之后,他便忙于这些方面的学习与研究,最后他不仅成了罗马最好的演讲家,也是罗马最优秀的诗人。

昆体良(35—100),在罗马受过雄辩教育,做过律师,著有《雄辩术原理》,系统探讨了雄辩家的培养问题。昆体良希望通过教育塑造一个完美的雄辩家形象:"我们所要培养的人,是一个具有最高的天赋才能,满腹蕴藏着最有价值的各种知识的人,是上帝派遣下来为世人带来荣誉的人,是前无古人的人,一个各方面都是出类拔萃的人,一个会很好地思考又善于言辞的人。"[①]昆体良认为,雄辩家必须是一个善良的人,是爱善行善的有德的好人,而不是为罪恶辩护的恶人。否则,雄辩术就会变成最坏的学问。与西塞罗一样,昆体良也主张雄辩家应该学习广博的知识,包括文法、修辞、音乐、几何、天文、哲学等。他还指出雄辩家演说的技能应该包含四个部分:第一是布局,要把观点用合适的结构组织起来;第二是文采,要用令人愉悦的文字来表达;第三是记忆,要记住所要讲的话,不照本宣科;第四是陈述,语音语调、肢体语言、面部表情要协调一致。这种培养方式,既是古希腊、罗马雄辩家培养的范例,也是文艺复兴时期作家写作训练的教本。

[①] 滕大春主编《外国教育通史》(第一卷),山东教育出版社,1989,第357页。

> 如何成为一个雄辩家

有一个叫德摩斯梯尼的人,他天生口吃,嗓音微弱,还有耸肩的坏习惯。在常人看来,他似乎没有一点当演说家的天赋,因为在当时的雅典,一名出色的演说家必须声音洪亮,发音清晰,姿势优美,富有辩才。为了成为卓越的政治演说家,德摩斯梯尼做了超过常人几倍的努力,进行了异常刻苦的学习和训练。他最初的政治演说是很不成功的,由于发音不清,论证无力,多次被轰下讲坛。为此,他刻苦读书学习。据说,他抄写了《伯罗奔尼撒战争史》8遍;他虚心向著名的演员请教发音的方法;为了改进发音,他把小石子含在嘴里朗读,迎着大风和波涛讲话;为了去掉气短的毛病,他一边在陡峭的山路上攀登,一边不停地吟诗;他在家里装了一面大镜子,每天起早贪黑地对着镜子练习演说;为了改掉说话耸肩的坏习惯,他在头顶上悬挂一柄剑或一根铁杖;他把自己剃成阴阳头,以便能安心躲起来练习演说……德摩斯梯尼不仅训练自己的发音,而且努力提高政治、文学修养。他研究古希腊的诗歌、神话,背诵优秀的悲剧和喜剧,探讨著名历史学家的文体和风格。柏拉图是当时公认的独具风格的演讲大师,他的每次演讲,德摩斯梯尼都前去聆听,并用心琢磨大师的演讲技巧……经过十多年的磨炼,德摩斯梯尼终于成为一位出色的演说家,他的著名的政治演说为他建立了不朽的声誉,他的演说词结集出版,成为古代雄辩术的典范,打动了千千万万读者的心。

西塞罗、昆体良关于雄辩家培养的主张,对当今教育也有着启示意义。现代教育所需要的人才不仅要具有高智商高学识,还需要具有良好的品质,提高知识能力与提高思想品质并重。所以在教育教学中,思想政治课都应是学生的必修课,贯穿学生学习过程的始终。此外,在学科教学中也可以渗透品格教育。例如，在教授语文具体课文时，可以贯彻实行情感态度的价值目标，使学生不仅可以学习到知识，也在这一过程中理解学习善良、正义、节制、刚毅等优秀品质，进而成为国家和社会所需要的德才兼备的人。

第七章 神性时代的教育

> 教育发挥着这样有力的影响，正如柏拉图说，一个受过正当训练的人，发展成为一种神圣的动物，而另一方面，一个受过错误训练的人，堕落成为一种畸形的野兽。
> ——伊拉斯谟《一个基督教王子的教育》

基督教教育的繁盛是西欧中世纪教育的一大特征。在这一神性时代，"七艺"成为学习神学的必备知识，也成为中世纪教会学校日常学习的基础学科。在教会学校中，以培养僧侣、神职人员为主的修道院学校最为典型。在封建贵族世俗教育中，以培养官吏为主的宫廷学校最具代表性。骑士教育作为一种特殊形式的家庭教育，则呈现出封建统治阶层对军事人才的严苛要求。中世纪大学是中世纪教育的重要成果，也是西方现代大学的源头，在组织机构、领导体制、教学内容等方面的创举，深刻影响着后世高等教育的发展。

七艺教育

与中国古代的"六艺"相似,西方古代也有"七艺"。"七艺"的理念起始于古希腊,成型于古罗马晚期,而"七艺"作为一种制度化的固定课程则是在中世纪[①]。"公元5—6世纪的拉丁百科全书家们编纂成文的那些技艺,他们的著作为数个世纪的学术生活提供了基本的内容和形式。"[②]西班牙塞维利亚主教伊西多在《词源学》中把文法、修辞、逻辑称为"三学",把算术、几何、天文、音乐称为"四学","三学"与"四学"结合而成的"七艺"成为一个固定的教育框架,也成为基督教学校的基础课程。

古希腊时期,智者学派以教授文法、修辞、逻辑为职业,奠定了"三艺"的学科基础。柏拉图在《理想国》中提出人在20至30岁时所要学习的高深学问包括算术、几何、天文、音乐,将"四艺"列入教学科目。到了古罗马时期,学校教育基本包含7门学科:文法、修辞、逻辑(辩证法),又称"三学科";算术、几何、天文、音乐,又称"四学科"。"七艺"的内容基本形成。中世纪的马尔提亚努斯·卡佩拉曾写过一篇关于"七艺"的寓言故事:信使墨丘利与知识女神斐洛姬亚结婚,新娘的七个傧相就是文法、修辞、逻辑、算术、几何、天文、音乐。一般而言,文法包括拉丁语和文学基本常识,是学习其他各科的准备;修辞学包括散文、诗歌的写作,历史和法律常识等;逻辑(辩证法)相当于现代的形式逻辑;算术包括运算知识(最开始是计算宗教节日);几何包括地理和几何知识;天文学包括天体运行知识;音乐包括音乐史、宗教乐曲和理论。

[①] 袁曦临:《学科的迷思》,东南大学出版社,2017,第42页。

[②] 戴维·L.瓦格纳:《中世纪的自由七艺》,张卜天译,湖南科学技术出版社,2016,第1页。

> 论七艺[1]

你想知道我对学习七艺的态度。无论学习什么学科，只要最终目的是赚钱，我都十分鄙视，我认为这些学科都不值得学习。它们只是出租技能，其唯一的价值在于它们也许能在短时间里开发智能。只有当人们的智力还不能胜任更高级的工作之时才应把时间花在它们上面。之所以称它们为"自由艺术"，道理很明显，因为人们认为它们值得自由民去学习。实际上，符合自由艺术这个名称——因为它使人获得自由的只有一种，那就是对智慧的追求。这门学科的崇高思想、坚定性与精神使得所有其他学科与它相比显得幼稚而软弱。在自称教授这些学科的人们当中，有些是最无用并且最应受到指责的人，当你发现这一点之后还能为它们说些什么呢？以前曾经学过这种东西也就算了，现在可别再学了。

中世纪时，"七艺"已经成为一种教学体系和制度。奥古斯丁等人认为"七艺"是一种基础教育，是学习神学的基础与必备知识，所以"七艺"在中世纪的修道院、大教堂学校、教区学校等进行传播。中世纪的教育家以百科全书式的方法诠释"七艺"，奠定了"七艺"的学科基础。在西方学科发展史上，中世纪的"七艺"处于承上启下的位置。

> 奥古斯丁对自由七艺的接纳[2]

早期的奥古斯丁对自由七艺教育持乐观态度，因为这可以是帮助人思考上帝的手段。柏拉图成了"我的导师"并且劝服奥古斯丁相信很多事情。其中之一便是相信灵魂先在，虽然几年之后奥古斯丁才悄然流露这一观点。奥古斯丁将他放弃摩尼教以及哲学怀疑论的原因归于相信"真理不是由肉眼所见，而是由纯粹的心灵所感知的，任何渴求真理的灵

---

[1] 塞涅卡:《面包里的幸福人生》，赵又春、张建军译，天津人民出版社，2007，第178页。

[2] 参见杨慧琳:《基督教文化学刊·第36辑》，宗教文化出版社，2016，第10页。

魂都会因此而欢乐、完满。"这一经验给奥古斯丁留下了深刻印象。在《论真宗教》中我们看到奥古斯丁激情洋溢地描述了自己如何得益于柏拉图主义。与在他之前的基督教作者一样，奥古斯丁感觉到相比于其他哲学派别，柏拉图主义同基督教的关系更为亲近。因此毫不稀奇，奥古斯丁会设想，如果过去的柏拉图主义者能复活，"他们将会成为基督徒"。他公开地赞美学院派和怀疑派为"伟人"。

到了文艺复兴时期，"七艺"学科开始分化。文法分化为文法、文学、历史等；几何学分化为几何学和地理学；天文学分化为天文学和力学。17、18世纪，"七艺"学科进一步分化。辩证法分化为逻辑学和伦理学；算术分化为算术和代数；几何学分化为三角法和几何学；地理学分化为地理学、植物学和动物学；力学分化为力学、物理学和化学[①]。由此，"七艺"已经融入近代学科体系当中。

总之，"七艺"是一个很宏大的知识体系和教育内容，它是西方古典人文主义课程的源头，对于现代人文社会科学体系的建立影响深远；它也是近现代课程的萌芽，为现代通识教育（博雅教育）的发展提供了借鉴。

---

① 丁念金：《人性的力量：中西教育文化变迁》，福建教育出版社，第245页。

修道院学校

中世纪教育开始于基督教的修道院,修道院也是中世纪最典型的教会教育机构。"修道院是教会传教最重要的桥头堡。无论在爱尔兰、英格兰,还是在大陆,修士是主要的传教士,基督教世界随着他们的脚步和布道而推进。以大陆为例,7世纪时从北高卢至莱茵河,特别是摩泽尔河和马斯河附近修道院星罗棋布,690年以后它们又越过了莱茵河。"① 从古典文明的衰落到西欧大学的兴起,修道院一直是西方最有代表性的文化组织与教育机构。

大约从6世纪起,修道院开始兴办学校。到9世纪,大多数修道院都办起了学校。修道院学校的办学目的是培养僧侣、神职人员。教师主要由修士担任。有些修道院学校分为内学和外学两部分,内学是培养宗教的新信徒,也被称为"过寺院生活的人";外学是为外界俗人而设,也被称为"走读生"②。修道院学校的课程是"七艺",也包括读写算、宗教基本知识以及修士所需的其他能力教育。

> 童僧教育③

修道院教育以童僧培养为起点,它是修道院的预备教育。童僧,即志愿献身于修道院者,年龄一般在5~10岁。童僧教育以虔诚培养和圣经学习为主要内容。虔诚是必需的,这一训练相当严格。圣玛格内刚满7岁,就虔诚地请教院长,得到的答复让他害怕:"一大早就礼拜,时间并不长;肉是足够小孩吃的,睡觉让人想得要命,每夜没完没了的祷告让你觉得夜就是末日,接下来的是规定严厉的连祷文。"

童僧的文化教育始于拉丁语的学习,拉丁语不仅仅是教学语言,也是教会语言。学习拉丁语旨在提高读写能力,学习和理解祷告韵文。按

---

① 汉斯-维尔纳·格茨:《欧洲中世纪生活:7—13世纪》,王亚平译,东方出版社,2002,第62页。

② 毛丽娅:《天堂地狱:基督教文明》,四川人民出版社,2002,第206页。

③ 王凯:《西欧中世纪修道院教育研究》,内蒙古大学出版社,2012,第32页。

照爱尔兰人的习惯做法，孩子在7岁左右，就托付于亲戚或朋友抚养。如果打算让他供职于教会，就会委托牧师或修士来负责他的教育。这样的例子不胜枚举。圣布仁丹由圣伊塔抚养了5年，后转由主教埃克照管，在随后5年里学习语文。圣科尔曼在父母照料下生活了几年，即由一位神圣的老人科文教育和养育。随后，科文又把他送至几处修道院，"使他能够目睹他们的院规和虔敬的生活，跟随他们学习圣经"。

除了基本的教育活动之外，修道院一项很重要的功课就是抄写书籍，主要以《圣经》、古希腊罗马经典等为主。现代西方社会所能看到的古代经典，很多都是由修道院学校抄写保留下来的。同时，中世纪的修道院大都设有图书馆，收藏有宗教类书籍、古希腊罗马的经典作品以及世俗书籍，图书馆也就成了修道院里主要的教育场所。

修道院的书籍抄写[①]

……修道院住持欣喜万分，常谢恩上帝，因为上帝赐给他一位使自己得以从世俗事务的烦恼与忙碌中解脱的人。住持委托此人全权负责修道院的外部事务，而把整个身心投入教士的职责上，专心静修，常常整日闭门不出，诚心阅读，煞费苦心地促进书籍誊写。事实上，他常为基督赐予他的不少作者的书籍而欢欣鼓舞。倘若进入修道院走廊，就会见到十来个教士坐在椅上，在制作精巧的桌上伏案誊写。热若麦的《预言书注释》全文、圣格利高里的全部著作，能找到的圣奥古斯丁、安布罗西、伊西多尔、比德和安瑟伦爵士，然后是贝克的住持，进而是坎特伯雷大主教等人的全部著述，他都要求全力用功抄写。因此，在国内任何其他修道院都找不到这样的图书馆，因而人人都请求用我们的抄本来校改他们自己的书籍。

[①] E.P.克伯雷选编《外国教育史料》，华中师范大学、西南师范大学、西北师范大学、福建师范大学教育系译，华中师范大学出版社，1991，第88页。

有的修道院学校一边办学，一边从事研究活动，就像现在的大学。天文学家开普勒、哲学家荷尔德林就曾在德国毛尔布龙修道院里学习与研究。可以说，修道院对欧洲文化发展起到了推动作用。此外，修道院学校与经院哲学的产生密切相关。修道院学校培养了数量众多的精英，据统计，从圣本狄尼克修道院建立到1334年，共有24位教皇、200位红衣大主教、7 000位大主教、15 000位主教，以及20位帝王和10位皇后在修道院中学习和修行[1]。同时，修道院还培养了一大批教育家、思想家，如阿尔琴、莫鲁斯、雨果、托马斯·阿奎那、波纳文图拉、罗哲尔·培根等，也培育了约翰·邓·司各特、威廉·奥卡姆等敢于挑战权威的反叛者，他们极大地影响了中世纪教育的发展[2]。修道院学校的教育管理以及教学方式，对现代教育系统的产生也提供了参考和借鉴。

---

[1] 滕大春主编《外国教育通史》（第二卷），山东教育出版社，1989，第8页。

[2] 王凯：《西欧中世纪修道院教育研究》，内蒙古大学出版社，2012，第4页。

宫廷学校

宫廷学校是西欧中世纪皇宫中为王室贵族子弟所设立的学校。最早的宫廷学校创立于法兰克王国查理·马特统治时期（715—741）。768年查理大帝继位后，注重教育事业的发展，在宫廷设立学院，鼓励人们学习文法，注重德行培养，并聘请阿尔琴主持宫廷学校，培养王子、公主、皇室亲贵及其他官员，使得宫廷学校盛极一时，并成为欧洲重要的世俗教育形式。

> 查理大帝与宫廷学校[①]

法兰克王国发展到加洛林王朝时期，深受基督教影响的查理大帝出于政治目的，也大力提倡教育，西欧大陆教育一度振兴。……781年，与英国教士阿尔琴邂逅时，又请他召集教会各类人才赴法兰克办校讲学。阿尔琴是英格兰的著名学者，通晓希腊文、拉丁文，精于文法和修辞学。他应邀来到法兰克宫廷，始创宫廷学院，收徒授课，其宗旨是为了培养为神圣的上帝和帝国政权服务的人才。查理还加强对子女及皇族的教育，当时在宫廷学院受业的，除查理外，还有皇后、三位王子、两位公主、查理的姊妹、查理的女婿和三位堂兄弟、牧师以及当时已在宫廷任职的爱因哈德，所教科目为"七艺"。根据爱因哈德《查理大帝传》的记载，查理本人勤奋好学，他跟比萨的副助祭彼得学习文法，他"花费很多时间从阿尔琴那里学修辞学、辩论术，特别是天文学。他也学习算术，并且极其勤勉地细心观察星辰的运转。他还努力学习书写……"

在教学内容上，阿尔琴主要涉及阅读、习字、唱歌、神学等学科，同时为扩大知识范围，他还为自己增设文法、修辞、逻辑、算术、几何、

[①] 毛丽娅：《天堂地狱：基督教文明》，四川人民出版社，2002，第211—212页。

天文、拉丁语、希腊语等内容。不过，阿尔琴讲授的文法、修辞、逻辑、天文等学科，大都是以服务于教会为宗旨，没有超出基督教教义的范围。由于当时教学材料匮乏，阿尔琴就亲自动手编写教材，如《开发年轻人智慧的问题》《论正字》《丕平与教师的对话》《论文法》《论美德》《论辩证法》《论七艺》等①。宫廷学校的教学主要采用教会学校盛行的问答法，由教师按照教学目的编出问答内容，通过连环提问，让学生掌握和记诵有关的宗教、自然、社会等方面的知识。

> 宫廷学校教学示例：一般问题与回答②

丕平（以下简称"丕"）：写是什么？阿尔比努（以下简称"阿"）：历史的守护人。

丕：说是什么？阿：心灵的解释者。

丕：什么产生语言？阿：舌。

丕：什么是舌？阿：空气的鞭。

丕：什么是空气？阿：生命的守护者。

丕：什么是生命？阿：善的欢乐，恶的悲哀，死的期待。

丕：什么是死？

阿：难免的事，不确定的旅程，生者哭的主题，意志的实现，人们的窃贼。

丕：人是什么？阿：死的奴隶，短暂的过客，居所的主人。

丕：人像什么？阿：像一株果树。

丕：人的处境是什么？阿：如风中的烛光。

丕：人处在哪里？阿：六合之内。

丕：哪六合？阿：上、下、前、后、左、右。

丕：他可能遭受几种变化？阿：六种。

丕：哪六种？阿：饥与饱，作与息，醒与睡。

---

① 张斌贤主编《外国教育史》，教育科学出版社，2015，第123页。

② E.P.克伯雷选编《西方教育经典文献》（上卷），任钟印译，人民教育出版社，2016，第108—109页。

丕：睡眠是什么？阿：死的形象。

丕：人的自由是什么？阿：清白无辜。

丕：头是什么？阿：身体的顶端。

丕：身体是什么？阿：灵魂的住所。

阿尔琴主持宫廷学院长达14年。796年，阿尔琴接任图尔城圣马丁修道院院长，并把这所修道院发展成为学术和教育中心。阿尔琴不仅主持宫廷学院，还协助查理大帝发展教育事业，建立新的修道院、大教堂学校和其他教会学校。社会上兴起求学的热潮，学生来自名门巨第、中等人家和寒门小户等各个阶层。阿尔琴的努力为法兰克王国的教育打下了坚实的基础，也初步改变了西欧几个世纪以来文化上的荒凉局面。阿尔琴死后，他的事业由弟子继承，其弟子毛路（776—856）主持的福尔达修道院学校，是当时的学术中心。

在西欧的国王中，另一位注重教育事业的是英格兰王阿尔弗雷德。他仿照查理大帝创办宫廷学校，聘请学识渊博的著名学者（包括大主教、主教等）担任教师。在宫廷学校学习的人除了王子、贵族子弟外，还有下层阶级的儿童，教授内容包括拉丁文、撒克逊文以及"七艺"中的某些科目，在教学的同时，也注意学生道德、行为举止的培养。

中世纪的宫廷教育虽说是世俗教育，但并没有完全摆脱宗教的影响，在教学中还有许多宗教的痕迹。宫廷学校主要是培养封建统治阶级所需要的官吏，教育是为国家服务的，为国家培养所需要的人才。随着封建制度的发展，宫廷学校也逐渐增多，并成为世俗教育的重要组成部分。

骑士教育

骑士制度是封建制度最特殊的表现形式，出现于 11 世纪，盛行于 12 世纪。法兰克王国的查理大帝把靠战争掠夺来的土地和农民赐给有功的将士，这些人就成为欧洲最早的骑士阶层。然而，并没有专门的教育机构培养骑士，骑士教育往往是在日常生活和社交活动中进行的。

骑士教育的目的是养成骑士高尚、勇敢的品格，对神、君主、贵妇人等尽忠职守。封建领主的子弟从小就要接受严格的骑士教育，7 岁或 8 岁以前由母亲在家中抚养和教育，7 岁或 8 岁之后送入王宫或较自己高一级贵族的官邸中，充当侍童。主要任务是服侍男女主人，履行对男女主人的种种义务，学习宫廷中的各种礼仪，学习弈棋、弹琴、唱歌、识字、吟诗、宗教知识、体育（骑术、赛跑、角力）等，以养成侠义精神和对荣誉的热爱。

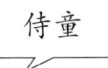

侍童

无论是在宫廷还是在寄养家庭，贵族子弟要随时听候主人的吩咐，侍奉领主和领主夫人。同时，当领主及其夫人进行社交活动时，他们或者伫立一旁默默观察、学习贵族社会待人处世的礼仪，或者端茶倒水、忙前忙后，耳濡目染地接受贵族社会进退有度的礼仪熏染。平日里侍童早起晚睡、打扫庭院、看护家园。寄养家庭的男性贵族要负责培养侍童武艺、雄辩、吟颂的才能，寄养家庭的年长女性，则要教授侍童们唱歌奏乐、琴棋诗书、待人接物，使他们尽可能地成长为技艺在身、勇武善战、虔诚忠信，同时又举止大方、谈吐高雅的年轻人。

十四五岁开始进入侍从阶段，学习内容为"骑士七技"：骑马、游泳、投枪、击剑、打猎、弈棋和吟诗。同时也要学习侍奉主人之礼，比如日常生活中为主人穿衣、铺床、叠被，陪主人散步，作战时为主人披挂铠甲、准备武器，随时侍奉在主人左右以保主人的安全。

> 侍从

大贵族的子弟，主要在宫廷中做君王及其家人的侍卫；中等贵族家庭的子弟，在显贵豪门或国王卫队中做侍卫；小贵族的子弟，则处于骑士的实习阶段，跟随中等贵族完成扈从技能培养。如此层层推移，实际上仍然是以居家为主的贵族子弟教育。这一时期贵族青年的主要任务表面上是跟随领主做扈从，实际上是在实践中全面地学习怎样做骑士。在军事训练方面，他们要充当领主的贴身跟班，为领主做各种活动的准备：照看猎鹰、猎犬与战马，保管头盔与盾牌，擦拭长矛和短刀，护理佩剑与铠甲，帮助贵族领主戴盔披甲上战马。在酣战之时要传递武器、保护战马、协同作战、以身护主。有些担任侍从的见习骑士往往因为经验不足、缺少装备、武器简陋，或战死疆场或身负重伤。

到了 21 岁，侍从阶段结束，表现合格者就可以被授予骑士称号，成为正式的骑士。"通常先举行宗教仪式，候选的骑士须独身斋戒和祈祷，然后身穿礼服去教堂进行宗教祭礼。这时未来的骑士将自己的佩剑呈送给牧师，请其祝福，然后宣誓。誓词大意是：效忠教会和君主，攻击异端，保护妇女及贫弱之人，捍卫邦国，愿为同胞利益洒尽最后一滴血。宣誓完毕，牧师退还其剑，并告诫其要扶助孤寡，拯救苦难，惩治邪恶，固守德性。礼毕后，再跪在领主前，领主用剑横拍他左肩，祝其勇猛；又拍其右肩，示其果决，再用剑指其头顶，命令其忠心不二。"[①]

在骑士教育中还有"恋爱教育"。封建领主的女儿要接受纺织、编织、缝纫、音乐、舞蹈、读书、写字、唱歌、礼仪等方面的教育，其目

---

① 滕大春主编《外国教育通史》(第二卷)，山东教育出版社，1989，第 33—34 页。

的是为骑士预备良配。男子则在侍从阶段快要结束时选定一个比自己年长的贵妇人，作为自己的恋爱对象，学习恋爱之道。要学会博取妇人的欢心，而且不管是否与该妇人结婚，都要矢志不移地奉其终身，体现出英雄浪漫主义的风致。

后来由于骑士阶层日益骄奢淫逸、道德败坏以及新式武器（如大炮、火药）的广泛使用，骑士的作用日益减弱，骑士教育制度也就逐渐衰退了。不过骑士精神是整个中世纪封建上层一种共同的精神：谦卑、荣誉、英勇、牺牲、怜悯、灵性、诚实、公正。英文"骑士精神"一词是从法文的"骑士"转变而来的，它最初只是战士的简单信条，但之后演化为受封建贵族推崇的一种基本精神素质和生活信条。事实上，骑士和贵族会为私利漠视骑士精神。贵族之间的仇恨和对土地的争夺，往往会被置于任何守则之上。

综上所述，骑士教育是一种漫长而系统的规范教育，它以教授军事技能为主，也包含宗教信仰教育、道德品质教育和文化知识教育。骑士教育与宗教教育相得益彰，正可谓"教堂的钟乐声交织着骑士的马蹄声，谱成了中世纪教育的基调"[1]。同时，骑士教育是一种中世纪西欧封建社会特殊的家庭教育形式，它与等级鲜明的欧洲中世纪封建制结构是相适应的。这种教育培养了当时社会所需要的实际应用型人才，体现了当时社会所崇尚的人格品质和道德风尚。但是它重在灌输服从和效忠的思想观念，并且对文化知识的传授并不重视。这与当今社会所倡导的思想自由，鼓励创新人才的发展是不太适应的。

---

[1] 许洁明、王云裳：《英国贵族文化史》，上海社会科学院出版社，2019，第189页。

中世纪大学

西方现代的大学多是从中世纪大学逐渐发展而来的。中世纪西欧大学的兴起，是中世纪西欧文化教育发展中最重大的成就。"大学"的词源是拉丁文 Universitas，指的是综合性研究场所，或指有权决定学校事务的学生或教师联合会。中世纪大学的出现是中世纪后半期社会政治、经济和文化发展的产物。中世纪初期的学术和教育虽经法兰克国王查理曼的倡导而向前发展，但受制于低下的生产条件，总体进程仍是缓慢的。到了11世纪，政治、经济和文化条件有了变化，原有的基督教学校再也不能满足日益增长的各方面要求，西欧文化的发展和东方文化的传入，促使中世纪大学出现。

中世纪最早的大学是意大利的萨勒诺大学，它最初是一所著名的医学学校，1131年德国皇帝巴巴罗斯发布敕令，承认它是一所大学。之后设立的是意大利波伦那大学，它的前身是一所法学学校，1158年被正式承认为大学。其他还有巴都亚大学（1222年从波伦那大学分出）、那不勒斯大学（1224年创办）等。法国的巴黎大学是中世纪最著名的大学，该校由修道院学校发展而来。1168年，英国仿照巴黎大学建立牛津大学，1200年又建立剑桥大学。此后，各国学者和封建主竞相建立大学。很多中世纪大学是在修道院学校、大教堂学校或已有的专科学校基础上发展起来的。

两种典型的中世纪大学

博洛尼亚大学创建于1088年，最初是由学习法律的人士自发组成的大学。博洛尼亚大学的建立得益于博洛尼亚这个城市在当时经济上的繁荣和对法律的重视。到12世纪中期，博洛尼亚已经是欧洲教会法和罗马法的最重要的研究与教学中心，教皇亚历山大三世和英诺森三世都曾是博洛尼亚大学的学生[①]。博洛尼亚大学学生按不同来源地组成不同的同乡会，对大学进行管理。这些学生在博洛尼亚大学享有很大的权力，由各个同乡会推选的代表负责招聘或解聘教师，大学的重大决策需要全体学生投票批准。

巴黎大学由巴黎圣母院宗教教学机构发展而来，这些学习神学的师生先是按行会的方式组建，后来获得了教皇的特许状，正式成为大学。巴黎大学以学生原籍和语言为标志形成四个民族团：法兰西民族团、诺曼人民族团、庇卡底民族团和英格兰民族团，每个民族团推举一位长者为本团首领，以维护本团成员利益，大学校长由四个民族团选举产生。后来，巴黎大学组建了神学院、法学院、文学院、医学院；教师团体也相应分为四大类，并组成教师团体教授会。巴黎大学这种师生组织成了后来中世纪欧洲大学的典范。

中世纪大学的学生来自不同的国家和地区，为了保护自己，不受当地教会和世俗封建主的迫害，他们按原籍组织同乡会，以维护自己的利益，教师则组织教师会，师生享有豁免、免税和罢教等特权。中世纪大学一般设有神学、文学、法学、医学四学院，起初教学内容和课程并不确定，一般是由各大学教授自己设定。从13世纪起，经教皇敕令和大学法规确定，课程内容逐步统一。文学院的课程是七艺、亚里士多德的逻辑学和普里西安的文法等内容；法学院的课程分为民法（罗马法）和寺院法（《古氏法令》）；医学院主要学习加伦、希波克拉底和阿维森纳等人的医学著作；神学院则主要学习阿奎那的《神学大全》和《圣经》。教学方法主要是讲解和辩论。学生从大学毕业，直接获得硕士或博士学位（硕士和博士没有程度的区别，只是在仪式上有所不同），同时也获得在任何地方任教的资格。巴黎大学、波伦那大学、牛津大学最早实行这一制度。

---

① 贺国庆、王保星、朱文富等：《外国高等教育史》，人民教育出版社，2006，第37页。

中世纪大学的兴起是教育史上的一件大事,具有深远的历史意义。中世纪大学是西欧社会开始走向文化繁荣昌盛的初步表现,是当时社会进步的缩影,大学的发展又大大推动了社会的前进。中世纪大学虽然还不是近代学制中的初等教育、中等教育之上的高等教育阶段,但为近代的大学打下了基础,并对当时普通教育的发展产生了重大影响。正如恩格斯所指出的:"因为有了大学,所以一般教育,即使还很坏,却普及得多了。"①随后,在文艺复兴和宗教改革运动中,欧洲的中等教育机构逐渐定型。由于科学革命和产业革命的推动,初等教育中各种类型的学校也基本确定,于是也就形成了欧洲的初、中、高三级学制。

中世纪大学的出现和发展是合乎规律的,有其深刻的社会经济、政治和文化的根源。大学的发展也并非遵循同一的模式,其组织机构、领导体制和教学内容都各有特点。许多大学是先行自发成立,后经教会或政府认可。有的大学则迫于形势,由政府或教会出面倡办。不过,凡是办得兴旺的大学都植根于社会生活的实际需要,这是其得以发展的生命力所在。中世纪大学吸取、利用和改造了东方文化和古代奴隶社会文化中的精华。其校内盛行的"七艺",是从古代奴隶制社会中继承下来,并经过改造的课程体系,大学中教授的医学理论更是博采古希腊和东方各国的医学名著。大学中开设的法学课程也大多来源于古罗马法。由此可见,中世纪大学在冲破传统势力的种种约束时,也继承了前人的文化遗产。这项经验也是值得我们借鉴的。

---

① 恩格斯:《自然辩证法》,曹葆华、于光远、谢宁译,人民出版社,1955,第158页。

第八章 启蒙时代的教育

> 这种教育,我们或是受制于自然,或是受制于人,或是受制于事物。我们的才能和器官的内在的发展,是自然的教育;别人教我们如何利用这种发展,是人的教育;我们对影响我们的事物所获得的经验,是事物的教育。所以,我们每一个人都是由这三种教师培养起来的。
>
> ——卢梭《爱弥儿:论教育》

人文主义教育是文艺复兴时期教育的主要类型之一,它重视人的价值,强调个性自由,推崇理性思考。意大利维多里诺的"快乐之家"、法国拉伯雷的《巨人传》都展现出文艺复兴时期资产阶级对人文主义教育的追求。捷克夸美纽斯构建了这一时期的教育学体系,其《大教学论》成为西方教育史上第一本教育学著作。英国洛克在《教育漫话》中提出了绅士教育的思想,对英国上层社会子弟的教育产生了重要影响。法国卢梭则是启蒙运动的杰出代表,其所著的《爱弥儿》一书,系统阐述了他的"自然教育"理论,开辟了以儿童为研究对象的教育研究新领域。

维多里诺的"快乐之家"

维多里诺（1378—1446），意大利人文主义教育家。1423年应孟都亚侯爵的邀请，创办了一所宫廷学校，原名"愉悦之家"，后更名为"快乐之家"。

快乐之家[①]

孟都亚的侯爵詹弗兰切斯科·贡札加正在为他的孩子们找一位家庭教师。在邻近的统治家族中，他是一个"新人"，并且他希望有一位学者能够通过其自身的名望来增加他在宫廷中的声望，同时还能够使他的儿子在斗智斗勇的过程中胜出，这在当时的意大利对于一些较小的家族来说是生死攸关的。贡札加先邀请格里诺，在后者的建议下他和维多里诺接触。在较长时间的犹豫之后，维多里诺接受了贡札加的邀请。维多里诺认为，一位教师的职业由于要承担这些如此特殊的责任，其服务工作一点也不少于在教会里的任职（他感到自己被宗教所吸引）。1423年底，他在孟都亚工作时已经准备好肩负新的任务。新学校建在一个娱乐场中，即卡斯特罗公园中的一幢豪华的花园式房子里。它原来定名为"La Zoyosa"，或者称"愉悦之家"，但后来被维多里诺重新命名为"拉·乔科萨"，即"快乐之家"，并且按照他的决定，用表现玩耍中的孩子们的壁画来装饰墙面，以与他的情感相一致。在这里，维多里诺和侯爵的孩子们一起生活和学习。逐渐地，学校中增加了一些来自其他阶层的男孩。后来，数量不等的贫困学生被维多里诺选入学校，他们依靠维多里诺自己的薪金、侯爵及其夫人保拉女士的赈济而获得膳宿和教育，有时还能免费得到衣服。我们听说，有40（甚至70）位这样的学生。

[①] 威廉·哈里森·伍德沃德:《文艺复兴时期教育研究》，赵卫平、赵花兰译，山东教育出版社，2013，第30—31页。

"快乐之家"的学生几乎全是王公贵族或是巨商子弟，只有极少数经维多里诺同意收留的具有一定天赋的贫民子弟。"快乐之家"的修业年限是15年，相当于从小学一直学到大学，儿童从六七岁入学，20岁毕业。学校实行寄宿制，学生们在这里过着愉快的学习生活。

维多里诺的教育目的是"培养身心全面和谐发展的人，这种人应具有强健的体魄、丰厚的文化知识、良好的品德和虔诚的宗教信仰"①。所以"快乐之家"主要实施"博雅教育"，开设了一系列人文主义课程，如古典语言、阅读、作文、语法、诗学、历史学、道德哲学和自然哲学、数学、天文学、逻辑学、雄辩术、伦理学、演说等。这是一个全新的课程体系，其目的是培养学生的实际能力，造就学生为社会服务的技能和品质。维多里诺还十分重视体育，如骑马、剑术、角力、跳舞、游泳、踢球、赛跑、跳高、游戏等，这能够促进学生精神和体魄的发展。不过，课程体系中仍保存宗教教育的内容，维多里诺认为道德和宗教是人文主义教育中不可缺少的部分；没有宗教教育，则不能成为真正的教育。所以，他把奥古斯丁的著作也列为必读书目。

"快乐之家"的教学方法是多种多样的，学生可通过包括听讲、观摩、示范、练习和游戏等途径掌握人文和自然知识。学生通过团体游戏引起兴趣，激发责任感；在音乐、舞蹈和唱赞美诗等多项活动中，发展儿童生动活泼的天性。维多里诺还强调发展儿童的个性，尊重儿童的天性和个性差异。他说："我们并不希望每个儿童要表现同样的天才嗜好；无论怎样，儿童总可以有他自己的所好；我们承认我们必须跟随儿童的自然本性前进。"②他主张教师以身示范，以慈爱之心关怀学生，与学生共同生活。在德育上，他主张尊重人过美好生活的权利，反对禁欲主义，倡导自由教育，宣传仁爱思想。在德育教育方法上，他强调教师对学生的示范作用，主张实行学生自治，减少惩戒，禁止体罚，维多里诺曾给予学生最重的处分是让学生面对同学跪在或躺在地上。在"快乐之家"，"维多里诺与学生朝夕相处，亲自担任拉丁语、数学等学科的教学，认真

---

① 吴式颖、任钟印主编《外国教育思想通史·第四卷·文艺复兴时期的教育思想》，湖南教育出版社，2002，第101—102页。

② 滕大春主编《外国教育通史》（第二卷），山东教育出版社，1989，第173页。

督促学生完成课业,注意学生饮食,关心学生的衣着卫生。他孜孜不倦地教学,从来没有追求过功名。他一生节俭,无论冬夏都穿同样的衣服,就是严寒天气也只是拖着一双凉鞋走路。他很善于控制情绪,一生保持童真并且没有用恶语伤过任何人"[①]。

"快乐之家"是人文主义教育思想冲破教会对教育的垄断中出现的宫廷学校,因而维多里诺被称为"仁爱之父"和"第一个新式学校的教师"。作为人文主义教育家,维多里诺最引人注目的贡献便是用自己的教育实践证明了新型教育方式的优越性,从而与中世纪经院教育脱离。为了培养出全面发展的新人,他在教育方法和制度上都进行了大胆的改革,进一步鲜明地表现出了资产阶级人文主义教育思想的特点。

[①] 吴圣苓主编《师典》,上海人民出版社,2004,第1141—1142页。

《巨人传》中的人文教育

拉伯雷（1494—1553）是文艺复兴时期法国人文主义作家、教育思想家。在人文主义教育思潮的影响下，拉伯雷于1532年开始陆续发表小说《巨人传》（又译《高康大和庞大固埃》），直到1564年才全部出版。《巨人传》通过对主人公高康大接受教育过程的描写，揭露经院主义教育的种种弊端，展现文艺复兴时期资产阶级对个性解放及其对教育方式变革的追求。

> 拉伯雷逸事

拉伯雷非常反感刻板乏味的修士生活和清规戒律的束缚，他开始学习希腊文，通过希腊文了解希腊和罗马的古代文化。当时，修道院反对学习古代文化，认为学习希腊文是追求异端邪说，所以修道院搜走了拉伯雷所有的书籍。拉伯雷愤怒之下换了一个修道院。在新修道院里，他幸运地遇上一个也喜欢古代文化的住持，加上他们又是老相识，拉伯雷终于可以自由地研究古代文化了。后来，拉伯雷跟随大主教出使罗马，游览文艺复兴运动的发祥地意大利，访问了许多名人和古迹，学习了宗教、哲学、数学、音韵、法律、考古、天文等许多方面的知识，终于成了一个博学的人。

《巨人传》共分为5部：第一部讲述主人公高康大生下来就会说话，一顿饭要喝17 000多头母牛的奶，衣服要用12 000多英尺（1英尺=0.304 8米）布制成。最初受经院教育的毒害，后来通过学习人文主义教育才得到解救；第二部讲述高康大的儿子庞大固埃从一开始就受人文主义教育，比父亲获得了更多的幸福；第三部讨论要不要结婚的问题，随后庞大固埃等人一起出发寻找"神瓶";第四部和第五部描写他们在旅行中的见闻以及"神瓶"给予的启示。

在巨人的成长过程中,经院主义教育和人文主义教育对巨人的影响形成了鲜明对比。拉伯雷批评经院主义教育在禁欲、强制、古典记诵和教条灌输等方面对儿童身心造成的摧残,强调要尊重儿童的人格,激发儿童求知的兴趣。他希望把儿童培养成为博学多识、活泼健康、信仰新教的人文主义者。所以,在教育内容上,拉伯雷提出要涉猎多种多样的学科知识,重视人文科学和自然科学,主张学习实用知识。比如"文字语言方面,希腊文要学习柏拉图,拉丁文要学习西塞罗"①。

在教学方法上,拉伯雷批评强迫儿童死记硬背的教条主义,认为那是"没有经过理解的知识等于灵魂的废物"②。而人文主义的教师则让高康大和当地的学者接触,利用其好胜的心理,启发才智、引导读书,并让高康大和别人竞争比赛。人文主义教师还注重谈话法和游学,高康大曾就读于法国的普瓦提埃大学,又先后游学图卢兹大学、蒙彼利尔大学、布尔日大学、奥尔良大学和巴黎大学等,获得了许多有益的知识。关于道德教育,拉伯雷强调"要警惕世界上的欺诈。心里不要贪恋虚荣……要对人殷勤,要爱人如己。尊敬你的师长"③,推崇仁爱、勤劳、勇敢、正义等品德。在《巨人传》中体育和美育也受到了重视。高康大每天运动两次,运动项目包括骑术、箭术、枪术等。除了唱歌,还要学习多种乐器,如古琴、键琴、竖琴等。

> 高康大学骑马

为了使高康大成为骑马的能手,大人们给他做了一匹高大的木马,非常好看。他骑在马上,让它连蹦带跳、驰骋腾跃、飞奔纵蹿,甚至于舞蹈,样样都来;还叫它走小步、快步、阔步、跑步、碎步、奔驰步、骆驼步,还有野驴步;还叫它更换皮毛的颜色,有棕色、褐红、灰白、

---

① 拉伯雷:《巨人传》,成钰亭译,上海译文出版社,1981,第272页。

② 同上书,第273页。

③ 同上。

鼠灰、淡黄、深灰、牛黄、镰花、斑花、白底黑点、纯白色等。他自己又用一辆拖车当作一匹狩猎时骑的马，用一根榨床的木棍当作一匹日常骑的马，又用一棵大橡树当作一头拉着披套的骡子，打算在家里骑。此外，他还有十多匹替换的马，七匹驿马。这么些马，他叫它们都睡在自己身边。

拉伯雷在《巨人传》中对经院主义教育进行了严厉的批评，揭露了其空洞无用、教条死板的教学内容与形式，提出了尊重个性、培养自由等新的教育理念。所以，《巨人传》出版后，被认为是法国文艺复兴时期反封建神权统治的思想解放运动的代表作，是一本"充满巨人精神的奇书"。由于触动了封建统治者的利益，《巨人传》被巴黎大学和法院宣布为禁书，"伊拉斯谟的名字可以堂而皇之地印在一本受人尊敬，并可供一家老小阅读欣赏的书上；但是若在公共场所谈及拉伯雷，则被认为是有伤大雅。确实，这个人很危险，以至于国家都通过了一项法律，禁止天真的儿童触及他的那些'邪恶'的作品，在很多国家里，他的书只能从胆量更高的书贩那儿得到"[①]。

在今天看来，拉伯雷对"巨人"教育的设计，虽有空想的一面，但强调教育对儿童的个性发展具有决定性的作用，强调让儿童学习掌握实际有用的知识、发展心智与判断能力、采用旅行等新式教学方法，这些同样也是当今教育所重视的教育内容，《巨人传》为我们提供了值得学习和借鉴的案例。

---

① 房龙：《宽容：一部人类的不宽容史》，端木杉译，北京时代华文书局，2018，第156页。

夸美纽斯与《大教学论》

夸美纽斯（1592—1670），捷克教育家，西方教育史上一位里程碑式的人物。他的《大教学论》是西方教育史上第一部体系完整的教育学著作，它全面论述了人的价值、教育的目的及作用、旧教育的弊病、改革教育的必要性和可能性、学制、教学法、体育、德育、宗教教育、学校管理等。

> 《大教学论》

1632年，夸美纽斯在经过了约5年的酝酿及写作后，完成了其教育思想的代表作《大教学论》。此后又用5年的时间修改、扩充，并改写成当时学术界通用的拉丁文文本。《大教学论》从书名上看，似乎是一部关于教学法的著作，实际上它远远超出了教学论的范围。它已涉及现代普通教育学的各个方面，是以前的任何同类论著都不可企及的。他写作此书的目的是实现青年时代的理想，即"寻找并找出一种教学的方法，使教员因此可以少教，但是学生可以多学；使得学校因此可以减少些喧嚣、厌烦和无益的劳苦，多具闲暇、快乐和坚实的进步"[①]。

夸美纽斯在《大教学论》开篇便指出"教学论是指教学的艺术"，这是"一种把一切事物教给一切人们的全部艺术，这是一种教起来准有把握，因而准有结果的艺术；并且它又是一种教起来使人感到愉快的艺术，就是说，它不会使教员感到烦扰，或使学生发生厌恶，它能使教员与学生全都得到最大的快乐；此外，它又是一种教得彻底、不肤浅、不铺张，却能使人获得真实的知识、高尚的行谊和最深刻的虔信的艺术"[②]。夸美纽斯把教育当作一种愉快的意识，并提出了一套相对完整的体系。

---

① 孙强：《近代教育学的奠基人夸美纽斯》，山西人民出版社，2018，第7页。

② 夸美纽斯：《大教学论》，傅任敢译，教育科学出版社，1999，第1页。

由于夸美纽斯的教育思想诞生于 17 世纪，正是欧洲从中古向近代的过渡时期，他所倡导的教育不可避免地保留着时代印记。他的教育目的具有两重性，一方面，他把宗教教育当作教育的首要目的，他认为人生的最终目的是达到永生，现实的生活只是为永生做准备。另一方面，他的思想具有强烈的世俗化的倾向。因而夸美纽斯主张一切男女青年都应该进学校学习，不仅是有钱有势的人的子女应该进学校，而且一切城镇乡村的男女儿童，不分贫富贵贱，都应该进学校。夸美纽斯设计了一个学校体系：母育学校、国语学校、拉丁语学校和大学，就入学人数来说，这个体系是一个宝塔形状，只有智能高超的学生才能升到塔尖。夸美纽斯认为，人们智能的差异是可变的，即使能力低微的学生，只要教育得当，也能习得广博的知识。

所以，在教育内容上，夸美纽斯提倡"泛智论"，强调要学习"百科全书"式的知识，学校教育的内容应该包括科学、技艺、语言、道德、宗教等。夸美纽斯的"泛智论"，"其教学内容的特点是兼容并包而鱼龙混杂；既有宗教知识，又有世俗知识；既有古典科目，又有现实科目；既有科学知识，又有落后迷信的传统说教"[①]。夸美纽斯的教学内容比较丰富，包括了之前没有的科学知识等内容，但同时带有较为明显的宗教色彩，认识上有一定的局限性。在教学方法上，夸美纽斯主张废除强制灌输的传统教学方法，而运用说服、赞扬和奖励的办法来激发学生求知的兴趣。主张废除照本宣科的教学方法，尽可能地运用直观教学法。他呼吁要使教学变得容易、彻底和迅速。夸美纽斯认为要按照孩子的身心发展规律进行教育，并不意味着犯了错的孩子不用受到惩罚。自然是根本，纪律是保障，纪律带给学生的不是束缚和制约，而是快乐和自由，要让学生在良好的氛围和环境中进行学习和创造。夸美纽斯非常重视教育对人的作用，他认为只有通过教育才能使每一个孩子成为真正意义上的人，所以教师要在教学中从整体上了解学生，客观地看待他的优点和缺点，在尊重的基础上，平等对待学生，严格要求学生，让学生通过教

---

① 滕大春主编《外国教育通史》（第二卷），山东教育出版社，1989，第 366 页。

育获得发展。

夸美纽斯批判经院主义的学校是"儿童恐怖的场所""才智的屠宰场",要求一切教育要适合儿童的天性。他提出了统一学制的设想,根据学生的生理和心理特点,划分了从出生到24岁的4个年龄期,每个时期6年:6岁以前的母育学校,即学龄前的家庭教育;6岁至12岁的国语学校,即小学教育;12岁至18岁,拉丁学校或文科中学,即中学教育;18岁至24岁,大学或高等学校教育。这是一个完整的学校教育体系。在当时,这是一大创造。夸美纽斯还是世界上最先提出班级授课制的教育学家,中世纪之前的教学一般是个别进行的。班级授课制在日后的发展中不断完善,时至今日仍在发挥作用。

综上所述,夸美纽斯建立了教育学的体系,赋予它以全新的含义。在古希腊,教育理论蕴含在哲学理论之中,并未形成单独的专门学科。古罗马的西塞罗总结了培养演说家的教育理论,但也未形成教育理论的完整体系。到了中世纪,一切科学都成了"神学的仆役",教育理论无从谈起。文艺复兴运动以来,教育理论出现了欣欣向荣的局面。时代要求总结教育理论,同时也就造就了教育理论家。夸美纽斯便是这个时代的产物,他的教育理论正是这个时代教育理论的结晶。夸美纽斯为近代教育理论建立了基本的框架,发展和丰富了近代教育理论,对我国当代教育发展有着深刻的启示。

洛克与绅士教育

洛克(1632—1704)是英国17世纪著名的哲学家、政治家和教育家,他构建了关于绅士教育的思想体系,他的绅士教育思想集中体现在《教育漫话》这本书里。此书自问世就产生了很大影响,对当时英国上层社会子弟的教育起了重要的推动作用。

洛克的教育目的是要培养受过合适教育的英国绅士,理由是绅士阶层能够指引社会发展的正确方向、带领人们走向正轨。所以,洛克认为绅士应该是"有德行、有用、能干的人才",应具有"德行、智慧、礼仪和学问"四种精神品质。德行是指能用理性克制各种欲望,言行符合道德规范;智慧是指"使得一个人有才干和远见,能去处理他的事务"的能力;礼仪指礼貌、礼节和风度;学问指各种实用知识以及各种技巧。洛克认为理想的绅士能够对科学、农业、日常事务产生浓厚的兴趣,在国家管理中发挥重要作用。这符合资产阶级新贵族的教育需求。

洛克认为绅士教育应该在家庭当中进行,"大家只要想想这件事就会知道,私人的教育虽然不无缺点,但较之于学校教育,在改进儿童方面,其优势要明显得多。这样一想,就会设法将孩子留在家中,去保持他的纯洁和谦逊,因为孩子留在家里,比较容易学到一些品质,做个有用的和能干的人"[①]。洛克指出当时英国学校教育的问题是学生来自不同阶层,人格品质良莠不齐,同时所学内容也对绅士将来的发展不利,而留在家中接受教育,有父亲、良师的监督和指导,能够达到良好的教育效果。

> 英国:言传身教的力量[②]

"你想要把儿子培养成一个绅士,父亲就必须是一位绅士。"这是一个普通的英国父亲巴比·路易斯的认知。这告诉我们:英国的绅士教育

① 约翰·洛克:《绅士的家庭教育》,杨汉麟译,长江少年儿童出版社,2014,第59页。

② 刘水发编著《国外家教启示录》,西藏人民出版社,2011,第138页。

对男孩子提出了很高的要求,父亲应该是儿子接触到的第一位绅士,所以做父亲的就更应该身体力行。平时,巴比总是会在孩子面前为女士拿包,请女士先行,就餐时注意礼仪,然后告诉儿子这些都是一个绅士应该做的事情。

一个阳光普照的周末午后,巴比·路易斯带着他的两个儿子去打迷你高尔夫球。他和孩子们一起走向售票柜台问道:"进去要花多少钱?"

年轻的售票员回答:"大人3元,6岁以上的小孩也要3元,刚好6岁或小于6岁的小孩免费,他们两个几岁?"巴比告诉售票员:"站在我右边的是我的大儿子,他今年6岁半了,我左边的孩子是小儿子,今年3岁。这样一来,我们三个人需要付6元,对吗?"

那位售票员一边为他们办理门票,一边笑着说:"先生,您真有趣!其实,您只要告诉我那个年纪大一点的男孩子是6岁,就可以省掉3元了。我根本看不出来,不是吗?"可是,巴比却笑笑回答说:"你说得没错。问题是,你分辨不出来,可是我的儿子们却知道呀!我不能让孩子看到自己的父亲不遵守公共道德!"

父母对孩子的教育,更多的是要注意细节,你要知道你的一言一行都是在为孩子做榜样。作为父亲更应该知道这一点。

在《教育漫话》一书中,洛克就指出了绅士教育所需要的基本内容:体育、德育和智育。体育是帮助绅士获得健康的身体,这也是精神快乐和幸福生活的保证,"健康的生活寓于健康的身体"[①]。要以医学知识为基础,从小注意锻炼,反对娇生惯养;生活要有规律,多呼吸新鲜空气,保证充足睡眠,节制饮食、冷水洗浴等;经常进行游戏活动,学习骑马、击剑等,推崇游泳。

德育是绅士教育中最重要的内容,"在一个人或者一位绅士应具备的各种品性之中,我将德行放在首位,视之为最必需的品性;他要有存在价值,受到敬爱,被他人接受或容忍,德行乃是绝对不可缺少的。缺乏

[①] 约翰·洛克:《教育漫话》,杨汉麟译,人民教育出版社,2006,第7页。

德行，无论是在阳世还是在阴间，我认为他都毫无幸福可言"[①]。鉴于德育的重要意义，在教育过程中要及早施教，反对溺爱，培养孩子克制欲望、遵守约束的能力。同时树立道德榜样，对孩子产生潜移默化的影响。教育方法也要得当，反对物质刺激，提倡精神奖励，慎用体罚和训斥（被认为是奴隶式的管教方式），不得已时才鞭挞。

智育和德育同样重要。智育的任务是教给孩子各种知识和技艺。在《教育漫话》中，洛克列出了绅士教育所需要的课程：包括英文、法文、拉丁文、阅读、写字、图画、速记、地理、算术、天文、几何、年代学、历史、伦理学、民法、法律、修辞学、逻辑、自然哲学、跳舞、音乐、击剑、园艺等。除了知识和技艺外，旅游也是绅士教育的内容，旅游的好处是能提高运用语言的能力以及能通过与人交往提升自我。

洛克的绅士教育对英国产生了深远的影响，"绅士"已经成为英国的一个代名词。绅士教育反映的是英国资产阶级新兴贵族阶层对教育的基本需求：培养德、智、体等全面发展的知识与应用型人才。对于现代社会重视学前教育、加强体育教育、重视礼仪教育等来说，绅士教育无疑为其提供了丰富的经验和良好的参照。

[①] 约翰·洛克：《教育漫话》，杨汉麟译，人民教育出版社，2006，第128页。

卢梭与"自然教育"

卢梭（1712—1778）是18世纪法国启蒙运动杰出的思想家和教育家。其代表作《爱弥儿》写于1757年，在书中卢梭阐述了他的"自然教育"理论。

> 《爱弥儿》[①]

这本书部分的缘起，来自卢梭与埃皮奈夫人谈论对儿子的教育问题。最初以短篇论文的形式"为使一位具有思考能力的贤母欢心"。此人在实际生活中是杜潘夫人的女儿。卢梭考虑把它作为《新爱洛漪丝》的续篇——如何把朱莉娅的孩子们教养成人。有一段极短的时间，他怀疑，曾把亲生小孩送到弃儿养育院及曾在马布利家当家庭教师失败过的这么一个人，是否适宜谈论亲情与教育。但一如往常，他发现以未受经验的阻碍而让自己的想象力纵情奔放，总是一件愉快的事情……卢梭将自己幻化为几乎具有无限权威的教师，教养一个名为"爱弥儿"的小孩，将其论说予以人性化。以450页的篇幅写成教育史上史无前例的一部书，这是非常难以置信的事，但卢梭把它完成了。哲学家康德偶尔读到《爱弥儿》时，沉迷于此以致忘了每日必行的散步。

"自然教育"就是以发展儿童的天性为目的，适应儿童的生理与心理的、自然本能的教育。卢梭所谓的"自然"，包括社会与人两个层面：社会的"自然"是指人类的史前状态；人的"自然"则是指人性中的基本能力和倾向。而教育则来源于三个方面："我们或是受制于自然，或是受制于人，或是受制于物。我们的才能和器官的内在的发展，是自然的教育；别人教我们如何利用这种发展，是人的教育；我们对影响我们的事

[①] 威尔·杜兰特、阿里尔·杜兰特：《世界文明史：卢梭与大革命》（上），台湾幼狮文化译，天地出版社，2017，第193—194页。

情获得良好的经验,是事物的教育。"[1]儿童的教育就应该顺应大自然的法则,发展儿童的本能与天性,但同时必须使人的教育、物的教育与自然的教育相配合,才能趋于自然的目标。所以,卢梭的"自然教育",主要表现为对人的自然本性的肯定,主张通过接近自然、顺应自然以培养自然的人性。同时,卢梭认为:"出自造物主之手的东西都是好的,而一到了人的手里,就全变坏了。"[2]所以他提出教育对象应当是天性所造就的人,而不是人所造就的人。

> 崇尚"自然"

经由一位朋友的介绍,卢梭结识了华伦夫人。他原以为华伦夫人是个老态龙钟的丑老婆子,不料她却是一位满脸和气、风韵十足的年轻女子,这使他大感惊讶和激动。正是这位夫人影响了他日后的生活。卢梭听从华伦夫人的劝告,开始他的远途旅行,这也正适合他那早已形成的漫游癖好。他觉得这样的年纪就有机会爬山越岭,登临阿尔卑斯山的高峰,真是件美事。一路上,卢梭心情十分愉快,没有什么可担心的。这次旅程虽短,但卢梭喜爱自然风光,沿途的美景尽收眼底,他将感情寄托于大自然,虽然身处漂泊之中,却没有精神空虚之感。凡是映入卢梭眼帘的东西,都令他内心感到一种醉人的享受。大自然的奇伟、多彩和实际的美,深深地影响了卢梭的人生观。以后他又进行了多次旅行,不论是旅途中的美景,还是乡村的田园生活,都使他陶醉着迷。他热爱自然,崇尚自然。他最伟大的教师,并不是任何一种书籍,而是"自然"。

卢梭从"自然教育"的理论出发,重视儿童成长的阶段性和顺序性,强调要根据儿童不同年龄期的身心特点实施教育:

0~2岁(婴儿期)。这一阶段教育的主要内容是体育,其任务在于使婴儿获得自然的发展,锻炼体格,促进身体健康。

[1] 卢梭:《爱弥儿:论教育》,李平沤译,商务印书馆,1978,第7页。

[2] 同上书,第95页。

2~12岁（幼儿期）。这一时期被称为"理智睡眠期"，儿童知识全属于感觉领域，并未进入理解的范围，所以这一时期的主要任务是训练儿童的感官。

12~15岁（青年期）。这一时期主要是进行智育和劳动教育。智育的任务不在于传授系统的科学知识，而在于发展儿童获得知识的能力，激发他们对所学知识的兴趣和热情。

15岁至成人。这一时期主要是进行道德教育，主要内容是培养善良的情感、正确的判断和坚强的意志。同时，卢梭还指出应把道德教育放在城市中进行。

由此可见，"自然教育"所造就出来的人都应是身强体壮、心智发达、能力强胜的人。卢梭笔下的爱弥儿就是"自然人"的化身："他体格健壮，虽然书本知识不多，但通晓事理，善于思考、敏于判断，也不依附于某种职业或某一地位，因为这样会被一个固定的模子所束缚，阻碍了人的天性的自然发展。爱弥儿能胜任任何工作，他对于任何职业都有所准备。"①

卢梭的"自然教育"尊重儿童的善良天性，并以此为契机批判了当时流行的教育思想与方法，倡导儿童本位的教育观。在今天看来，虽然卢梭的思想当中存在着一定的局限性，但在他所生活的时代，"自然教育"是富于革命性的，对后世的教育也产生了重要的影响。"自然教育"开拓了教育的新研究领域，之后的教育家将主要精力放在研究儿童上，以"儿童为中心"的教育改革在世界范围内展开，我们今天的教育同样深受其影响。

① 任钟印、李文奎:《外国教育通史》（第三卷），山东教育出版社，1990，第109—110页。

第九章 近现代教育改革与实践

> 教育是社会进步及社会改革的基本方法。改革仅仅依赖法规的制定，或是惩罚的威胁，或仅仅依赖改变机械的、外在的安排，都是暂时性的、无效的。教育是达到分享社会意识的过程中的一种调节作用，而以这种社会意识为基础的个人活动的适应是社会改造的唯一可靠的方法。
>
> ——杜威《我的教育信条》

17世纪开始，欧洲的农业、手工业、商业得到迅速发展，资产阶级开始登上历史舞台，并对教育提出了诸多新的要求，以不断适应社会的变革。英国的公学从一开始就保持严格的阶层选拔制度，导生制的出现则表明英国在贫民教育方面的积极态度；德国的巴泽多创建泛爱学校，其指导理念深受卢梭"自然教育"理论的影响；法国在初等教育方面的改革则围绕建立"统一学校"而展开；19世纪末20世纪初的新教育运动，为欧洲教育带来了新的思想；美国的公立学校运动、进步主义教育运动、"八年研究"计划等，使美国教育得以不断完善与提升，并引领世界教育的发展潮流。各类法案的制定，如英国的《福斯特法案》，法国的《费里法案》，美国的《莫雷尔法案》《国防教育法》等，从法律层面保障了各级各类教育的有效实施。

公学

公学是一种贵族化了的文法学校，学校是由公众集资兴办的，教学目的在于提高公共教育水平和培养一般公职人员，所以被称为"公学"，但其实际上仍是私立贵族学校，只限上层社会子弟入学。"公学"并非"公立学校"，而是一种私立学校。"保持自己的个性"是公学和它的每一个学生所崇尚的宗旨。因此，公学从古到今始终保持着一些显示自己"高傲"地位的特征，据1952年统计，英国大约有87%的将军、83%的主教和67%的高级官吏毕业于公学。

1382年由温彻斯特主教威廉·威克姆创立的"温彻斯特公学"是最早的公学。1446年，国王下令把该校改为普通文法学校，称为"王立文法学校"，即伊顿公学。

伊顿公学[①]

初入伊顿，学生只是13岁的小男孩，离开伊顿时却已是18岁的谦谦君子。他们在伊顿的6年完成的是生理、心理、知识、体能、思想和社会责任感的全面成长。学校的宿舍是学生们的新家，每座宿舍楼是一个集体，从一年级到五年级约50人，除了上课之外，起居、餐厅、体育、娱乐活动都以宿舍楼为单位；在着装方面，伊顿公学还以古老传统和非常特别的校服而闻名。伊顿公学为不同职位、不同等级、不同荣誉的获得者设计了不同着装。伊顿的校服类似绅士的黑色燕尾服、白色衬衫、圆领扣、黑色的马甲、长裤和皮鞋。这套行头就要700英镑，加上配套的衬衫、领带等，装扮一个伊顿人，至少要好几千英镑；在体育方面，伊顿学生几乎每天下午都有体育活动。其中，伊顿划船赛的礼仪优雅浪漫，"伊顿五人"、墙赛、田野游戏赛等伊顿的特有运动勇猛粗鲁。

---

① 陈永明：《主要发达国家教育》，天津教育出版社，2006，第196页。

在游戏般的体育运动里,男孩们不仅锻炼体魄,而且能形成同学之间的互相尊重、团结、合作、集体责任感和荣誉感。

到 17 世纪,英国已出现了 9 所著名公学,分别为温彻斯特公学、伊顿公学、圣保罗公学、什鲁斯伯里公学、威斯敏斯特公学、默钱特·泰勒公学、拉格比公学、哈罗公学、查特豪斯公学。其中最负盛名的 4 所公学是伊顿公学、哈罗公学、温彻斯特公学、拉格比公学。其后的两个世纪中,公学的数量增长缓慢,直到 19 世纪,公学总数也就 20~30 所[1]。

公学选拔学生的标准极为严格,尽管社会地位和财富是进入公学的首要条件,富贵人家中才智平庸的子女也会被拒之门外。所以,公学的水平较高,大多数毕业生都能直升牛津大学或剑桥大学。公学的学习年限为 5 年,学生 14 岁左右从预备学校毕业后,经过考试合格才能入学。

丘吉尔考公学[2]

温斯顿·丘吉尔(1874—1965),英国政治家、演说家、军事家和作家,曾于 1940 年至 1945 年出任英国首相。进入哈罗公学之前,丘吉尔必须参加一次入学考试。校方希望通过考试,了解一下他在希腊文、拉丁文、英文、历史、几何和数学方面的学习程度。但他在临考时似乎过于紧张,所以发挥得不够好。尤其是他不喜欢的拉丁文课程,在考试时需要他把一段拉丁文翻译成英文:当时他却头脑发蒙,仿佛一片空白,在两个小时中只在考卷上写了一个字,加上括号,又用墨涂上,再打上一些点。结果交了白卷。此外,他的数学成绩也很差。尽管如此,他还是被学校录取了。因为对他来说,入学考试充其量不过是走走过场,哈罗公学的年轻校长显然不会将地位显赫的伦道夫勋爵的公子拒之门外。不过如果是在现在,他恐怕就没那么幸运了,公学是拒绝接受学习平庸的学生的。为了保障生源质量,公学还普遍设置了预备学校,经过正式

---

[1] 任钟印、李文奎:《外国教育通史》(第三卷),山东教育出版社,1990,第7页。

[2] 华言实编著《全球文明全纪录》,海南出版社,2001,第1479页。

的入学考试后才能入学。

公学重视绅士培养,并实行寄宿制。虽然学生来自贵族上层家庭,但公学所提供的食宿条件较为简陋,目的是培养吃苦耐劳、坚忍不拔的性格。在公学内部实行学生自治和导师制。教师多是重金聘请而来的优秀人才,其中牛津、剑桥两所大学为公学提供了不少优秀的师资。公学的管理制度也相当严格,违反纪律要受到体罚等惩戒。因为公学与教会关系密切,所以宗教信仰在公学教育中是"第一要义",学生要严格遵守。其他课程不尽相同,最开始重视古典学科,之后由于工业革命和科技的发展,自然科学逐渐受到重视。早期的公学一般是男校或女校,之后才开始实行男女同校。

由于公学培养的是上流社会的人群,所学内容已不适应19世纪以来工业和科技的发展,公学教育开始受到人们的批判和指责,"1809年《爱丁堡评论》发表文章认为公学的目的是培养对社会、对未来有用的人,攻击公学的弊病在于重视希腊文和拉丁文等古典学科,而忽视了实用学科,从而培养的不是对社会发展有用的人才"[①]。所以,公学在课程内容等方面进行了一系列的改革,不断适应社会发展的需求。

英国公学是英国教育制度中特殊的中等教育模式,它以培养绅士为教育目标,对学生进行体能的训练、性格的养成和学术的培养,公学对英国中等教育的发展具有一定的推动作用。纵观英国公学,它具有独立性、封闭性、严酷性和全面性的特点,由于传统深厚,公学已经成为英国教育体制中的独特存在。英国公学的办学模式对我国基础教育的改革和发展同样有着深刻的借鉴意义。

---

① 李荣亮:《十九世纪英国功利主义教育哲学研究》,天津人民出版社,2016,第35页。

导生制

导生制是英国人贝尔（1753—1832）和兰卡斯特（1778—1838）所创立的一种教学组织形式，也称"贝尔－兰卡斯特制"。

1791年，贝尔作为英国牧师来到印度的马德拉斯，担任一所半官方性质的孤儿学校的校长。由于对学校之前的教学质量感到不满，他进行了一系列的教学改革，包括设立导生、助理导生和互助导生三种"学生教师"。但贝尔的改革并未引起人们的关注。数年后，兰卡斯特在英国实践导生制，地点是在其自己建立的巴勒路学校。兰卡斯特将导生制的实施分为几个步骤："挑选优秀的学生作为班长；分派每位班长负责一组学生（通常为10人）的教学和监督工作；教师首先将班长单独集中在一处并教会他们每一课，然后，班长再把自己刚刚学会的东西教授给该组的学生。"[①] 兰卡斯特还在学校中实行严格的军事管理制度，教师、学生必须严格遵守学校的制度规定。

兰卡斯特是一位慈善教育家，他矢志不渝地推行其导生制，源于他对贫穷儿童的同情："他热切地希望能够拯救那些闲荡在城市街头的无知无识儿童，防止他们成为各种腐朽思想的俘虏。"一位英国学者分析说，兰卡斯特所创办的巴勒路学校之所以与众不同，原因在于"兰卡斯特是一位伟大的教师，在于他对儿童的理解、他的人道主义理念和热情"。他的导生制对英国初等教育和教师教育发展的贡献是得到公认的，他提出的一些教育改革建议具有明显的超前意识，如有关强迫教育、女孩教育、学校图书馆建设和学生保险制度的思想，也反映了他的教育主张的前瞻性，这在英国初等教育后来的发展中得到了证明。

① 丹尼尔·坦纳、劳雷尔·坦纳：《学校课程史》，崔允漷等译，教育科学出版社，2006，第49页。

> 导生制[1]

礼堂本来是做弥撒用的，平日能坐得下百把来人。这天，把原来的长椅搬了，排上课桌，数一数可以安排 200 名学生。这 200 名学生的座位排成十数行，每行都有一名年纪大的学生坐在排首，他们就是导生。

上课的钟声响了。导生们迅速集中到老师身边，剩下的孩子都在位置上复习昨天的功课。那些导生原来就聪明，成绩也好。经教师一番教导，很快就掌握了这天应该学习的内容。钟声又响起来。导生们又回到自己那排的排首，开始向自己的小弟弟小妹妹们讲课。他们已经把教师的话化成孩子们的语言，有的导生一招一式，跟教师日常讲课的姿态一样，俨然一位小老师的模样。等那些导生讲完课，全体学生都兴高采烈地读起课本来。琅琅的书声展示出今天全体学生都学会了应学的功课。

由于学生群体多是贫民儿童，在教学方法上，导生制除了能提高教学效率，还考虑到经济实用的问题。所以，导生制学校主要采用沙盘、缀字和纸板等教学法。"沙盘教学法是导生和差生一对对坐在沙盘前，互教互学如何拼写字母。缀字教学法是一种通过拆字学习字词的拼读方法。纸板教学法是导生将新课写在纸板上，将纸板挂在墙上，全班学生按成绩好坏依次排队。提问时，差生若答得比优秀生好，两人的站队位置就调换。导生只在全体学生都不能正确答题时才予以讲解。"[2]在教学过程中，奖励、惩罚与竞争常常联系在一起，以激发学生的学习兴趣。

与传统的教学方式相比，导生制有几个明显的优势：

一是节省费用。聘请教师的费用昂贵，而以导生代替教师，费用就大大减少。兰卡斯特的学校每个学生每年只需要 7 先令（1 英镑等于 20 先令）即可受教，而贝尔的学校每个学生每年只需要 4 先令 2 便士（1 先令等于 12 便士）即可入学。大多数的贫苦儿童也有机会到学校学习。

---

[1] 颜煦之编著《教育家》，台海出版社，2013，第140页。

[2] 徐辉、郑继伟编著《英国教育史》，吉林人民出版社，1993，第206—207页。

二是缓解师资不足的压力。在使用导生制的学校里,"一个大教室安置许多排长课桌,每排 10 多个学生,其中有一个导生。教师首先教这些导生,然后由他们领着一排学生围站在一个地方,把刚学到的教学内容再转教给其他学生,以后,也由导生对这些学生进行检查和考试。有了作为助手的导生,一位教师在一个教室里往往能教几百名学生"[①]。

三是能够培养学生自我管理的能力。学生分工合作,使多数学生受到了锻炼,提高了自我管理能力。

因为导生制有明显的优点,所以在当时的英国受到了欢迎。英国国王乔治三世听了兰卡斯特的报告后曾称"善",并保证对实行导生制的学校给予经济上的资助;社会捐款也源源而至。

1808 年,英国成立了"皇家兰卡斯特协会"以宣传兰卡斯特的教育活动。1810 年,英格兰已有 95 所兰卡斯特式的学校。1811 年,英国又成立了推行贝尔教学方法的"全国贫民教育促进会"。1810—1830 年,导生制在英国极为流行。导生制还曾普及到欧洲大陆。法国到 1828 年已成立了约 600 所导生制学校。1809 年,导生制被介绍到美国,1818 年,兰卡斯特亲自到美国宣传和推行导生制。他在美国活动 20 年,最后客死于美国。直至 1840 年以前,导生制在美国极为流行。导生制虽然不能给儿童以系统的和充分的知识,却能节省师资,花费少,因而受到大众欢迎。不过,这种教学方法存在训练呆板、机械等缺点,不能保证教学质量,同时由于各国在教育方面的公共支出逐渐增多,正规的师资培训有了保障,所以导生制在 1840 年以后逐渐失去了声望。

---

① 任钟印、李文奎:《外国教育通史》(第三卷),山东教育出版社,1990,第 23—26 页。

福斯特法案

19世纪中后期，英国资本主义经济蓬勃发展，由于受到美国、德国等国家重视初等教育的影响，英国统治阶层也认识到初等教育的重要性，将基础教育政策的目标设定为要让所有儿童接受世俗的初等教育，所以国会于1870年颁布《福斯特法案》，又称《1870年初等教育法》。这部法案被公认是英国教育史上的一个里程碑。

在《福斯特法案》颁布之前，英国的初等教育主要由宗教和社会慈善团体主持管理，如慈善学校、主日学校、导生制学校等，国家并不负责管理。1833年，英国政府开始资助初等教育，议会通过了《教育补助金法案》，同意拨款2万英镑协助教会建造学校。此后，议会向教育拨款形成惯例，拨款金额也逐渐增多。1839年成立枢密院教育委员会，监督教育款项的分配与使用。这是英国国家干预公共教育的开始。不过这一时期的教育仍由教会掌控。1868年，自由党成为执政党，开始进行社会改革。1870年，枢密院副院长兼教育署署长福斯特提交了初等教育法议案并获通过，即《1870年初等教育法》，主要措施有：

第一，国家继续拨款资助教育，在缺少学校的地区设置公立学校，每周学费不得超过9便士，民办学校不受限制。

第二，全国划分学区，由选举产生的学务委员会监督本学区的学校，学务委员会有权征收地方教育税，用以发展教育，民办学校不能获得地方税补助，但可以获得中央政府教育拨款补助。

第三，5~12岁的儿童须接受义务教育，如果家长没有合理理由解释为什么不送子女上学，那么他们就要缴纳5先令以下的罚款。

第四，承认教会学校是国家教育的一部分，但不能获得地方财政的补助。不得强迫学生上宗教课程，学校中的世俗科目与宗教科目要分离。

第五，民办学校可从教育局获得50%的补助金，但不再拨给用于建设校舍的补助金。在审查每个学区的需求之前，民办学校有6个月的宽限期，以修整它们的校舍。

《福斯特法案》规定在继续拨款资助教育的同时，还可以建立公立学校，对教会学校虽有限制，但仍比较宽容，这也形成了英国教育的一大特点，"一个孩子是否参加或避开星期日学校或任何宗教礼拜的地方，他是否参加任何宗教仪式，或参加学校内的或任何其他地方的宗教科目的教育，家长是否把他们从这种宗教仪式或宗教教育中带走，如果父母把他们带走，他们是否要参加他们的父母所属的宗教团体为宗教仪式规定的唯一的一天去上学，所有这一切都不能作为接收孩子上学或继续在校学习的先决条件。在学校的任何一次会议上，举行宗教仪式的时间或进行宗教科目教育，都要在会议开始或结束时进行"①。时至今日宗教仍然是英国中小学的学习科目。

> 福斯特在下议院所作的演讲

在接受我们资助的学校里，大约有150万名儿童在受着多少有点儿缺陷的教育——也就是说，儿童们只是注册了而已。但是，正如我去年荣幸地有机会指出的那样，在劳动阶层的子女中，只有2/5的6~10岁的儿童在公立学校注册，10~12岁的儿童只有1/3。因此，在6~10岁的儿童中，我们资助了大约70万名儿童，但是，我们却置100万名儿童于不顾；在10~12岁的儿童中，我们资助了25万名儿童，但我们没有资助的儿童至少还有50万名。有些议员大概会认为，我没有考虑到不受资助的学校。不，我是考虑了的；但是，情况常常是（我们不能对此加以责备），不受政府资助的学校，总的说来是最差的学校，是那些最不适合于给劳动阶层的子女以良好教育的学校。……因此，虽然通过我们投票表决，已拨出了一大笔钱，但我们还能看到大量儿童在受不良的教育，或根本不受教育，因为好学校太少，坏学校太多，并且也因为在我们这个

---

① E.P.克伯雷选编《西方教育经典文献》（下卷），任钟印译，人民教育出版社，2016，第631—632页。

② 瞿葆奎主编《教育学文集·英国教育改革》，人民教育出版社，1993，第4—5页。

国家里，许多家长没有能力或不愿意送他们的子女去上学。因此，在我们国家的各个地区，都有建立完善的国民教育制度的需求，我想，我们还是立即考虑这种需求的程度为好。……

《福斯特法案》的颁布和实施，标志着英国公立学校和非公立学校并存的初等教育制度的基本形成，也标志着英国义务教育的开始，为英国义务教育的发展奠定了基础。同时，"《1870年初等教育法》产生的一个直接结果是学校委员会与教会之间的竞争，而这种竞争又促进初等教育的迅速发展。1870年，民办教育机构（教会）所属学校招生人数不足125万，而到1900年双重制初等学校招生人数超过425万，从而基本上普及了初等教育"[①]。该法案也推进了英国的教育立法。英国开始有计划地、系统地教育立法，逐步形成了较为完善的教育法律体系，出现了一批对教育改革产生重要影响的法律，如《1918年教育法》《1944年教育法》《1973年就业和培训法》《1976年教育法》《1988年教育改革法》等，对英国教育的改革和发展都具有十分重要的影响。

[①] 徐辉、郑继伟编著《英国教育史》，吉林人民出版社，1993，第172页。

泛爱学校

一位美国的学者曾说"德绍（Dessau，德国地名）有一所叫泛爱学校（phi-lanthropinum）的实验学校，是把卢梭的教育思想付诸实践的中心，并引起了欧洲的广泛注意。它的创建者就是约翰·本哈德·巴泽多（Johann Bernhard Basedow，1724—1790）"[1]。

巴泽多深受夸美纽斯教育思想的影响，同时也为卢梭的教育思想所折服，并主张要以卢梭的自然教育理论来弥补德国教育的不足之处。1768年，巴泽多在发表的《关于学校和学科对公共福利的影响告慈善家和富人书》中指出：学校应不分教派，公共教育应由国家建立的机构管理，教学应注重实用性，教学方法上应考虑儿童的兴趣，寓教育教学于游戏中，注重体育和劳动教育，培养博爱精神和节制、勤劳等美德[2]。1774年巴泽多在德绍建立实验学校，取名为"泛爱学校"，意为"人类爱的地方"。

巴泽多的泛爱学校分为3种班级：一是学术班，为贵族子弟开设，目的是培养未来的官吏。贵族子弟需自费入学。每天劳动2小时，学习6小时。二是师范班，为有才能的穷人子弟设立，目的是培养未来的教师。三是侍从班，为才能较次的穷人子弟设立，目的是为贵族和富人培养服务人员。穷人子弟每天劳动6小时，学习2小时。这种划分体现出鲜明的等级性。

巴泽多的泛爱学校开设了很多课程，有德文、英文、法文、拉丁文、数学、自然科学、历史、地理等，同时重视体育和劳动教育，学生要学习木工、鳞工、制图和农事劳动等。学校的日常生活充分考虑到儿童自然天性的发展，废除了旧式宫廷中的生活陋习，鼓励儿童积极主动学习，以奖励代替体罚。在教学方法上，巴泽多运用夸美纽斯、卢梭的教育思想，并做了很多革新，比如语言的学习采用谈话、图片、游戏、演剧、诵读等方式进行，使学习内容具有内在的实用性。此外，巴泽多还强调

[1] 詹·鲍温：《西方教育史》（第3卷），麦松出版有限公司，1981，第198页。

[2] 任钟印、李文奎：《外国教育通史》（第三卷），山东教育出版社，1990，第223页。

游戏、竞赛和学生的参与。他认为死记硬背是不可取的。

> 大龄寄宿生一班的教学安排①

8:00—9:00　鉴赏力和德文文体教育，由特拉普教授从拉姆勒的《巴多依克斯》、舒真的《理解力和鉴赏力练习手册》和苏尔泽的《预习》中选材。每周前三天进行这种练习，其余三天由特拉普讲授自然宗教和道德，教材用巴泽多的《私人场合的礼仪》。

9:00—10:00　舞蹈，由舞蹈教师负责。骑术，由骑师施罗德负责，费德尔和郝伯检查。除星期三、星期六外，每天轮流。教舞蹈在第4讲堂，教骑术在王子骑术学校。

10:00—12:00　巴泽多在家里教拉丁文或教古代史（与相关课程），或根据西塞罗的《论道德责任》教实用哲学。

12:00—13:00　午餐。

13:00—14:00　有节制的练习，为车工、刨工、木工，在经王子允许做此种用途的迪特里希王子的宫廷中。

14:00—15:00　星期一和星期二，郝伯讲授地理，用普芬尼的《地理》。星期三，人体知识和部分化学课，由王子的私人顾问和私人医生克里兹施马在他家里进行，在那里设备和仪器使用方便。其余三天，由沃耳克教授教数学绘图。

15:00—17:00　特拉普教授讲法语和通史，用施罗克的《通史》和米洛特的《通史》，每周五天。星期六由郝伯教授讲时事讲座，使年龄较大的学生逐步熟悉公共事务和值得注意的偶发事件。

17:00—18:00　布色讲数学，教材用埃伯特的《高等哲学和数学知识》，每周前三天进行，其余三天教物理学，教材用埃克斯勒本的《自然哲学》。

---

① E.P.克伯雷选编《西方教育经典文献》(下卷)，任钟印译，人民教育出版社，2016，第520—521页。

18：00—19：00　沃耳克教天体与地球知识，教材用施米特的《天体读本》，每周两天；其余四天，由丹纳教希腊文，教材用斯特罗斯校长的《希腊文精品选集》、卢西安的《台蒙》和色诺芬的《回忆苏格拉底》。

不过巴泽多凸显游戏作用的观点受到了黑格尔的批评，他在《法哲学原理》中写道："游戏论的教育学认为稚气本身就具有自在的价值，于是就把稚气给予儿童，并把认真的事物和教育本身在儿童面前都降为稚气的形式，但这种形式就连儿童自己也认为不很高明的。这种教育学乃是把自己感到还处在没有成熟的状态中的儿童，设想为已经成熟，并力求使他们满足于这种状态。但是这样一来，它破坏了、玷辱了他们对更好东西的真实的、自发的要求。它一方面使儿童对精神世界实体性的关系漠不关心和麻木不仁；另一方面使他们轻视人，因为人自己对儿童表现得像儿童那样稚气可鄙，最后，使他们产生自以为高明的那种虚无心和自负。"①

泛爱学校的教师多是泛爱主义的拥护者，具有代表性的人物有卡姆佩、扎尔茨曼、特拉普和罗霍。他们协助巴泽多发展泛爱教育事业，并且兴办类似的学校，形成了"泛爱主义教育运动"，继承和发展了泛爱主义的教育事业。1775年，巴泽多举行了一次公开性的观摩教学，几乎全欧洲的人都来参观。这使得巴泽多成了德国教育改革的核心人物，德国的其他地方开始效仿泛爱学校。不过，因实验学校内部的矛盾，巴泽多离开了实验学校。1793年泛爱学校停办，泛爱学校的教师散布到欧洲各地，使泛爱学校的影响扩及法国、瑞士等国。

泛爱学校体现出泛爱思想和人道主义精神，其教育目的在于培养幸福、健康、对社会有用以及能促进人类幸福的人。泛爱学校对德国初等教育的发展起到了重要的推动作用，对裴斯泰洛齐的教育思想也有较大影响。

---

① 黑格尔：《法哲学原理》，范扬、张企泰译，商务印书馆，2017，第215页。

费里法案

法国爆发资产阶级革命以前,其教育基本上是由教会控制,初等教育由天主教会控制,中等教育由耶稣会等控制。法国资产阶级革命时期,各执政党派都曾制订关于国民教育的若干计划,但都没有真正实施。1875年法兰西第三共和国成立,法国社会趋于平稳,学校教育制度也日渐规范,公共教学部部长朱尔·费里分别于1881年6月16日和1882年3月28日提出两个教育法案,史称《费里法案》。前一个教育法案宣布了法国初等教育的义务、免费和世俗化三个原则;后一个教育法案将三个原则加以具体化。《费里法案》的颁布,确立了法国初等教育的基本形式。法案的基本内容有:

第一,规定6~13岁为义务教育年限,不送子女接受义务教育的家长将被处罚。

第二,免除幼儿园、初等学校的学杂费,以及师范学校的学费和膳宿费。

第三,承认家庭教育是义务教育的一种形式,但家庭教育要接受学校考试。

第四,初等教育取消宗教课程,废除教会对学校的监督权和神职人员担任教师的特权。

> 费里的教育改革[1]

1879年2月4日,费里第一次担任国家要职——教育部部长,这一任期直到1883年11月20日才结束,尽管中间出现了两次小小的波折。1880年9月到1881年11月,他担任法国总理一职。在这期间,费里为教育改革做出了不可磨灭的贡献。受实证主义哲学家孔德影响,费里试

---

[1] 弗兰克·萨克雷、约翰·芬德林主编《世界大历史1799—1900》,严匡正译,新世界出版社,2014,第344页。

图通过改变人民的早期教育，实现以共和的形式重新塑造法国社会。他的措施是：将法国教育从保守、反共和的天主教中解放出来，使其民主化和自由化，包括实行免费小学义务教育，国家出资对所有教师进行培训，对女子开放中学教育，发展幼儿教育、体育教育以及进行科学和现代语言的培训。他还采用具有争议的法律，禁止神职人员担任教师。1880年，他采用的法案第7条禁止未经批准的宗教团体进行教学，尽管这一特别的措施引起了广泛的争议，并最终未能成为法律，但最终，费里在其他许多方面取得了成功：很多天主教学校关闭了，神职人员也不能在国家授权的教学机构中担任教师了。通过这种方式，费里的教育改革为向法国青少年灌输民主价值观，帮助维持共和国的存活做出了重大贡献。

由于《费里法案》等教育法案的实施，法国初等教育获得了长足的进展，"到1920年，法国已有公立初等学校3 579所，在学人数占小学生总数的80%；私立初等学校有2 960所，在学人数占小学生总数的20%。……到1901年，文盲在已婚男子中只占4.4%，在女子中只占6.3%"[1]。

> 费里谈学校教育[2]

公共教育部做出的全部努力，都是为了解决这样一个问题，即形成一种真正具有教育性的教学，并把学校建设成将不仅是维持纪律——可以说维持机械性纪律的工具，而且是进行教育的名副其实的场所……正因为公共教育部对此十分关注，故而可以解释、归并和协调许多措施。诚然，这些措施从外界看来不甚重要，当人们不得要领时还可以把它们作为一种借口，指责它们是新的课程计划中的多余部分、被夸大的次要课程以及名目太多的学习。此外，这些措施乍一看来还显得不够集中。

[1] 滕大春主编《外国近代教育史》，人民教育出版社，2002，第436页。

[2] 瞿葆奎主编《教育学文集·法国教育改革》，人民教育出版社，1994，第20—21页。

然而，我们已付出很大的代价以便在课程计划中设置所有这些次要课程，并且使它们围绕着"读、写、算"的教学——基本而又传统的教学。这些次要课程是指已设立的事物课、图画课、自然史基础知识课、学校史、体操课、校园散步课和工场体力劳动课，此外还包括将要列入的唱歌课和合唱课。我们已经和将要列入所有这些课程，究竟为什么要列入这些次要课程呢？因为在我们看来，它们是主要内容；因为它们具有教育作用，因为这些次要课程在使初等学校、最小村庄中的学校和最简陋的村庄中的学校成为进行自由教育的学校……

从教育的世俗化的角度来看，《费里法案》加强了国家对教育的控制，扩大了国家的教育权限，同时还创立了一个包括初等、中等、高等，包括男子、女子等相对完整的世俗公共教育体系。可以说，费里改革基本完成了法国教育制度的世俗化，并建立起相对完备的学校教育制度，为日后法国国家经济发展和社会变革提供了人才和智力支持。

统一学校运动

20世纪初，法国学校教育中的"两轨"（即私立初等学校和公立初等学校）虽然取得了明显进步，但依然无法相通。双轨制是一种社会不平等的表现，也成为法国教育改革的重点。法国教育的民主化一直在努力前行，直到20世纪70年代才真正确立起单轨制的初等教育制度。

法国初等教育的改革是围绕建立"统一学校"而进行的。关于"统一学校"的主张，最早是由"新大学同人社"提出的。

> **人人的教育——统一学校**[①]
>
> 因此，我们要求民主的教育，法国的儿童，个个都有权利接受祖国所能施行的最宽广的教育。而祖国，则有开发它的全部精神财富的权利。一个国家要有才智和精力，就该让一国的才智和精力都显露出来。人人都要生产，但是，为大家的利益而治国必须是最优秀的人。因此，民主的教育必定同时是有选拔的教育。区别禀赋，鼓励它，使之绽放、充分发展，是教师的首要任务。新大学就是要招收这样的新英才。
>
> 初等的、中等的、高等的，这中间的区别不再有什么意义。……把法国人一出生就分为两个阶级，通过不同的教育而永远固定下来，这是违背良知、违背正义和违背国家利益的。……我们说的教育，一句话，就是统一的教育……
>
> 够了，无论名称和实际，旧的初等教育都够了。把初等教育看作普通教育之外的另一支，看作独立的类别，看作封闭的阶段，已够久了。它只能是，也只该是一个出发点。……中等也好、职业也好，它是整个教育的开端。它是浮动码头。……它不能作为"整体"，作为"整体"，那是"权宜之计"；它是准备，是引向其余的初阶。……
>
> 统一学校要同时解决两个问题：民主教育和择优录取。从小学到大学，

[①] 瞿葆奎主编《教育学文集·法国教育改革》，人民教育出版社，1994，第10—11页。

凡在法国，无不人人都可以在那里摩肩接踵。父辈既然是冲在同一战壕里的，那么，凡是可能做到的地方，就极应该让儿辈在同一板凳上共读。

"新大学同人社"是由经历过"一战"的青年学生和教师组成的。他们认为，双轨制与法国的民主社会不相符，要建立"统一学校"，以实现单轨制的初等教育体系。"统一学校"包含3个方面的内容：一是所有儿童在学校中接受相同的基础教育，这种教育既是义务的也是免费的；二是初等教育与中等教育相互衔接；三是高等教育招收有天赋、有潜力的中学毕业生，而不考虑其家庭出身、父母的社会地位和职业。在这个过程中同时完成选拔的任务，但标准不是学生的家庭出身，而是学生的天赋[①]。"新大学同人社"关于"统一学校"的构想，在接下来的教育改革中得到了逐步体现。

1923年颁布的《统一学校法案》规定，所有初等学校，包括公立小学、中学预备班，必须遵循统一的教学大纲，实施统一课程。1937年，教育部部长让·泽向议会提交了法国教育整体改革的计划，改革基础教育的学制。"但这一计划草案并没有得到议会讨论，让·泽只能通过颁布一些具体措施来实施'统一学校'的改革。但由于第二次世界大战爆发，这些改革措施并没有继续得到实施，因此，建立统一学校的问题成为'二战'后法国初等教育改革需要解决的一个重要问题。"[②]

在20世纪前半期，虽然法国在统一学校方面做出了很多努力，但双轨制仍然没有得到改变。1959年法国政府颁布了《关于教育改革的总统令》和《关于义务教育的通令》，改革的主要目标指向基础教育结构的调整，所有儿童在小学和初中的前两年中接受相同的普通教育，从原来的双轨制转向了单轨制。1975年，法国制定《法国学校体制现代化的建议》，即"哈比改革"，建立了完全统一的，并向所有学生开放的综合性教育机构——中学。双轨制基本消除。

总之，"统一学校运动"引发了法国学制的变革，有力地冲击了双轨制教育，实现了劳动人民子弟接受中等教育的愿望，推动了法国民主化的进程。

---

① 滕大春主编《外国教育通史》（第六卷），山东教育出版社，1994，第218—219页。

② 单中惠：《西方教育问题史》，人民教育出版社，2011，第94页。

公立学校运动

公立学校运动是美国教育史上的第一次教育改革运动，它是一项由公共税收维持，公共行政机关监督，向所有儿童免费开放的学校教育改革运动。19世纪20年代以后从新英格兰地区的初等教育领域开始，之后推向除南方以外的各州，并扩展到中等以及高等教育。

19世纪初期，美国的公立学校很少得到公众的支持，这使得公立学校的办学条件相当落后。以贺拉斯·曼为代表的社会人士及学者开始关注公立学校，提倡"公共教育"的思想，发起公立学校运动，目标指向普及教育和教育机会平等，受到广大民众的欢迎。公立学校运动的内容包括：第一，确立地方税收制度，通过征收教育税等办法，支持公立学校的建设。第二，建立以州为主的领导体制，主要以马萨诸塞州为代表，建立市、州教育委员会管理地方教育。第三，扩大教学内容，如在公立小学中增设英语、历史、地理、音乐、绘画等学科。推广新式教学法，如裴斯泰洛齐教学法。第四，兴建师范学校，规范师资的培养与选拔。

公立学校运动的特点[①]

教育史学家劳伦斯·克雷明在其《学校的变革》一书中对公立学校运动的进展有如下总结：绝大多数州都已经建立了公立学校制度，全国超过半数的儿童已经能获得一些正规教育，小学教育已广泛普及。在一些州，如马萨诸塞州、纽约州和宾夕法尼亚州，免费公立教育的观念正慢慢扩展到一些中等学校。在少数几个州，如密歇根州和威斯康星州，已经由一所州立大学与公立学校制度衔接。当然，从州到州，从地区到地区，都发生了一些显著的变化。长期以来一直是公共教育先驱的新英

[①] 大卫·萨德克、卡伦·齐托曼：《教师·学校·社会——我们该怎样思考和谈论教育》，孙振东译，重庆大学出版社，2014，第131—133页。

格兰地区，也建立了私立教育的传统，那里私立学校仍然兴旺发达。另一方面，在中西部地区，大部分小学生被送到公立学校去。南部各州，除北卡罗来纳州以外，公共教育都比较落后，一般在南北战争以后才建立起公共学校教育。

由于贺拉斯·曼等人的不懈努力，公立学校运动取得了诸多成果。首先，美国北部和西部的绝大部分州都颁布了普及教育法令，增加教育税收，保证公立学校的发展；其次，公立学校数量增长迅猛，学生人数也大幅增加，1898年公立学校入学人数占青少年总数的90%；再次，公立学校的课程增多，自然科学与手工训练课程受到重视；最后，教学方法得到了改革，直观教学法、"五段教学法"等成为公立学校的基础教学方法。

公立学校运动还推动了师范教育的发展。贺拉斯·曼曾指出："允许教师的品德与水平降低，则公立学校就会变为赤贫学校。""没有师范学校，那些公立学校就会失去它本身的力量和恢复活力的能力。结果，学校就会成为慈善学校。"[①]基于此，马萨诸塞州于1839年建立了美国历史上第一批州立师范学校，即列克星敦师范学校和巴里师范学校。到1861年，全国已有12所州立师范学校（都在北部）。当时美国的45个州中，大部分州已建立公立师范学校。到1897年时，公立师范学校已有167所，入学者达46 245人[②]。

公立学校运动体现了美国在公共教育制度方面所做出的尝试与努力，公共教育思想也充分体现出美国教育的特色。对于公立学校运动所取得的成果，《美国与欧洲》一书做了很好的阐释："美国社会的未来的祸福将建立在公立学校的基础上，而不是建立在别的基础上。公立学校是真正的美国社会和人民的精神、意志以及特征最高尚和最光辉的表现形式。……在欧洲这个文明社会里，教育并没有超出个人训练的范围；唯有美国这个自由的国家在新英格兰地区、马萨诸塞州的倡导和率领下，

---

① 滕大春主编《外国教育通史》（第三卷），山东教育出版社，1990，第371页。

② 吴式颖、任钟印主编《外国教育思想通史》（第八卷），湖南教育出版社，2002，第8页。

拥有明智的和受过教育的民众。"[1]公立学校运动是对资本主义产业扩张需求和城市增多事实的回应,对新移民的培训和训练使他们成为具有产能并驯化了的工人,保证了人口稠密的城市稳定和有序。公立学校运动推倒了精英教育系统的围墙,为无数以前被排斥的儿童打开了门,为把教育理解为权利铺平了道路。同时,它是对劳动阶级和移民群体向上流动要求的回应,许多好心的教育改革家都把公共教育理解为构建更加民主和平等社会的大道[2]。通过这场运动,美国式公立免费教育的思想深入人心,随之而来的是19世纪后期公立中学和州立大学的大发展。公立学校运动为完成美国统一的公共教育制度奠定了牢固的基础。

---

[1] 劳伦斯·阿瑟·克雷明:《学校的变革》,单中惠、马晓斌译,山东教育出版社,2009,第16页。

[2] 张创伟:《西方学习型社会:实践与原理》,复旦大学出版社,2014,第41页。

莫雷尔法案

19世纪中后期,美国社会经济的发展使得农业、技术和商业等领域需要寻求高等教育的人才与智力支持。为了满足这些需求,1862年7月2日美国总统林肯签署了《赠地学院法案》(又称《莫雷尔法案》)。该法案是美国著名政治家莫雷尔(1810—1898)就美国高等教育缺乏实用价值的课程内容的"空白"问题而提出来的。

《莫雷尔法案》的具体内容包括:

第一,联邦政府向各州和准州授予一定数量的土地以资助各州农业和机械制造工艺教育的发展。

第二,联邦政府向各州赠拨土地的面积依1860年各州拥有的国会议员人数而定,向每一位议员赠拨土地的面积为30 000英亩(12.41平方千米)。

第三,各州须将所赠拨土地出售,用所得经费建立永久性基金,以资助、供给和维持至少一所专门学院,这种学院主要讲授有关农业和机械制造工艺方面的知识,但也并不排斥其他科学和经典学科知识的传授,并应包括军事战术训练。

第四,各州可用联邦政府所赠拨土地出售所得资金来购买联邦政府或州政府发行的债券或其他可靠证券,以营利来扩大永久性基金,其中永久性基金的10%可用来购买土地建立学院或实验基地。

第五,正在参与叛乱的各州除外。

第六,各州若五年内没有把所赠拨土地用于上述目的,则必须无条件地将全部土地交还给联邦政府。[1]

<blockquote>《莫雷尔法案》的目的[2]</blockquote>

1887年,莫雷尔在马萨诸塞农业学院阐述《莫雷尔法案》的一般目

---

[1] 参见朱鹏举:《美国康奈尔计划发展研究》,河北教育出版社,2016,第61页。

[2] 黄宇红:《美国州立大学的发展历程》,北京航空航天大学出版社,2013,第33页。

的时,其所言更明确和更易理解:"赠地学院是建立在如下理念之上的,即每一个州都应当建立一所高等的和课程广泛的教育机构。在那里,命运掌握在自己手中,人们有在能为国家提供财富的工业等领域选择职业的勇气;在那里,先进文明呈现出舒适性,更多的人民需要获得这种广泛教育的好处,迫不及待地期待着这种教育。这项计划利用低廉的费用为广大阶层打开了自由教育的大门,不仅可提供有意义的自由教育,而且可提供对广大阶层的工作更有实用价值的教育。但如果认为这项计划试图使每一个学生都成为农民或机械师,则是错误的。这项计划推广的教育应被理解为,不单纯是手握犁头或做生意的人需要的教育,而是任何人都需要的教育——不排除古典教育和可供所有人选择的教育。"

《莫雷尔法案》使美国的各州政府开始真正拥有自己可管理和控制的高等教育机构。《莫雷尔法案》实施之时,每一个州都至少设立了一种赠地基金,到南北战争爆发之前,利用赠地款创建的大学达到12所。南北战争结束后,《莫雷尔法案》仍在发挥作用,到1961年,共支持了69所赠地学院或大学。新建立的学院或大学确立了农业、工艺等应用学科的学术地位,培养和造就了一批高水平的专业人才。《莫雷尔法案》不仅促使了美国的高等学校为经济和社会发展培养大批实用人才,而且推动了学术事业的发展。著名的加利福尼亚大学、伊利诺伊大学、明尼苏达大学、密歇根州大学、康奈尔大学、威斯康星大学、麻省理工学院等在很大程度上都是受惠于《莫雷尔法案》。

"威斯康星思想"

威斯康星大学建于1848年,因为得到赠地而快速发展起来。1904年,范·海斯就任威斯康星大学校长,他认为"州的边界就是大学校园的边界",所以威斯康星大学把整个州作为大学校园,大学的各种实验室、图书馆向社会开放,整个州都是"大学校园",大学则是全州的"灵魂"和"智囊",也成为"任何人可以学习任何东西的地方"。随着威斯康星大学不断完善其为本州服务的职能,它在诸如畜牧科学、生物科学和细菌科学等学科方面迅速处于全美领先地位。1908年,哈佛大学校长艾略特指出:"威斯康星大学是一所优秀的州立大学,它之所以取得这样的地位,是由于它向州部门提供了专门知识,向大众提供了讲座,把大学送到了人民当中。"

《莫雷尔法案》推动了美国赠地学院运动的发展,改变了美国高等教育的传统格局,重视实用教育,满足了美国社会经济、工业发展以及普通大众对高等教育的需求,使美国高等教育朝世俗化、自由化、现代化的方向发展。

新教育运动

新教育运动是19世纪末20世纪初在欧洲兴起的一场反对传统教育的理论和方法，主张用现代教育的新理论、新内容、新形式和新方法对传统学校教育进行改革乃至重建的教育运动，又称新学校运动。1889年英国教育家塞西尔·雷迪（1858—1932）创办了阿博茨霍尔姆学校。这是欧洲教育界公认的第一所新学校，也是欧洲新教育运动的开端。

阿博茨霍尔姆学校是为11~18岁男生开办的寄宿制中学，建在远离城市的乡村。其办学目的是提供"一种完全现代和具有合乎情理的特点的适应社会'领导阶级'需要的全面教育"[1]。

> 阿博茨霍尔姆学校

阿博茨霍尔姆学校建设在一片133英亩（0.54平方千米）的荒芜之地上，学生就是学校的建设者。雷迪和学生一起在这里开辟道路，建造房屋，修筑球场。这充分反映了雷迪所强调的将手工、体力劳动看作学校生活中主要内容的主张。在学校里，他采用手工业培训的办法训练他的学生，以满足现代世界的需求，而不要他们修习那些只适于贵族阶级的课程。阿博茨霍尔姆学校内还设有木工厂，由学生自造所需要的家具。在书本中所学的知识，无论何时都有可能与实际工作相联系。例如，学算术时，"学生计算学校及田庄的各种耗费及单据"。在科学学科的学习中，让学生直接研究周围的动植物。这样雷迪就首先为学校塑造了一种模式：寄宿制学校——建在乡村环境中，有田庄、牧场、果园、木工场地，校舍常是自修自建的。这种重视实际手工操作活动的学校反映了新教育家对传统学校教育的改革，在当时产生了很大的影响。

---

[1] W.F.康内尔：《二十世纪世界教育史》，张法琨等译，人民教育出版社，1990，第264页。

雷迪重视学生的创造性活动和实际工作，希望改变当时脱离社会生活、偏重古典语文课程、忽视社会关系及个人关系的贵族化的公学制度。学生在各种活动中获得知识、力量和技巧，并学会如何合作与领导，从而在各方面都得到良好的发展。大多数欧洲新学校都深受雷迪的影响，1913年在国际新学校局注册的新学校达100多所。到1914年为止，在欧洲建立了55所新的乡村寄宿制学校，英国18所，德国15所，瑞士9所，其余的在法国和邻近国家[①]。

在新教育运动中，除雷迪和他的阿博茨霍尔姆学校外，其他教育家也积极开展各种教育实验运动，丰富新教育思想，出现了如德国教育家利茨的乡村教育之家、法国教育家德摩林的罗歇斯学校、比利时教育家德可乐利的隐修学校等。

> 参观德可乐利学校[②]

参观的时候，我们看见儿童正在分组做各种活动。有的喂鸡鸭，有的在菜园里做工作，有的在奶牛棚里喂牛、挤牛奶，有的在运动场做游戏。据说教师们时常带儿童到外边去参观或实地考察。每个儿童都有一本考察记录簿，在记录簿中有他们自己作的文章或图画，等等。他们没有教科书，只有参考书。关于国语科的材料，由儿童自己编印。他们有一所小小的印刷所，可以自己学习印刷。在低年级的教室里，只看见儿童三五成群，或者个别的在那里静静地工作。有的做泥工、做木工，有的画图，有的做算术，有的在印刷房里印书。教师不过在旁边担任指导而已。不像普通学校里的教师，那是一个主要人物，没有他，课务就只好停顿了。但是在这里，他们的教室好像是一个实验室、工作室。主动权完全在儿童们自己，而不在于教师。他们的教具也很特别，而且每一个教室里面都有一个材料收集处。平日儿童或教师所见的、所发现的，而当时中心单元里用不着的都存放在那里，以备将来应用。大概这种材

[①] 张斌贤主编《外国教育史》，教育科学出版社，2015，第306页。

[②] 陈鹤琴：《小学教育》，南京师范大学出版社，2012，第20—21页。

料以图画为多。在低年级里我看见有几种教具,是儿童自己做的;有一架天平,盘是纸做的,重量是拿松子做的;还有一个钟摆也觉得很有意思,钟摆的摆锤用很大的一个松子代替。教师用这种方法去说明度量衡的真意。

1921年"新教育联谊会"成立,并决定出版《新时代教育》杂志,宣传新教育理论。1922年,新教育联谊会提出新教育的7项原则:增进儿童的内在精神力量;尊重儿童个性发展;使儿童的天赋自由发展;鼓励儿童自治;培养儿童为社会服务的合作精神;发展男女儿童教育间的协作;要求儿童尊重他人与民族,保持个人尊严。这7项原则也成为新教育运动的国际宣言。从1921年起,新教育联谊会的影响就扩大到欧洲、亚洲、非洲部分国家以及大部分英语地区,形成了盛极一时的新教育运动。其后,新教育联谊会的章程、宗旨不断修订:1932年提出通过教育改良社会的要求;1942年通过《儿童宪章》,突出平等享受义务教育的权利;"二战"后关注战后教育的改革问题。1966年,新教育联谊会更名为"世界教育联谊会",这标志着新教育运动的终结。

总之,这一时期在欧洲出现的新教育运动和新学校实验,提出了许多新的思想和主张,促使人们对西方教育传统进行全面反思,推动了人们对学校教育的重新认识。新教育家们创办的一系列新学校和进行的学校改革实验,为现代教育的改革提供了新的模式和指导思想,在新教育运动中所形成的新思想和开展的实践,对20世纪欧美国家的教育发展产生了广泛而深刻的影响,构成了20世纪西方教育发展的重要组成部分。当然,另一方面也应看到,新教育家们改革的重点主要是精英教育而非大众教育,并且始终未能解决好教育过程中的一些基本矛盾,如儿童主动性与教师工作的矛盾、活动与系统知识的矛盾、自由和纪律的矛盾以及发展个性与社会合作的矛盾等。

进步主义教育运动

19世纪末到20世纪50年代的美国兴起了进步主义教育运动。它的目的在于革除工业社会的政治经济弊病,揭露公立学校中存在的问题,希望通过改革使学校教育适应社会的发展。

进步主义教育运动始于1857年"进步教育之父"帕克(1837—1902)在马萨诸塞州昆西市所倡导的新教学法的实验。帕克反对被动的学习,反对死记硬背和强迫纪律,主张对传统教育进行改革,因而创造了昆西教学法,帕克也被杜威称作"进步教育之父"。1896年,杜威创办芝加哥实验学校,主张给儿童提供一个适合、需要的环境进行学习,同时也给老师们提供一个实验场所。在杜威的影响下许多进步教育实验相继展开,如约翰逊的有机教育学校、沃特的葛雷制、帕克赫斯特的道尔顿制、华虚朋的文纳特卡制、克伯屈的设计教学法等。

> 昆西学校[①]

昆西学校尤其注重利用学生的表演兴趣来帮助教学。例如,四年级在学习希腊历史时,也开展了一些其他活动,如盖了一所希腊式房屋;写了一些有关希腊神话的诗歌;儿童还做了一些希腊服装,每天在教室里穿。负责教这个年级的霍尔小姐说:"他们当雕刻师,用泥土捏制他们所喜欢的神,还塑造了各种人物形象来说明某个故事。他们在沙盘上仿造了迈锡尼城,把它毁了之后再覆盖起来,然后装作挖掘的人,让这城的珠宝重见天日。……他们玩希腊游戏,穿希腊服装,不断地排演他们所喜欢的故事或奇遇。"除了这些日常的表演活动外,他们还为全校编写和排演了对他们特别有吸引力、能反映某些历史事件的小剧目。用这种方法教历史,儿童既学到了历史的意义又获得情感上的满足;他们懂得

[①] 杨汉麟主编《外国教育实验史》,人民教育出版社,2005,第267—268页。

了希腊精神和那些塑造了这个伟大民族的东西。这种活动成了他们生活的一部分，以至于他们把它作为一种个人经历而加以记忆，而非背诵的课文。

1919年，美国进步教育协会成立，提出了进步教育的7项原则：学生有自然发展的自由；兴趣是全部活动的动机；教师是一个指导者而不是一个布置作业的监工；进行有关学生发展的科学研究；对于儿童身体的发展给予很大的关注；适应儿童生活的需要，加强学校与家庭之间的合作；在教育运动中，进步学校是一个领导。杜威在《我们怎样思维·经验与教育》一书中对进步学校中一些共同原理做了概括：反对从上面灌输，主张表现个性和培养个性；反对外部纪律，主张自由活动；反对向教科书和教师学习，主张从经验中学习；反对通过训练获得孤立的技能和技术，主张把技能和技术当作达到直接的切身需要的手段；反对或多或少地为遥远的未来做准备，主张尽量利用现实生活中的各种机会；反对固定的目的和教材，主张熟悉变化着的世界[1]。

进步教育协会的成立[2]

1919年，一个协会在进步教育运动中应运而生。一位年轻人科布不仅开始对教育改革感兴趣，而且成了教育改革的倡导者。科布和华盛顿一些志趣相投的女士想成立一个组织，来推进教育改革事业的发展。他们对协会的名称进行了讨论，没有采用"实验学校促进会"和"新学校促进会"这两个名称，而是以"进步教育促进会"来命名他们的组织。1919年冬天，他们起草了一个有关协会原则的声明。声明说："进步教育的目的是以对人的心理、生理和精神，以及社会的特性和需要进行科学研究为基础，促使个人得到最自由和最充分的发展。"他们还制订了组织计划。埃利奥特成为这个协会的名誉主席，这对科布来说是致命的打

---

[1] 约翰·杜威：《我们怎样思维·经验与教育》，姜文闵译，人民教育出版社，2005，第245页。

[2] 劳伦斯·阿瑟·克雷明：《学校的变革》，单中惠、马晓斌译，山东教育出版社，2009，第216—217页。

击。1919年4月4日，在华盛顿公共图书馆的大厅里，100多人开创了这个新协会的历史性事业。从此，教育改革运动蓬勃发展起来。正如那些倡导者所说，无论是好是坏，进步教育的事业与进步教育协会的命运是息息相关的。

1929年的大萧条严重影响了美国进步教育运动的发展。1941年，美国卷入欧洲战争，进步教育也进入尾声。1944年，进步教育协会更名为"美国教育联谊会"，成为欧洲新教育联谊会的一个分会。1955年，协会解散。1957年，《进步教育》杂志停办，标志着进步主义教育运动的结束。

总之，进步主义教育涉及众多改革：教育机会的扩展，由小学八年、中学四年的学制变为包括初中在内的六三三学制；课程的扩展和重组；课外活动的增加；以学生测试为依据的班级重组和学校充实；教学法的改进；教材和其他教学材料中发展心理学理论的融入；学校建筑设计和质量上的改善；教师教育的改善；学校管理的变革[①]。从改革内容和发展过程来看，进步主义教育尊重儿童的个性，鼓励儿童创造，顺应儿童天性发展，并以儿童的兴趣和需要为依据构建教育目标。这冲击了旧教育的形式主义倾向，提高了儿童在教育过程中的地位，推动了儿童研究，纠正了忽视儿童个别差异的倾向。但进步主义教育表现出的极端的个人主义和儿童中心的倾向，对教育的发展产生了不良影响。

---

① 韦恩·厄本、杰宁斯·瓦格纳:《美国教育：一部历史档案》，周晟、谢爱磊译中国人民大学出版社，2009，第273—274页。

"八年研究"计划

20世纪前期，困扰美国高中教育的关键问题是如何处理大学与中学、升学与就业等的关系。为此，1930年美国进步教育协会成立了"大学与中学关系委员会"，并制订了一项为期8年的大规模的高中教育改革实验研究计划（即"八年研究"计划），专门解决上述问题。

委员会在200所中学中选出30所中学进行实验，也称"三十校实验"。委员会又与200所学院签订协议，要求参加实验的学院对接受实验的中学毕业生不进行考试升学，完成规定学分后即可申请进入学院，但必须有校长的推荐信。实验从年龄、性别、种族、学术倾向、职业兴趣、家庭背景、社会背景，尤其是在大学的学习成绩与进步等方面做详细比较。实验总共对1 475名学生进行了研究——对1936年进入学院的学生研究了4年；对1937年进入学院的研究了3年；对1938年进入学院的研究了2年；对1939年入学的研究了1年。大量的资料积累起来，委员会的成员在每年暑期以及1941年的大部分时间内对这些资料进行了分析。他们有些什么发现呢？

> 30所中学的毕业生成功了！[①]

在对这1 475名学生进行比较的过程中，学院追踪研究组成员发现这30所中学的毕业生：

（1）平均总成绩稍高于比较组。
（2）除外语以外，其他各门学科的平均成绩高于比较组。
（3）专攻的学业领域和比较组相同。
（4）在见习次数上和比较组的学生相同。
（5）每年获得的学校荣誉稍多于比较组。

[①] 瞿葆奎主编《教育学文集·美国教育改革》，人民教育出版社，1990，第58—59页。

（6）理智上的好奇心和内驱力常高于比较组。

（7）在思维上较比较组更精确、系统、客观。

（8）对教育的意义有较为清楚或明确的认识，在学院的前两年里和比较组对比，特别明显。

（9）更常表现出卓越的应对新情况的能力。

（10）在合理地计划时间方面与比较组没有区别。

（11）有与比较组相同的适应问题能力，但能更有效地找到解决办法。

（12）更常参加艺术活动，而且更喜欢艺术赏鉴。

（13）更常参加一切有组织的学生团体，但宗教性和服务性的活动除外。

（14）每学年获得非学术性荣誉的百分比更高些（如担任学生组织的职务，当选参与管理，荣获体育奖章，在戏剧和音乐活动中担任主角）。

（15）与同龄人和谐相处的能力与比较组无区别。

（16）对于他们的学校教育所做的评判与比较组仅稍有不同。

（17）选择职业的定向能力较好。

（18）对时事更为关心。

从研究成果来看，"八年研究"是成功的。按照进步主义的教育原则实施的中学教育，能很好地履行中学教育的职责，为大学输送人才，也能促进学生多方面的发展。这些都是之前中学教育难以达到的。

> 公立学校如何应用"八年研究"思想[①]

1935年纽约州立大学董事组织了对该州教育性质和资金的调查。当时，根据宪法，大学董事享有领导权，但对州的整个教育系统却不具有管理权。作为其报告的一部分，特别调查委员会成员为一个新的课程计划提出了建议。其中一项建议就是中等教育的大部分课程应通过普通教

[①] 约瑟夫·沃特拉斯：《20世纪美国教育中的哲学冲突》，王璞、於荣译，安徽教育出版社，2011，第142—143页。

育来进行。特别委员会批评大学预备课程占据了中学课程的大部分,他们更希望学生学习诸如普通科学、人际关系、社会生活这样的课程,因为这些广泛的领域包含了很多学术性主题。……1937年密歇根州公共教学部发起了一项仿效"八年研究"的研究。……合作的学校来源广泛。有些学校位于农村,有些是在市区,有的学校规模大,有的学校规模小。州教育部门认为参与实验的学校质量参差不齐,但所有学校的教师以及管理人员都自愿参与到实验中来。为了给予教师实验的自由权,指导委员会获得了该州内30所大学的同意:只要校长推荐实验学校的学生,那么不管他们学习何种课程,大学都将录取他们。

当然,"八年研究"也遭到了很多批评。有人质疑该实验在变量控制中存在严重的缺陷,也有人质疑30所学校里教师的在职培训是否表明对教师这一重要因素控制的失败等。由于战争的影响以及进步主义人士的批判,"八年研究"没有产生实质性的持久影响,在研究工作结束后,很多实验学校都变回了原样。

即便如此,"八年研究"在美国课程研究中产生的影响却是不可忽视的:它是美国教育史上(同类研究中)唯一全面的、纵向的课程实验;"八年研究"所关注的问题——开发既达到通识教育目的又满足青年不同需求的课程——至今还困扰着我们;它对教育的影响随着岁月的流逝日益明显——尤其在教育"受冷落"的历史年代①。这项研究提出的问题具有普遍性和长期性,比如怎样理解和把握中学的培养目标,怎样处理大学入学要求和其他教育目的之间的关系,怎样协调大学与中学的关系,等等,这些问题是世界各国教育界同样会遇到的,并且一直在努力寻求解决途径的。同时,"八年研究"所开创的纵向追踪研究方法、分析和设立教学目标体系的理论、课程理论和教育评价理论,对于现代课程理论研究具有重要的启示和借鉴意义。

① 丹尼尔·坦纳、劳雷尔·坦纳:《学校课程史》,崔允漷等译,教育科学出版社,2006,第253页。

《国防教育法》

"二战"后，美国成为世界上经济和军事实力最强的国家，但1957年苏联成功发射世界上第一颗人造卫星，在空间技术发展上领先于美国。美国朝野震动，人们纷纷指责美国学校教育水平落后，并迫切感到有必要加快教育改革，培养科技英才以满足国家安全需要。因此，美国国会于1958年通过《国防教育法》。

> 美国教育的问题[①]

海军将领李可弗在1959年出版的《教育与自由》一书中认为，苏联人的成功在于它们建立起一种有效的教育制度，这种制度"有跟美国当前的教育制度完全不同的目的和比较高的学术标准"，从而"能够培养苏联技术优势所需要的具有训练的人"。著名心理学家、结构主义教育思想的主要代表布鲁纳批评了以实用主义为指导思想的进步教育忽视系统的科学知识教育的缺陷，导致中小学乃至大学的基础课程的教材编写，同第一流的学者和科学家日益脱节的现象，使得"中小学教学大纲经常不适当或不正确地处理当代的知识"。以麻省理工学院的杰罗尔德·扎卡赖亚斯为首的"物理科学研究委员会"认为，中学物理课程和教材自1910年以来没有发生过根本的变化。数学以及其他自然科学教学中也存在类似的情况……他们呼吁增加政府拨款，加强对各州教育的调控，改进各级各类学校的教学内容，充实教学设备，培养更多的优秀人才充任教员，选拔和资助天才儿童，培养更多有特殊才能的科技人员。

《国防教育法》共有10章，包括总则，学生贷款，加强科学、数学和现代外国语的教学，奖学金，教学指导、辅导和测验，发展语言，发

[①] 杨鑫辉主编《现代大教育观——中外名家教育思想研究》，江西教育出版社，1990，第70—71页。

展传递媒介，技术员训练，科学情报工作和各州统计工作。具体可概括为以下几个方面：

第一，把教育经费增加到国家财政预算的41%。

第二，加强数学、自然科学和外语教育以及其他重要学科的教学，突出外语、数学、自然科学、技术教育的核心地位。

第三，加强天才教育，为大学生和研究生提供专项奖学金，并为扩大研究生院拨款。

第四，加强实验室建设和教学手段现代化，增添计算机、电视、电影和其他教学机器设备。

第五，积极发展职业教育，大力培养中层技术人员，包括设立地区职业教育主管机构，开展职业训练和技术训练。

第六，强化师范教育，提高教师水平，为未来的高等院校教师设立大学毕业生特别补助金。

天才教育[①]

美国近代天才教育开始于1918年。美国国会1958年颁布的《国防教育法》确立了天才教育之国策，大大促进了美国天才教育的发展，并由此引起了一场全球范围内的天才教育热潮。1965年，美国国会通过《小学和中学法案》，确立了联邦政府发展天才教育方案和州层级天才教育计划。美国1968年成立"白宫资优及特殊才能特别委员会"，1969年制定了联邦法案，由美国教育委员会指导天才教育研究工作，并支持州政府发展天才教育方案。1972年和1973年，马里兰州政府两度向国会提出报告，在美国教育署下设立天才教育处，逐次增加州层级经费来源。1978年11月，美国国会通过了《天才儿童教育法案》，该法案界定了"资赋优异"的表现。1987年，美国国会通过了《天才教育法案》，核拨了790万美元发展基金，重建资优及特殊才能联邦办公室，负责提供训

[①] 李建辉主编《天才教育学》，中山大学出版社，2014，第105页。

练及研究计划以及建立天才教育全国研究中心等工作。1988年，美国国会通过了《杰维斯资赋优异学生教育法案》。1994年，美国国会通过了《杰维斯资赋优异学生教育法案修正案》，该法案强调学校必须提供资赋优异者特殊的教育活动或服务，以培养和发展其特殊潜能，每年均经国会确认联邦政府拨款额度。1994年以后，联邦政府须经国会确认天才教育拨款额度。经过近百年发展，美国天才教育体制日渐成熟，美国公立学校十分重视天才儿童的甄别与特殊教育，基本上所有公立学校都实行了"天才与资优教育计划"。美国法律规定，天才儿童有权利得到适合自己的教育服务。目前，美国已成为世界上天才教育最普及、研究和从教人员最多的国家。

《国防教育法》通过以后，极大地推动了美国教育的改革和发展。1957年到1965年被誉为"教育十年"，对教育的投入逐年增多，到1965年已达370亿美元，对学校科研、建筑提供的经费以及为学生提供的贷款或奖学金，平均每年就达15亿美元以上。一批新学科如电子工业、航天、原子能、化学、电子计算机等专业纷纷设立，并且建立了一批包括许多新学科的理工大学。

美国《国防教育法》表面上是一部针对国防安全和国防教育的法案，实际上却是一部教育法律，是美国"二战"后的一部教育基本法，堪称美国的"教育大宪章"[1]。经过10余年的努力，美国在科学技术水平等方面超越苏联，在1969年发射载人飞船并实现登月计划。可见，《国防教育法》是美国提高教育质量的一项核心策略，是教育发展中的一座里程碑。

---

[1] 张志勇主编《中国教育的拐点》，教育科学出版社，2010，第68页。

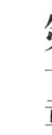

第十章 近现代教育思想与理念

> 这些学者共同工作的目标应该是给科学彻底打定一个基础，把智慧的光辉散播到全人类，使散播的成绩超越既往的成就，并以新鲜有用的发明去给人类谋福利；因为，除非我们愿意停顿或退步，否则我们便需留心，务使成功的开端导入更深的进步。做这项事业一个人是不够的，一代人也不够，所以必须许多人一道工作，把前人的研究作为一个起点。
>
> ——夸美纽斯《大教学论》

伴随着各种教育革新运动、教育思潮的出现，欧美、日本等国的教育家们不断地探索教育改革的新路径。裴斯泰洛齐的"要素教育"、赫尔巴特的"四段教学法"、福禄培尔的"恩物教学"、斯宾塞的"最有价值的知识"、福泽谕吉的"文明开化"理论、蒙台梭利的"儿童之家"、杜威的"从做中学"理论、苏霍姆林斯基的"个性全面和谐发展"教育思想，以及改造主义教育、要素主义教育、永恒主义教育、结构主义教育等现代教育思潮的出现，反映出人们对于教育问题的深入认识以及更新过程，对当今教育的发展提供了诸多启示。

裴斯泰洛齐与"要素教育"

裴斯泰洛齐（1746—1827）是瑞士著名的教育思想家和教育改革家，著有《林哈德与葛笃德》《葛笃德怎样教育她的子女》《天鹅之歌》等。

> 卢梭对裴斯泰洛齐的影响[①]

在卢梭所处的那个时代，《爱弥儿》引起了一定程度的关注，但是这部著作经历了一个非常漫长的萌芽期，乃是此类著作中最典型的一部。19世纪初，裴斯泰洛齐在瑞士将卢梭的教育思想应用于当地的教育，自此该书的声名远播之途方才开始。如同前辈夸美纽斯，裴斯泰洛齐具备花衣魔笛手一般的魔法素质，孩子们似乎被迷得神魂颠倒。据说他能够通过谈话这么简单的方式让全班学生全神贯注长达数小时；但是与夸美纽斯的不同之处在于，他无法向其他人解释这一特别才能。他仿效卢梭，喜欢以既有感染力又隐晦的"小说"为媒介传达自己的教育思想。这些"小说"反映了他对瑞士农村穷苦大众深深的同情，以及对接触自然简单生活的情感依恋。但他不是一个优秀的管理者，数度试图建立学校均告失败，其实用课堂技术常常枯燥、平淡无奇，甚至包括著名的"实物课"。

裴斯泰洛齐的"要素教育"思想在其教育思想体系中占有重要位置。他指出"要素教育"的基本问题"就是如何使人的才能和能力的培养与大自然的顺序相一致"[②]。所以，"要素教育"的过程是要从一些最简单的、儿童所能接受的要素开始，逐渐过渡到复杂的要素，以促使儿童获得各方面能力的和谐发展。裴斯泰洛齐认为任何知识中都有一些最简单的要素，如果能掌握它们，就能够透过这些要素认识周围世界，儿童的教育工作也要从最简单的要素开始，所以"要素教育"的根本是要适应

[①] A.P.R.豪厄特、H.G.威多森：《英语教学史》，刘振前、庄会彬、宋青译，商务印书馆，2016，第300页。

[②] 裴斯泰洛齐：《裴斯泰洛齐教育论著选》，夏之莲等译，人民教育出版社，2001，第425页。

儿童的天性，按照儿童的自然属性进行教育。

裴斯泰洛齐认为"要素教育"的内容应包括德育、智育、体育，同时三者也是紧密联系在一起的。德育是人才培养重要的方面，德育的任务就是遵循道德自我发展的基本原理，培养和发展儿童的德行。为此，裴斯泰洛齐认为，德育首先在家庭当中，尤其是儿童对母亲的爱，这是来自亲子之间的最自然的关系，是德育最基本的要素。然后在于学校教育。德育教育的原则是道德说理和道德练习，不要空谈，也不能借助体罚。智育不仅是教给学生知识，还要着力"帮助促进他们的思考能力、调查研究能力和判断能力的自然发展，以便有意识地占有人类几千年获得的东西"。所以，智育要从"数、形、词"等教学的基本要素开始，并把数目、形状和语言确定为教学的基本科目。体育是要人的每一种天赋能力本身都有要求活动的倾向，要遵循人的自然发展规律，各种关节的活动是最简单的要素。体育要从儿童早期开始抓起，学校的体育活动应该是多种多样的。

关于教学方法，裴斯泰洛齐认为："我的目的在于简化教学方法，使得即使是最普通的人，也有可能自己教他的孩子。这样，就最初步的教学而言，学校可以逐渐地几乎不需要了。我认为过早地使儿童离开家庭去接受人为的教学方法，对儿童是极有害的。教学方法被简化得使每一个母亲不但不需要其他帮助就能够教育自己的孩子，而且同时能继续自己的教育，这样的时间已是不远了。"① 所以，他改变了初等学校的教学内容，设置阅读、书法、绘画、唱歌、算术、初步几何、测量、体操、历史、地理、自然等课程，扩充了初等学校的教学计划，也创造了许多新的教学方法。比如语言教学应从最简单要素——语音出发，先从学习发音开始，然后进行单词教学，最后教学生阅读语句。在单词教学中，可以用直观图画表示单词或名词，然后在每个名词上再加形容词，使儿童更好地理解词的含义。又如，对于几何的学习，裴斯泰洛齐建议先习直线，再学角、三角形、正方形，把正方形分成若干部分（2等分、4等

① 张焕庭主编《西方资产阶级教育论著选》，人民教育出版社，1979，第205页。

分、8等分等），然后学习曲线和几何图形。而算术教学应从对实物的观察入手，用一粒豆、一支笔、一根棍棒来培养儿童数字的概念。再如对于地理教学，儿童应从观察熟悉的地区、自然环境开始，逐步扩大到县、省、国以及全世界，先用黏土塑造地理模型，之后再使用地图。可以看出，对于各科的学习，裴斯泰洛齐都积极倡导实物教学。

> 实物教学法[①]

有一次，裴斯泰洛齐拿着"窗"的图片讲课时，一个同学询问道："从真正的窗子上不是能更好地学到窗的属性吗？"这一问题使他恍然大悟，从此，他就让学生直接观察实物。如在算术教学中，他制作了著名的"算术箱"，箱内是各种形体的实物。上课时，他先让学生观察各种实物，等学生对实物有了初步的了解后再进行讲解，这既培养了学生的兴趣，也有利于学生掌握知识。

裴斯泰洛齐的"要素教育"理念在今天仍有很高的价值。一是要认识儿童的发展的本质，发展儿童的内在潜能，使其具有自主、独立以及高尚的道德品质。二是遵循自然发展规律，从简单到复杂，确立正确的教学指导原则和教学方法，使儿童的手、脑、心灵等多方面的能力得以发展。裴斯泰洛齐的"要素教育"为初等学校各科教学法在实践中的运用打下了基础，他要求老师改进教学方法，使之能符合"要素教育"的规律，以及重视教学的直观性及实物教学，给我国基础教育提供了借鉴和参照。

[①] 曹悦霞、褚旭、刘玉秋编著《教育名家的教育智慧》，电子科技大学出版社，2012，第131页。

赫尔巴特的"四段教学法"

赫尔巴特(1776—1841)是德国著名的哲学家、心理学家和教育家,著有《普通教育学》《教育学讲授纲要》等。他在教育史上被称为"科学教育学的奠基人",是"传统教育"的重要代表。

> 赫尔巴特与裴斯泰洛齐[①]

1799年夏,赫尔巴特在工作之余,第二次专程前往布格多夫拜访当时名声渐起的裴斯泰洛齐,并且深受这位"孤儿的慈父"的影响。……赫尔巴特曾回忆道,十几名5~8岁的孩子通常在傍晚时刻被叫到学校。我担心他们会觉得不高兴,但孩子们没有一点不乐意的迹象。生动活泼的活动不间断地持续至结束。我听到整个学校说话的嘈杂声。不,不是嘈杂声,那是和谐的声音,非常清晰的,像有节奏的合唱一样,如此强有力、如此强劲地一气呵成。他们对学过的一切是如此清晰地记住了,因此,我几乎要费很大力气才不使自己从一个观众和观察者变成学习着的孩子们的一员。我走到他们中间去听是否有说得难懂的或差一点的,但我没有发现。孩子的发音使我听得很舒服,尽管他们的老师自己有着世界上最难懂的嗓音,而这些孩子的瑞士父母似乎也不可能把他们的舌头训练好。但事情是明白的,有节奏的齐声朗读本身会产生纯真而清晰的发音。没有一个音节会被吞掉,每一个字母都找到了它的发音时间。以声音的自然强度不断大声说话的儿童自己训练了自己的发音。我觉得孩子们普遍而持久的注意力也不是一个谜,每个孩子同时活动着其嘴与手,没有一个是无所事事和一声不吭的,因此对注意力分散的需要被消除了。自然的活泼不要求疏导,就像共同学习的潮流不会分岔一样。

[①] 杨汉麟、袁传明:《裴斯泰洛齐画传》,山东教育出版社,2018,第121页。

赫尔巴特深受裴斯泰洛齐的"教育心理学化"口号的影响，试图在心理学基础上建立教育教学理论。他认为教学过程是各种观念的频繁活动，是学生在原有经验联系上形成新观念的过程（即统觉）。他要求根据多方面兴趣传授系统知识来具体安排教学活动，为此提出了"明了、联合、系统、方法"的四阶段教学理论。

第一步，明了。在这一阶段，学生的观念活动属于静态的钻研，为了掌握和学习新教材，必须集中精力努力学习。教师在传授新教材时应该尽量简练、清楚、明白，要注意和学生意识中已掌握的知识进行比较。应采用提示教学，如叙述法，用精练而富有吸引力的语言对教材进行描述和分析；也可辅之以演示，包括使用实物挂图等直观教学方式；还可以采用谈话法帮助学生明确新观念，掌握新教材。

第二步，联合。在这一阶段，学生的观念活动属于动态的钻研。要求学生集中力量深入思考，把"明了"阶段所获得的观念与旧有观念结合起来。由于新观念与旧有观念的联系在初始阶段并不清晰，学生还不知道从这种联系中能够得到什么，学生期待知道新旧观念联系起来所得的结果。因此，教师应该采用分析教学，教师和学生进行自由谈话，帮助学生建立起新旧观念之间的联系。

第三步，系统。在这一阶段，学生已经进入到教材的理解阶段，学生的观念活动属于静态的理解。新旧观念经过"联合"已经产生了联系，但还不系统，需要进一步理解与确认。所以，教师可以运用综合教学法，帮助学生在新旧观念联系的基础上进行深入的思考和理解，并寻求定义、结论、规律。

第四步，方法。在这一阶段，学生将要把系统化的知识运用到实际，学生的观念活动属于动态的理解。教师可以采用练习法，指导学生独立完成各种练习、演算、作业，以及按照要求进行修改，将教材内容应用于实际。

上述教学四阶段的观点即赫尔巴特的教学形式阶段理论。"这一教学法对于教学阶段划分得很清楚，便于教师编制教案，有计划地进行教学。它尤为适宜教师教授及学生学习较为复杂的原理或法则。此教学法还可以训练学生推理判断和分析综合的思考能力，养成学生有系统的思维习惯。"[1]后来他的门徒齐勒尔把"明了"分为"分析"和"综合"两段，齐勒尔的学生莱茵在此基础上将教学阶段分为"预备"（即问题的提出）、"提示"（即新材料的传授）、"比较"（相当于"联合"阶段）、"总括"（相当于"系统"阶段）、"应用"（相当于"方法"阶段）等5个阶段。上述教学法构成19世纪下半叶后风靡世界的"五段教学法"。20世纪初，"五段教学法"传入中国，对中国的教学工作产生了重要的影响。

赫尔巴特的教学法揭示了教学过程的基本规律，有助于系统知识的传授、理解和巩固，对当代世界教育的发展具有重要影响，如程序教学中的小步子教学模式。赫尔巴特曾经说过："因为初学者只能缓慢前进，对他们来说，最小的步子也是最快的步子。他们必须在每一点上都停留一下，以便能够对每一事实都清楚地理解。"当然，教学形式阶段理论也存在一些缺点，它把复杂的教学活动过于简单化，这非但不能使教学的问题得到解决，反而会造成各种新的问题。正如有些学者指出的："赫尔巴特的这种方法论把教师摆在儿童心灵塑造者的位置上，教学变成了建设。"[2]所以，20世纪以后，这种方法逐渐被新的教学方法所取代。

[1] 滕大春主编：《外国教育通史》（第三卷），山东教育出版社，1990，第283页。

[2] S.E.佛罗斯特：《西方教育的历史和哲学基础》，吴元训等译，华夏出版社，1987，第458页。

福禄培尔的"恩物"

福禄培尔(1782—1852)是德国19世纪著名的幼儿教育家,他创立了以"幼儿园"命名的学前教育机构以及一整套幼儿教育理论,后人称他为"幼儿教育之父"。

裴斯泰洛齐曾使用具体的东西(如豆子、木块)来推进幼儿的教育工作,进行语言和算术的教学,使儿童在"直观"中获得正确的印象,这可以说是"恩物教学"的萌芽。福禄培尔从中受到启发,并进一步研究,创制出一套供儿童使用的教学用品,称作"恩物"。这是他对于幼儿教育工作的一个具体贡献。

"恩物"的教育价值,在于它是帮助儿童认识自然及其内在规律的重要工具。福禄培尔认为"恩物"是自然的象征,比如球象征整个世界、圆形体象征动物的形体、方形体象征矿物的形体、圆柱体象征植物的形体等。儿童通过对"恩物"的认知,能够循序渐进地认识自然,进而洞察神性。

对于"恩物"的数目和种类,福禄培尔并未做出明确的规定。福禄培尔曾想把"恩物"仔细地按难易次序整理,以贯彻他的"发展"的原则,即"恩物"的排列能将一种活动引入第二种,而且做新的游戏的时候,能重温旧的游戏,新旧相间,能使新的游戏更自由、更易于了解。福禄培尔认为,真正的"恩物"既能使儿童理解他周围的客观世界,又能表达他对于这个客观世界的认识,每种应包含一切前面的"恩物",并应预示后继的"恩物",同时每种"恩物"本身应表现为完整的、有秩序的统一观念。所以,他设计了以下几种应用广泛的"恩物"。

第一种"恩物"是一个盒子里装有6个绒毛做的小球,分成红、黄、蓝、绿、紫、白6种颜色,每个小球上系有两根线。持球和丢球的过程可使孩子获得存在、占有、物体、空间和时间等感性认知,还有助于发展儿童的语言。"通过绒球游戏,孩子眼中的外部世界开始由混沌变得清晰。而圆球和立方体这两个完全对立的物体,使孩子注意到了物体在形状上的差异,以及易动物体和稳固的静止物体在运动特征上的具体表现。这些最初的'恩物'游戏,是孩子认识世界、认识万物的基础,儿童通过这些游戏,感觉到自己的生命,并且将自身之外运动着的物体理解为生命和运动。"①

第二种"恩物"是硬木制作的三件一套的玩具:球体、立方体和圆柱体(后两件是有穿孔的)。借助第二种恩物,可以使儿童认识物体的各种形状和各种几何体。这些几何体可以用来代表儿童现实生活中的东西。例如,球体像橘子、圆柱体像奶瓶或者轮子、立方体像房子等。儿童可以在玩这些立方体、球体和圆柱体时学到很多东西。如通过几何体的互击或者和桌子的碰撞获得声音回响的概念。又如,发现一些简单的物理概念:球体可以滚动,圆柱体可以站立。通过摆弄这些几何体,儿童可以创造出一些新的图案。

> "恩物"的使用

在游戏中,拆分后的立方体可以是很多东西,例如,椅子:"这是奶奶的椅子,奶奶坐在上面,把安静的我放在膝上,给我讲故事。来呀,奶奶,来呀,这里有把椅子,你来坐下,给我讲故事。"妈妈用孩子的口吻这样说。稍微做些变动,下一次它又变成了水槽:"水槽真长,牛妈妈和它的小牛犊、马妈妈和它的小马驹可以同时喝水解渴。""牧人赶着马和牛,还有小牛犊和小马驹。小马驹在母马后面撒欢儿,小牛犊跟在母牛身后欢快地跳跃。它们都来喝水了。"我们也可以把它变成一架梯子,妈妈对孩子说:"爸爸要从果园的树上摘苹果。苹果树太高了,爸爸够不到,怎么办?""家里有一架轻巧的梯子。你把梯子搬过去,帮助爸爸吧。""对了,就是这里,爸爸站在上面,摘到了很多苹果,还送给了邻

① 弗里德里希·福禄培尔:《福禄培尔幼儿教育》,李铭编译,中国妇女出版社,2015,第146页。

居一些。""我们现在一起吃苹果吧。"①

第三种"恩物"是沿各向对开、可分成8块小立方体的大立方体。福禄培尔把它作为一个整体介绍给儿童,通过教师的解释,帮助儿童认识整体和部分、部分和部分之间的关系。用这8块小立方体,儿童可以构成各种形状,如城市、桥梁、十字架等。儿童在建造物体的时候,一定要让他们自由地发挥,不要告诉他们可以用立方体做什么,这既可以培养儿童的创造力,还可以培养他们的美感。

第四种"恩物"是一个沿纵向切成许多平板的立方体。第四种"恩物"虽然只是在第三种"恩物"的基础上做了小小的改动,但是这种立方体给儿童带来了更多的可能性。既可以帮助儿童创造新的结构和图案,还可以让儿童将其作为知识进行讨论。

第五种"恩物"是一个立方体,分割成27个体积相等的小立方体,可组成一个大立方体。其中3个小立方体再沿对角线二等分,另3块则沿对角线四等分。半正方体和四分之一正方体引入了三角形的形状。对孩子来说,新的三角形积木会带来更多的探索可能性。利用该"恩物",还能进行大量的几何教学,因而对数学教学大有裨益。

第六种"恩物"是27个砖形木块,其中3个纵向二等分,6个横向平分,也可组成一个大立方体。可以帮助儿童认识数的概念及满足建筑游戏的欲望。

福禄培尔重视游戏在幼儿教育中的价值。他说:"这一时期的游戏并非是无关紧要的小事,它有高度的严肃性和深刻的意义。培养它、哺育它吧,母亲!保护它、关心它吧,父亲!用一个真正懂得人类本性的人的平静而敏锐的眼光来看,在这一时期儿童自发选择的游戏中显示出他未来的内心生活。"②这种游戏既丰富了儿童的生活,又激发和培育了他们的公民道德品质。"恩物"是福禄培尔对幼儿教育的一个重要贡献,他的"恩物"作为幼儿玩具在世界范围内被广泛流传,但由于"恩物"被赋予神秘主义色彩,因而在一定程度上影响到它的进一步推广。

---

① 弗里德里希·福禄培尔:《福禄培尔幼儿教育》,李铭编译,中国妇女出版社,2015,第149页。

② 任钟印主编《西方近代教育论著选》,人民教育出版社,2001,第339页。

斯宾塞的"最有价值的知识"

斯宾塞（1820—1903）是19世纪英国著名的资产阶级社会学家、唯心主义哲学家和科学教育的倡导者。

斯宾塞从人生的意义和价值的角度考虑问题，认为对人生最有益的事情是学会怎样生活。他说："怎样生活？这是我们的主要问题。怎样运用我们的一切能力才能对己对人最为有益，怎样去完满地生活？这个既是我们需要学习的大事，当然也就是教育中应当教的大事。为我们的完满生活做准备，是我们教育应尽的职责；而评判一门教学科目的唯一合理办法，就是看它对这个职责尽到什么程度。"[①] 斯宾塞把直接关系个人安全、保全生命的活动列为人类生活的首位，因而主张把使人获得直接关系自己生命安全的知识看作教育上头等重要的事。除此之外，就是要习得生活技巧，来间接保全自己。为了习得生活技巧，具有养活自己的能力，就必须掌握养活自己所需要的知识。

从有助于完满生活来看，知识的价值有大有小，有内在价值、半内在的价值、习俗上的价值、训练心智的价值、用以指导行为的价值等。斯宾塞所说的"知识价值"，就是知识给人生带来的功利的大小、给人生带来的幸福的程度以及为人的完满生活做准备的效果。

> 教给孩子生活需要的基本知识[②]

在所有这些知识中，要告诉孩子，有的有永恒的内在价值，有的是有半内在价值的，有的则是具有习俗的价值。科学的真理是具有内在价值的，今天有，一千年以后也有，比如"水中运动的物体所受到的阻力同运动速度成平方比例"，比如"氯是一种消毒剂"。懂得了拉丁文和希腊文字而增加了国语知识，可以算作半内在价值；而对于以"历史

---

① 赫·斯宾塞：《斯宾塞教育论著选》，胡毅、王承绪译，人民教育出版社，1997，第54页。

② 赫·斯宾塞：《斯宾塞的快乐教育》，颜真译，海峡文艺出版社，2002，第253页。

名义所出现的人名、年代，这个杀了那个，那个推翻了这个，这些陈旧的事，则只有习俗上的价值。当然，必须承认，与整个人类始终有关的事实，比那些只与某些有限的年代才有关的事实更为重要。在其他情况不变时，有内在价值的知识比有半内在价值的知识更重要。

至于什么知识最有价值，"一致的答案就是科学"。斯宾塞说："为了直接保全自己或是维护生命和健康，最重要的知识是科学；为了谋生间接保全自己，有最大价值的知识是科学；为了正当地完成父母的职责，给予正确指导的是科学；为了解释过去和现在国家的生活，使每个公民能合理地调节他的行为所必需的不可缺的钥匙是科学。同样，为了各种艺术的完美创作和最高欣赏所需要的准备也是科学。而为了智慧、道德、宗教训练的目的，最有效的不是学习，而是科学。"[①] "在所有知识中，我认为，科学是使一个人终身受益的，具有永恒价值的知识。父母和老师都应该把科学方面的知识作为启迪孩子心智、训练孩子思维、培养孩子思维习惯和思维方法的重要知识来传递。一个具有科学思维习惯的孩子，他在人生中会少走很多弯路。"[②]他按照重要程度把人类生活的主要活动分为五大类：直接保全自己的活动；获得生活资料而间接保全自己的活动；目的在培养教育子女的活动；与维持正常社会政治关系有关的活动；在生活中的闲暇时间满足爱好和感情的活动。与之相适应，教育也应有一个合理的次序。开设生理学、解剖学；除了读、写、算以外，开设逻辑学、几何学、物理学、化学、天文学、地质学、生物学、社会学等；开设心理学和教育学；开设历史课程；开设审美文化，包括绘画、雕刻、音乐、诗歌以及建筑艺术等课程。他根据自然教学原则、快乐原则、自我教育原则，提出了归纳法、观察法、实物教学法、实验法和启发式教学方法。所有这些方法都是与死记硬背的注入式教学方法和强制教育相对立的，其总的精神是按照自然规律，遵循儿童的心理发展规律，使教学成为学生理解的过程，使学生学得愉快。

---

① 赫·斯宾塞：《斯宾塞教育论著选》，胡毅、王承绪译，人民教育出版社，1997，第50页。

② 赫·斯宾塞：《斯宾塞的快乐教育》，颜真译，海峡文艺出版社，2002，第255页。

总之，斯宾塞的科学教育思想反映了这个时期科技的进步和资产阶级的政治要求，体现了时代的潮流，代表了科学和社会发展的方向，对近代科学教育发展做出了重大贡献。斯宾塞"成为从弗朗西斯·培根创立了一个试图在科学的范围给人类带来知识的制度以来，完成了任务的第一个英国哲学家"[①]。斯宾塞的教育思想虽然已经诞生了一个半世纪，但对我国的教育改革仍有重要的启示。一是要加强课程功能的研究。如语言类的课程，在教学过程中要按照教学目标，让学生掌握单词、语法、时态等内容，从而完成教学目标。但是如果学生不会用这种语言进行交流，那就没有达到课程功能的要求。过去，有人说我国中小学的英语为哑巴英语，就是这种情况，只追求知识的形式，而没有注重实用性。二是要注重科学课程。目前，我们正处在全球化的时代，科学技术正在以前所未有的速度发展。教育也应该顺应时代发展的潮流，不断改进学校课程，增加计算机教育和媒介素养教育等。

---

① 北京师联教育科学研究所编译：《外国教育名家名作精读丛书·第一辑·第十八卷·科学教育思想与〈科学与教育〉选读》，中国环境科学出版社、学苑音像出版社，2006，第52-53页。

福泽谕吉与"文明开化"

福泽谕吉（1835—1901）是日本明治维新时期著名的启蒙思想家和教育家，其代表作为《文明论概略》和《劝学篇》。

福泽谕吉十分尊崇西方的实学，但他认识到外来的学问终究不是自己国家的东西，必须将外来文明和本国的教育密切地结合起来，为此，就必须努力发展学校教育。他接受了西方"天赋人权"的资产阶级民主主义观点，认为"人天生一律平等，不是生下来就有贵贱之别"，受教育是人人应有的权利；他又从国家的角度阐明普及学校教育是国家富强独立的必由之路。他说："我赞成平日用强迫的办法，让全国的男女适龄儿童一律就学，这对于日本当今的社会是当务之急。"①因此，他非常赞同政府颁布《强制教育令》，以保证国民接受学校教育。这是和日本"文明开化"的目标相一致的。

在学校教育中，他主张以"和谐发展"为目标，学校设立的本旨，是促使能力的提高。福泽谕吉指出："人生下来之后，必须体育、智育、德育同时加以注意。"②他认为日本古代重德而轻智，而明治前期又强调智育，忽视德育和体育。所以他主张体育、智育、德育要均衡发展。在学校里开设体育课，经常锻炼，能使身体无病健壮，精神可以快乐充沛，这是自然规律。而身心健壮的人，能克服所有的困难，并能为独立生活创造有利条件。目前，我国教育虽然强调德智体美劳全面发展，但是体育仍然居于次要地位。一方面是家庭教育不重视体育，另一方面是中小学生在升学的压力下，没有时间进行体育锻炼。这既对学生的身体发育产生了不良影响，还严重损害了学生的视力。由此看来，福泽谕吉重视体育的思想对我国仍有借鉴意义。

福泽谕吉也重视智育和德育。福泽谕吉将智育的任务分为两个方面：一是学习以实学为主的众多学科，二是发展智力。他认为，学校不只是

---

① 井上久雄：《日本现代的教育思想》，福村社，1979，第195页。

② 福泽谕吉：《福泽谕吉全集》（第12卷），岩波书店，1961，第471页。

传授知识的场所，也是开发人类天资的地方。他指出：能力是一个综合的概念，它包括记忆力、推理力、想象力、思维力等。各种能力有各自固有的发展顺序，学校教育应该使它们平衡发展。在教学方法上，他主张以学生自学为主，教师应发现学生的兴趣，因势利导，既不放纵，又不能去乞求学生。关于道德教育，福泽认为，古代教化并不普及，仍有善人，儿童智力虽较成人为低，但多半诚实质朴。德育的目的在于不妨碍这个善的发展。朋友间的劝善规过，并不是从外部灌输这个人天性中所没有的东西，而是教给他怎样排除阻碍为善的方法，使他自己努力寻找到自己固有的善而已。所以，道德不是单纯地靠人为教诲可以达成的，而是学生自修产生的。幼年和少年时期是道德形成的最佳阶段，因为这个时期是人生的起点，家庭、学校和社会要在学生的这个时期给予他们恰当的引导。福泽谕吉指出："要知道，父母的身教远比读书识字更能感染儿童的心灵，这才是真正的教育。所以，对父母自身的行为决不可等闲视之。"①

不妨碍孩子的活动②

在养育方法上，不妨碍孩子的活动，对饮食方面比对穿衣方面要注意得多一些。即便只能给孩子们穿些粗衣，也要在食物方面叫他们吃一些有营养的，所以9个孩子从小就没有营养不良的现象。而在教养方面，则培养孩子们温和、活泼，在一般问题上就放任孩子们自由处理。比如把洗澡水烧得热热的硬叫孩子去洗这种事是不做的。而我的办法是在有烧水设备的澡盆旁边放一个大水桶，叫孩子们自己随意，用温水或用热水洗都可以，完全自便。但是在饮食方面则不许孩子们随便乱吃，而且为了使孩子身心活泼，有意识地把屋内的装饰品放在孩子们碰不着的地方，即使孩子们把窗纸弄破或把家具损坏也装看不见。对于孩子们一般的淘气行为也不加以大声斥责，如果过分顽皮，至多让他们看看父母生

---

① 福泽谕吉：《福泽谕吉教育论著选》，王桂译，人民教育出版社，1991，第142页。

② 福泽谕吉：《福泽谕吉自传》，马斌译，商务印书馆，2016，第232—233页。

气的脸色，不论在任何情况下，也没有下手打过他们。又如父母对待儿子、媳妇，或是兄、姐对待弟、妹，都不是单呼名字而要加上敬称。家中没有严父慈母之别，若说严，父母都严；若说慈，父母都慈。全家相处如朋友一样，就是现在，像我那小孙子也在这样说："妈妈有时还叫人害怕，可是我最不怕的就是爷爷。"按照世间常情来说，看起来好像我有些姑息，但是我这孙子并不特别任性。全家老少虽然也在一起要笑，但是孩子们对长辈认真嘱咐的话都能遵从而没有违背的，因此我认为管教孩子不必太严厉是有益的。

福泽谕吉为实践其和谐发展的学校教育理论，以种种理由谢绝政府的官职，潜心经营他的庆应义塾，致力于教育事业长达30余年。福泽谕吉规定义塾的教育方针有二：一为有形方面，以数理为基础；二为无形方面，以培养独立精神为目标，二者不可或缺。他要求学生不受社会干扰，埋头读书。为整顿学塾风纪，亲自制定塾则，以身作则，因而塾风不断得到矫正，秩序井然。良好而严格的塾风，使得庆应义塾发展迅速。1873年，义塾仿照美国的中等教育制度，改学制为7年，称为正科；又设立专门讲授英文的别科。1890年，又创办大学部。1895年形成自幼儿园、小学、中学直到大学的系统学制。后来，又不断发展壮大，成为今天日本著名的私立大学——庆应义塾大学。

福泽谕吉坚持以民主主义精神为指导，吸收西方进步教育思想，批判封建教育学说，形成了具有实用色彩的教育学说。他的代表作《劝学篇》很受日本明治维新政府的欢迎，成为当时教育改革的指导思想，当时日本国民几乎人手一册。但它具有一定的等级意识和国家主义色彩，在明治维新后期产生了消极的影响。

蒙台梭利的"儿童之家"

蒙台梭利（1870—1952）是20世纪意大利著名的幼儿教育家，代表作有《蒙台梭利方法》和《童年的秘密》等。

1907年1月6日，蒙台梭利在罗马贫民区创办了第一所幼教机构，起名"儿童之家"。蒙台梭利认为，幼儿具备"自我教育和学习"的能力，给幼儿提供的环境应该是一个自由发展的环境，这有助于幼儿创造自我和自我实现。

> 儿童之家[①]

有一天，"儿童之家"的老师到校较迟，而且事先忘记关上小橱子的门，因此，等老师到校时发现许多幼儿站在小橱子的周围，有些幼儿已取出自己所需要的教具去活动。她认为，这件事代表着这些幼儿已能识别这些教具，并做出自己的选择。因此，允许幼儿自由选择教具和工具，可以满足他们内心的需要，因为科学教育学的基本原理是允许个人的发展和儿童天性的自由表现。但是应该注意到，幼儿在自由选择中不会选择所有的教具，往往总是选择同样的东西和一些自己明显偏爱的东西。为了使幼儿更好地进行自由选择，蒙台梭利强调说："每一样东西不仅应该秩序井然，而且应该跟儿童的需要相适应；只有消除了教具混乱的情况和去掉不必要的教具，儿童的兴趣和专心才会油然而生。"

蒙台梭利认为幼儿教育是人类最重要的一个问题，它既可以帮助个人的自然发展，又可以使个人为适应环境做好准备。所以，在儿童之家中，对幼儿的教育应该包括肌肉训练、感官训练、实际生活训练、初步知识教育等四个方面。

[①] 滕大春主编《外国教育通史》（第五卷），山东教育出版社，1993，第461页。

作为一位医生，蒙台梭利强调幼儿的身体发育以及体操活动的作用。她认为，幼儿期是肌肉训练的一个重要时期，要为幼儿设计各种有助于肌肉训练的体操，要让幼儿自然发展，要鼓励幼儿多做体操练习，避免压制幼儿的自然活动。蒙台梭利设计了一些辅助器械，例如平行木栅、摇椅、球摆、螺旋梯、绳梯、跳板、攀登架等。蒙台梭利还设计了有音乐节奏的走步、跑步和跳跃练习，既使幼儿感到有趣，又锻炼了幼儿肌肉的力量，还发展了幼儿的节奏感。

感官训练应该包括视觉、听觉、嗅觉、味觉和触觉的训练。蒙台梭利设计和制作了进行感官训练活动的教具材料。它们既符合幼儿心理发展的特点，又能激起幼儿的兴趣，还能使幼儿的注意力保持集中。"比如，对一般感觉训练，如触觉、温觉、压觉和立体感觉的训练，都要求把儿童的眼睛蒙起来或在暗室中去操作相应的教具。在这种情况下，往往可以提高儿童的操作兴趣，使练习不至于陷入喧闹之中。同时排除了视觉对儿童注意力的干扰，集中到我们想进行的感觉刺激上来。"[①]

实际生活练习有两种，一是与儿童自己有关的练习，如穿脱衣服、梳头、刷牙、洗手、洗脸、刷鞋、洗手帕等；二是与环境有关的练习，如卷小毯子、扫地、拖地板、擦桌子和椅子、擦亮门手柄、打扫走廊、削土豆、剥豌豆、摆餐桌、端菜、洗盘子、开关门窗、整理房间等。实际生活练习可以塑造儿童的良好性格，培养做一个公民的基本能力和品质。儿童在实际生活练习中能够不断改正错误、自我调整和发展人格。

初步知识教育是指可以教儿童学习阅读、书写和计算。在蒙台梭利看来，初步知识教育与感官训练是相联系的，儿童可以通过他们的感觉来学习且学得非常好。通过触觉练习，儿童可以顺利地锻炼书写能力，并在描摹的基础之上，爆发出书写能力。在儿童之家的实践中，蒙台梭利发现，幼儿学习书写的年龄是 3 岁半至 4 岁半。在学习计算时，可以先利用幼儿日常生活中接触到的物体，帮助他们练习计算。然后，再用图形数字进行认数和记数的练习。最后，教幼儿学会 1~20 的加减乘除[②]。

[①] 王俊恒、朱露露：《蒙式教育在中国》，安徽师范大学出版社，2013，第 60 页。

[②] 单中惠、刘传德：《外国幼儿教育史》，上海教育出版社，1997，第 266 页。

曾有教育家指出:"自由、工作和纪律是蒙台梭利为儿童建造的大厦的三根主要支柱。"[①]自由和纪律两者相结合在教学中的应用,充分体现了人性化与智慧的力量,使教育成为一件让儿童感到快乐的事情。因此,应把这种教育思想运用于实际的教学中,灵活处理教育活动中的各种矛盾,实现教育利益最大化。对于蒙台梭利儿童之家的教育方法,瑞士心理学家皮亚杰曾这样指出,蒙台梭利对于智力缺陷儿童心理机制的细致观察便成了一般方法的出发点,而这种方法在全世界的影响是无法估计的。[②]但是,应该看到,蒙台梭利的教育方法也带有机械主义和形式主义的特征。

[①] 赵祥麟主编《外国教育家评传》(第二卷),上海教育出版社,1992,第569页。

[②] 让·皮亚杰:《教育科学与儿童心理学》,傅统先译,文化教育出版社,1981,第149页。

杜威的"从做中学"

杜威（1859—1952）是美国现代哲学家、心理学家、教育家，实用主义哲学的创始人之一、机能心理学的先驱、美国进步主义教育运动的代表。他是公认的20世纪影响最大的教育家，对现代教育的影响深远。

在杜威看来，儿童应该在自身的活动中进行学习，教学应该从儿童的经验和生活出发，学校在教学中应该采取与在校外从事活动的类似形式。因此，"从做中学"可以将学校中所获得的知识与在共同生活的环境中所进行的活动联系起来。杜威曾对传统学校做过这样的描述："如果我们留心看看一般的教室，例如按几何图形排列着简陋的课桌，紧紧地挤在一起，很少有移动的余地；这些课桌的大小几乎都是一样的，仅能够放置书、笔和纸；另外，有一个小讲台，一些小椅子，光秃的墙壁，还可能有几幅画。这一切都是有利于'静听'的，单纯地学习书本上的课文，只是'静听'的另一种形式，它标志着一个人的头脑对别人的依赖性。"①如果学校教育的内容和方式都是单一的，那么学生学习的负担即使不重也会使人难以忍受，甚至成为一种苦役。杜威也明确指出："儿童在座位上如果闲着就要淘气。为防止他淘气，叫他做些作业或练习，这不是我所指的工作的含义。"②所以，对于儿童来说，"做"是一种好的教育形式。

在杜威看来，游戏是一种"做"的教育方式，他说："为了使儿童的游戏态度不终止于恣意的幻想，并在建造一种想象的世界时，能认识现存的、真实的世界，就有必要使游戏的态度逐渐转化成为工作的态度。"③要充分发挥儿童的游戏本能，在活动中不断地认识问题、思考问题，通过解决问题而获取经验和知识，即让儿童在"做"的过程中通过不断进行经验的积累而学习知识。杜威把教学过程看成是一种"做"的过程，并且可以分为5步来实现：

---

① 赵祥麟、王承绪编译《杜威教育论著选》，华东师范大学出版社，1981，第29—30页。

② 同上书，第70页。

③ 约翰·杜威：《我们怎样思维·经验与教育》，姜文闵译，人民教育出版社，2005，第173页。

第一步是创设情境。教学要根据儿童的现实生活，教学内容要能够反映儿童的现实生活。因此，在实施教学时要设置符合现实生活的真实情境，通过真实情境来吸引儿童进入情境学习。

第二步是明确问题。要让儿童发现情境中存在的问题，并对问题产生兴趣，主动提出问题，自觉进入主动解决问题的思维状态。

第三步是提出假设。所提供的教学内容能够让儿童进行问题分析，提出解决问题的假设思路，主动进行深入思考与探究。

第四步是推断假设。儿童在活动中验证各种假设性答案，对各种假设进行整理和排序，从而推断出解决问题的方案。

第五步是检验假设。实际验证提出的解决问题的假设性方案，根据验证的结果检验学生假设的准确性，从而最终得出结论。

基于上述 5 步教学，杜威强调，学校在教育的过程中应该设置成类似于雏形社会的地方，如开设好各类工厂、实验室、农场、厨房等，让学生们能够在学校这个"小社会"中学习好自己所感兴趣的专业和课程。"从做中学"既是一种体验式学习，也是一种探究式学习，"从做中学"实际上是强调在实践中获得真理再到实践中去检验真理，杜威的学生陶行知所倡导的"知行合一"也是"从做中学"的进一步体现。知识的学习要立足于实践，在实践过程中带着问题去学习，可以激发学习兴趣，强化学习动机，以达到更好的学习效果。

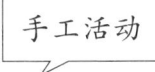

当儿童 10 岁或 11 岁——该是他们自己发现人类怎样发明布的时候，便把亚麻、棉花、羊毛等原料交给他们。然后，要他们带着生产各种不同纺织品的观点去研究这些原料。在对羊毛纤维和棉花纤维的研究中，孩子们发现，羊毛的使用远远早于棉花；要把棉花纤维与棉籽分离开来是很困难的；棉花纤维的长度仅仅只有羊毛纤维的十分之一；此外，羊

毛纤维比棉花纤维粗,并且相互粘连在一起,因而更容易纺织。当所有这一切在教师的提问和建议的帮助下得到解决后,学生便接着去思考解决织布的问题。他们"再发明"了最早的梳毛机构架——在两块板上钉上尖钉用来梳理羊毛;他们"再发明"了最简单的纺毛工具——一块穿了洞的石头,当它转动时便可抽出羊毛纤维。就这样,不断地实验,不断地有所发现,一直到孩子们懂得现代使用的织布机的原理为止。与此同时,学生学到了很多的艺术、科学和历史等方面的知识。艺术包含在一切美好的、建设性的工作之中。杜威说:"把建设性的工作做得适当、圆满、轻巧、灵活,赋予它社会动机,能说出一些道理来,那么你就有了艺术品。"[①]

杜威的"从做中学"理论在19世纪末和20世纪初的欧美中小学中风行一时。他大胆创新,突破了传统教育见知不见行的做法。通过"从做中学"等理论,确立了学生在学习中的主体地位,推动了教学内容和方法里程碑式的改革浪潮。杜威提出的"从做中学"是从批判传统教育的弊病出发的,与传统教育相比,它有明显的先进性和科学性,对我国基础教育改革有借鉴意义。我国当前的教学仍是以课堂教学为主,固定的教室,固定的讲台,成排的桌椅,学生是知识的被动接受者。而杜威的"从做中学"充分发挥了学生的动手能力,让学生体会到学习的快乐。教育培养出来的应该是能灵活运用知识的学生,而不是只会学习的"书呆子"。但是,由于杜威是以实用主义经验论和机能心理学为依据,过分强调工作和活动在教学过程中的地位,偏重"行动",在理论认识上存在着不足。

---

① 简·杜威等:《杜威传(修订版)》,单中惠编译,安徽教育出版社,2009,第97—98页。

苏霍姆林斯基的"个性全面和谐发展"

苏霍姆林斯基（1918—1970）是苏联著名教育实践家和教育理论家。1948年起至去世前，一直担任帕夫雷什中学的校长。苏霍姆林斯基一生短暂，却持之以恒地探索和孜孜不倦地写作，奇迹般地写出了40部专著、600多篇论文、约1 200篇儿童小故事。

苏霍姆林斯基教育思想的核心是要使全体学生都得到全面和谐的发展。全面发展的人，就是把丰富的精神生活、纯洁的道德、健全的体格和谐地结合在一起的新人，是将高尚的信念和良好的科学文化素养融为一体的人，是把对社会需求和为社会劳动和谐统一起来的人。他指出，全面和谐发展的人具体表现如下：第一，是社会物质生产领域和精神生活领域中的创造者；第二，是物质和精神财富的享用者；第三，是有道德和文化素养的人，是人类文化财富的鉴赏者和细心的保护者；第四，是积极的社会活动者和公民；第五，是树立于崇高道德基础之上的新家庭的建立者。这就是他的教育理想①。

苏霍姆林斯基认为全面和谐发展的人就是把丰富的精神生活、纯洁的道德、健全的体格和谐地结合在一起的人，要实现这样的目标就必须对学生进行德育、智育、体育、美育和劳动教育等全面教育，使其个性教育融会贯通、和谐发展。"我们认为教育工作的目的在于，使每个青年男女都能在道德上、智力上、实际能力上和心理上做好劳动的准备，发展他们的个人素质、意向和才能。"②

苏霍姆林斯基指出"和谐全面发展的核心是高尚的道德"。他主张应当培养青少年良好的道德习惯、道德情感和道德信念，使每个人遵守"神圣的、不容争议的、不可动摇的行为准则"③。在"全面和谐发展"教育中，德育应当居于首位。

---

① 滕大春主编《外国教育通史》（第六卷），山东教育出版社，1994，第74页。

② В. А.苏霍姆林斯基：《帕夫雷什中学》，赵玮等译，教育科学出版社，1983，第2页。

③ В. А.苏霍姆林斯基：《和青年校长的谈话》，赵玮等译，上海教育出版社，1983，第154页。

> 懂爱的孩子①

帕夫雷什学校的花棚里的植物在孩子们悉心照料下开出一朵特别的玫瑰花，成为校园里的宝贝，每天都会有许多学生来观赏它。

然而一天早晨，当苏霍姆林斯基在校园里散步时，他看到一个4岁的小女孩摘下那朵玫瑰花。苏霍姆林斯基非常疑惑，但是他猜测，这件事背后一定有难以预料的原因。他并没有斥责或做出什么让小女孩伤心的行为，因为他坚信，教师不能简单地仅凭一件事的表象来定论，而应该了解孩子做这件事的动机和目的，这才是判断人的关键。所以他俯下身子，关切地问孩子摘这朵花是要送给谁。他这一问，孩子下意识地感到自己似乎做了错事，于是害羞地回答："我奶奶病得很重，我告诉她校园里有一朵很大、很漂亮的玫瑰花，奶奶有点儿不相信。我现在摘下来送给她看，看过了我就把花送回来。"

孩子天真的回答触动了苏霍姆林斯基的心弦。他牵着小女孩的手，从花园里又摘下两朵大大的玫瑰花，递到孩子手边，对她说："这一朵是奖给你的，你是一个懂得爱的孩子；这一朵呢，是送给奶奶的，感谢她养育了你这样好的孩子。"

智育包括"获取知识、形成科学世界观，发展认识和创造能力，养成脑力劳动的技能，培养对脑力劳动的兴趣和要求，以及对不断充实科学知识和运用科学知识于实践的兴趣和要求"②，它是在获取知识的过程中进行的，通过传授，帮助学生形成科学的世界观，并发展他们的智力。在苏霍姆林斯基看来，智育要帮助学生形成科学的世界观，帮助学生学会用积极的心态去看待世界，进而激发他们的求知欲。

身体健康的发展在"个性全面和谐发展"教育中十分重要。苏霍姆林斯基把体育看作健康的重要因素、生活活力的源泉，"良好的身体和充

---

① 李申申、王凤英、元宵等：《苏霍姆林斯基画传》，山东教育出版社，2018，第113—114页。

② B. A. 苏霍姆林斯基：《帕夫雷什中学》，赵玮等译，教育科学出版社，1983，第256页。

沛旺盛的精力，这是朝气蓬勃感知世界、焕发乐观精神、产生战胜一切艰难险阻的意志的一个极重要的源泉。而孩子生病、体弱和带有病患素质，则是众多不幸的祸根"①。所以，苏霍姆林斯基认为体育课和体育活动能够促进青少年身体健康与和谐发展。

美育是"个性全面和谐发展"教育中不可或缺的部分。美育"就是教会孩子能从周围世界（大自然、艺术、人们关系）的美中看到精神的高尚、善良、真挚，并以此为基础确立自身的美"②。发现美、鉴赏美可以通过体验大自然、文艺作品等来培养；创造美的能力则可以通过写作和绘画来培养。

劳动教育也是"个性全面和谐发展"教育的重要组成部分。"劳动教育是对年轻一代参加社会生产的实际训练，同时也是德育、智育和美育的重要因素。"③劳动教育要让劳动渗入学生的精神生活，它既是学生认识和理解世界的手段，也是学生自我认识和自我教育的途径。

苏霍姆林斯基的"个性全面和谐发展"教育思想，是对教育史上身心和谐发展教育思想的总结和发展，也是对马克思主义有关人的全面发展理论的一种创造性的阐述和实践。尤其是他关于个性发展与全面和谐发展的关系，以及如何发展人的个性的观点，为人们继续探索人的全面发展问题提供了宝贵的启示④。当前，我国正处在推行素质教育的大变革中，苏霍姆林斯基的教育思想和教育方法对我们仍有借鉴意义。我国学校教育改革中存在许多矛盾，如数量与质量、公平与效率、人的全面发展和升学之间等。这些矛盾集中体现在素质教育和应试教育之间的冲突，而苏霍姆林斯基教育思想的精髓就是培养全面和谐发展的人，这与素质教育是息息相通的，因此，他的思想备受中国教育界的青睐。

① B. A. 苏霍姆林斯基：《帕夫雷什中学》，赵玮等译，教育科学出版社，1983，第169页。

② 同上书，第424页。

③ 同上书，第355页。

④ 单中惠主编《外国教育思想史》，高等教育出版社，2000，第387页。

现代欧美教育思潮

20世纪30年代，欧美国家爆发了严重的经济危机，进步主义教育逐渐失去了人们的关注。在对进步主义教育及其理论进行批判的过程中，涌现出许多教育理论思潮。20世纪50年代以后，随着科学技术的飞速发展，为应对教育改革与发展的新需求，一些新的教育思潮又开始不断涌现。这些思潮从不同的角度、依据不同的方法对教育问题进行分析与阐释，虽然有些思潮渐趋式微，但众多的教育思潮拓宽了人们对教育问题的理解与认知，也促使人们对教育理论问题进行更加深入的探讨。

现代欧美教育思潮按类别可以分为以下几种：一是实用主义教育分支（改造主义教育）；二是新传统教育派（要素主义教育、永恒主义教育、新托马斯主义教育）；三是以哲学为基础的存在主义教育、分析教育哲学；四是以心理学为基础的新行为主义教育、结构主义教育、人本主义教育；五是未来教育战略（终身教育）；六是多元文化教育。[①]

改造主义教育是20世纪30年代从实用主义教育中分化出来的，到50年代形成为一种独立的教育思潮。其代表人物是美国教育家布拉梅尔德。改造主义教育强调教育是"社会改造"的工具，教育以"改造社会"为目的，要培养"社会一致"的精神，行为科学对教育具有指导意义，教学应以社会问题为中心，劝说教育是教师的主要职责。该思潮到20世纪60年代逐渐衰落。

> 布拉梅尔德与课程改造[②]

对课程而言，学生至少有一半的时间应该在教室之外度过，在与人进行合作试验的实验室中度过，能经常得到教师和专家顾问的大力帮助。这些教师和专家顾问能够及时应对各种情况的出现，能解决在分析和诊

[①] 吴式颖、李明德主编《外国教育史教程（第三版）》，人民教育出版社，2018，第528页。

[②] 弗雷斯特·W.帕克、格伦·哈斯：《课程规划——当代之取向（第7版）》，谢登斌、俞红珍等译，浙江教育出版社，2004，第42页。

断过程中出现的各种问题。参与课程的人员应该尽可能地广泛，从家庭到邻里，甚至拓展到别的国家和地区。由此，学习在如下情况下发生：直接通过国际旅游。在旅游中学习（不要因为经费问题而放弃，只要我们坚持这样做，总是有办法获得足够资金的）。也可以通过看电影、欣赏好的艺术品、同人类学家接触等方式学习。总之，学习的方式和渠道应该是多种多样的。……

课程的结构可以用"转动的轮子"来代表，轮子的"边缘"（rim）围绕的是关于人类的困境以及与理想有关的问题，轮子的"中央"是学习的特定时期（或许是一周多的时间，或许是一个学期）所面临的主要问题，而轮子的"辐条"是注意的支撑区域，这些注意直接承受着各自的不同问题。这些辐条可以说是艺术课程、科学课程、外语课程，或者其他的有关学科和技能的课程。但这些并不是全部的课程，任何时候它们都是为支撑中心服务的。……

要素主义教育产生于20世纪30年代的美国。1938年美国成立了"要素主义者促进美国教育委员会"，这是要素主义教育形成的标志。其代表人物为美国教育家巴格莱。要素主义教育尖锐地批判进步主义教育，认为学校教育的核心是人类文化遗产，教学过程必须是一个训练智慧的过程，学生在学习上必须努力和专心，教师是教育的核心。要素主义教育在20世纪50—60年代占据美国教育的主导位置，70年代逐渐衰落。

永恒主义教育形成于20世纪30年代，代表人物有美国教育家赫钦斯等。永恒主义教育提倡复古，认为教育的性质是永恒不变的，教育的目的是培养永恒的理性，古典学科应该是核心课程，强调教师的指导作用。由于脱离社会现实，永恒主义教育受到了许多人的批判。

新托马斯主义教育形成于20世纪30年代，在意大利、法国、美国等国家较为流行，代表人物是法国天主教神学家马里坦。新托马斯主义教育提倡宗教教育，认为教育要以宗教为基础、通过教育培养真正的基督徒和有用的公民、学校课程的核心是宗教教育、教育应受控于教会。由于带有强烈的宗教色彩，新托马斯主义教育的影响也只限于教会学校中。

存在主义教育流行于 20 世纪中期的美国和西欧各国，其代表人物是德国哲学家雅斯贝尔斯和海德格尔、法国哲学家萨特以及奥地利哲学家布贝尔等。其主要观点有：教育的目的是让学生实现"自我完成"、重视品格教育、提倡学生自由选择道德标准、重视个别教育法、师生之间应该相互信任。该思潮在 20 世纪 70 年代后逐渐衰落。

分析教育哲学是"一种将分析哲学的方法和原则应用于教育研究领域的教育哲学思潮"。[1]它兴盛于 20 世纪 50—60 年的英国和美国，70 年代后逐渐衰落。

新行为主义教育产生于 20 世纪 30 年的美国，它以新行为主义心理学为基础，其代表人物是美国心理学家斯金纳、加涅等人。新行为主义教育强调教育是塑造人的行为、教学机器可以强化学生的学习行为、提倡程序教学、教和学是教育研究的主要对象。

结构主义教育产生于 20 世纪 50 年代，其代表人物是美国心理学家布鲁纳。结构主义教育重视学生的认知能力发展、注重教授各门学科的基本结构、主张尽早学习学科基础知识、提倡发现学习法、认为教师是结构教学中的辅助者。结构主义教育也成为 20 世纪 60 年代美国课程改革的指导思想。

人本主义教育产生于 20 世纪 50 年代的美国，其代表人物是美国人本主义心理学家马斯洛。人本主义教育强调教育要培养"完整的人"、课程内容与设置应该人本化、学习应该创设自由学习和发展的环境。这些观点也成为 20 世纪 70 年代后西方国家教育改革的重要依据。

终身教育产生于 20 世纪 60 年代中期的法国，其代表人物是法国成人教育理论家和活动家朗格朗。终身教育强调教育贯穿于人的一生，它对于实现教育公平和学习化社会有着积极的促进作用，因此，世界各国都十分重视终身教育理念，并将其作为国家教育改革与发展的重要战略。

---

[1] 吴式颖、李明德：《外国教育史教程（第三版）》，人民教育出版社，2018，第 547 页。

> 朗格朗的故事：满了吗①

朗格朗曾在一所大学听一位管理学教授为一群大学生讲课。上课接近尾声时，教授拿出一个两公升的广口瓶放在桌上说："我们最后来做个小实验。"随后他取出一堆拳头大小的石块，把它们一块块地放进瓶子里，直到石块高出瓶口再也放不下了，他问："瓶子满了吗？"所有的学生都回答："满了。"他反问："真的吗？"说着他从桌下取出一桶砾石，倒了一些进去，并敲击玻璃壁使砾石填满石块间的间隙。"现在瓶子满了吗？"这一次学生有些明白了，"可能还没有满。"一位学生说道。"很好！"他伸手从桌下又拿出一桶沙子，把它慢慢倒进玻璃瓶。沙子填满了石块的更多间隙。他又一次问学生："瓶子满了吗？""没满！"学生们大声说。然后教授拿出一壶水倒进玻璃瓶，直到水面与瓶口齐平。

多元文化教育兴起于20世纪60年代的美国，最初起源于少数民族对本民族被主流文化所同化现象的反对，一开始便是一场运动而非一种理论。后经少数民族、女性主义者、文化不利者、低社会阶级者等弱势族群的支持，至20世纪60年代终于汇集成一股多元文化教育运动，借以反映各个族群的教育期望与要求。②多元文化教育关注多样文化群体的教育，追求平等、自由、正义、尊严，具有文化包容性和人道主义精神。时至今日，多元文化教育仍受到世界各国的广泛关注，并成为国际教育发展的主要趋势之一。

---

① 张广文主编《中外教育家教育故事》，辽宁师范大学出版社，2014，第212页。

② 袁利平主编《国际教育改革与发展——侧重2000年以来的战略、经验与趋势》，陕西师范大学出版总社，2018，第69页。

后记

教育史是一门独特的学问，它需要用历史的眼光来看待教育、用历史的智慧来思考教育、用历史的维度来评说教育。所以，学习教育史是一门苦差事，但乐趣也会是无穷的。

《每天学一点教育史》不同于学术研究著作，也不同于课本教材，具有通俗性、趣味性、可读性等，是本书想要达到的编写目的。为了达成这一目的，我在本书的章节安排与内容选择上做了一些尝试：

一是历史分期。本书并未按照通常所用的年代谱系来进行分期，而是依据中西方教育发展的特点或规律，将形似的历史时期合并在一起，用概括性的语言加以区分。如中国教育史分为传统教育的奠基（先秦时期）、传统教育的规范（秦汉至隋唐时期）、传统教育的成熟（宋元明清时期）、新式教育的萌生（晚清时期)、现代教育的探索（民国时期）；外国教育史分为古典时代的教育（古希腊罗马时期）、神性时代的教育（中世纪时期）、启蒙时代的教育（文艺复兴、启蒙运动时期），近现代教育改革与实践以及近现代教育思想与理念（17世纪以后至今）。读者可以对应相应的历史时期进行阅读。

二是案例选择。本书包括中国教育史、外国教育史两部分内容，可以说每一部分内容都可以独立成书。要将两者结合在一起，又不至于内容冗杂、字数繁多，是一件需要仔细考量的事情。所以，本书的每一章节都只选择了1~2个这一时期具有代表性的教育事件、教育家、教育机构、教学方法等来阐述，这种做法难免会挂一漏万，也可能会有别于读者的期许。不过，本书不是严格意义上的历史书，结合书中所提供的内容，按图索骥，或许会有不错的阅读体验。

三是故事性。本书选择了许多与典型案例相关的小故事，这得益于前人编写留存的众多研究成果或资料汇编，文中已一一注明出处，感兴趣的读者朋友可以选择查阅。同时，许多故事是通过一个具体的教育案例来引发对相关问题的思考，在阅读过程中也可一并体会。

本书能够顺利完成并非一人之功，要感谢众人的帮助与支持。感谢我的老师杜成宪教授的鼓励与建议，感谢编辑魏文远为本书出版所做的不懈努力，感谢马金红、潘云、吕青青、张庆香、但孝甜等同学在文献搜集整理方面提供的帮助。

由于能力所限，书中存在的不足之处，还请学界同仁、读者朋友批评指正！

屈博

2022年9月17日于江南大学田家炳楼